貓頭鷹書房

有些書套著嚴肅的學術外衣，但內容平易近人，非常好讀；有些書討論近乎冷僻的主題，其實意蘊深遠，充滿閱讀的樂趣；還有些書大家時時掛在嘴邊，但我們卻從未看過……

如果沒有人推薦、提醒、出版，這些散發著智慧光芒的傑作，就會在我們的生命中錯失——因此我們有了**貓頭鷹書房**，作為這些書安身立命的家，也作為我們智性活動的主題樂園。

貓頭鷹書房——智者在此垂釣

貓頭鷹書房 449

阿拉伯人五百年史（下）

The Arabs: A History

尤金・羅根◎著
黃煜文◎譯

貓頭鷹

貓頭鷹書房 449

阿拉伯人五百年史（下）

作　　者　尤金・羅根
譯　　者　黃煜文
選書責編　張瑞芳
校　　對　魏秋綢
版面構成　張靜怡
封面設計　徐睿紳

行銷業務　鄭詠文、陳昱甄
總 編 輯　謝宜英
出 版 者　貓頭鷹出版

發 行 人　凃玉雲
發　　行　英屬蓋曼群島商家庭傳媒股份有限公司城邦分公司
104 台北市中山區民生東路二段 141 號 11 樓
畫撥帳號：19863813；戶名：書虫股份有限公司
城邦讀書花園：www.cite.com.tw　購書服務信箱：service@readingclub.com.tw
購書服務專線：02-2500-7718~9（周一至周五上午 09:30-12:00；下午 13:30-17:00）
24 小時傳真專線：02-2500-1990；25001991
香港發行所　城邦（香港）出版集團／電話：852-2508-6231 ／傳真：852-2578-9337
馬新發行所　城邦（馬新）出版集團／電話：603-9057-8822 ／傳真：603-9057-6622
印 製 廠　中原造像股份有限公司
初　　版　2019 年 5 月
定　　價　新台幣 1200 元／港幣 400 元（上下冊不分售）
I S B N　978-986-262-380-0

讀者意見信箱　owl@cph.com.tw
投稿信箱　owl.book@gmail.com
貓頭鷹知識網　www.owls.tw
貓頭鷹臉書　facebook.com/owlpublishing

【大量採購，請洽專線】(02) 2500-1919

城邦讀書花園
www.cite.com.tw

國家圖書館出版品預行編目資料

阿拉伯人五百年史 / 尤金・羅根 (Eugene Rogan) 著 ; 黃煜文譯 . -- 初版 . -- 臺北市 : 貓頭鷹出版 : 家庭傳媒城邦分公司發行 , 2019.05
面 ;　公分 . -- (貓頭鷹書房 ; 448-449)
譯自 : The Arabs: a history
ISBN 978-986-262-380-0 (全套 : 平裝)

1. 歷史 2. 阿拉伯

735.9　108004953

阿拉伯人五百年史

目次

地圖：

本書獻給

Richard Huia Woods Rogan

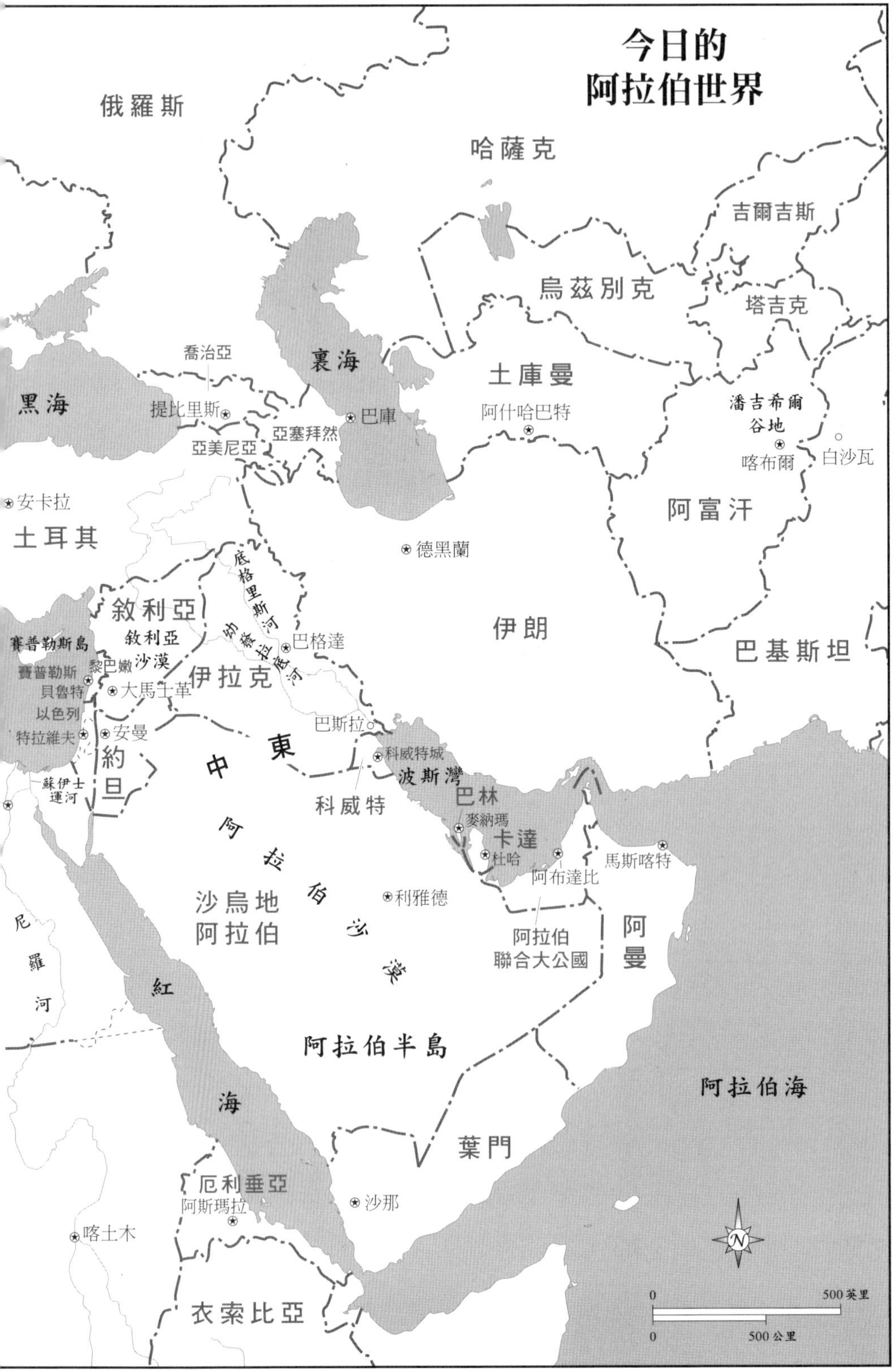
今日的
阿拉伯世界
俄羅斯
哈薩克
吉爾吉斯
烏茲別克
塔吉克
土庫曼
喬治亞
裏海
黑海
提比里斯
巴庫
亞塞拜然
亞美尼亞
阿什哈巴特
潘吉希爾
谷地
喀布爾
白沙瓦
阿富汗
安卡拉
土耳其
德黑蘭
底格里斯河
幼發拉底河
敘利亞
敘利亞
沙漠
賽普勒斯島
賽普勒斯
黎巴嫩
貝魯特
大馬士革
以色列
特拉維夫
安曼
約旦
伊拉克
巴格達
伊朗
巴基斯坦
巴斯拉
中東
科威特城
科威特
波斯灣
巴林
麥納瑪
卡達
杜哈
阿布達比
馬斯喀特
蘇伊士
運河
阿拉伯沙漠
沙烏地
阿拉伯
利雅德
阿拉伯
聯合大公國
阿曼
尼羅河
紅海
阿拉伯半島
阿拉伯海
葉門
厄利垂亞
阿斯瑪拉
沙那
喀土木
衣索比亞
N
0
500英里
0
500公里

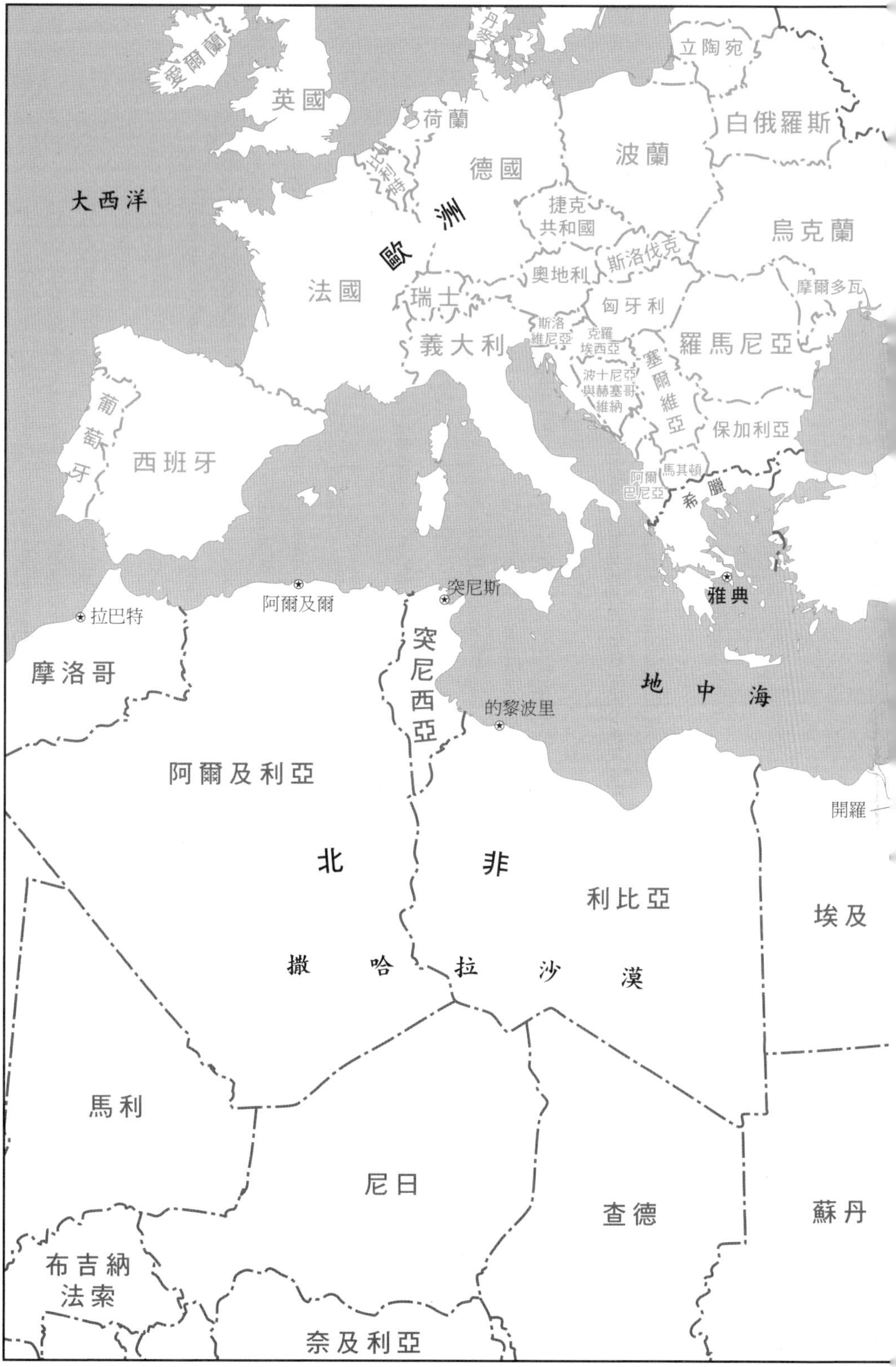

丹麥
愛爾蘭
英國
荷蘭
比利時
立陶宛
白俄羅斯
波蘭
德國
大西洋
歐洲
捷克
共和國
烏克蘭
斯洛伐克
奧地利
法國
瑞士
匈牙利
摩爾多瓦
斯洛維尼亞
克羅埃西亞
義大利
羅馬尼亞
塞爾維亞
波士尼亞與赫塞哥維納
葡萄牙
保加利亞
西班牙
馬其頓
阿爾巴尼亞
希臘
突尼斯
阿爾及爾
雅典
拉巴特
突尼西亞
摩洛哥
的黎波里
地中海
阿爾及利亞
開羅
北非
利比亞
埃及
撒哈拉沙漠
馬利
尼日
查德
蘇丹
布吉納法索
奈及利亞

第十章　阿拉伯民族主義的興起

阿拉伯世界在瀰漫革命躁動的氣氛下進入了新冷戰時代。戰間期的反帝國主義在第二次世界大戰結束時捲土重來。巴勒斯坦戰爭後，民眾普遍敵視英法兩國。這讓英國在埃及、約旦與伊拉克的處境變得更加複雜，因為英國仍與它扶植的這些國家的君主訂有優惠同盟條約。

老一輩的民族主義政治人物以及他們效忠的國王由於未能與英國的帝國統治劃清界線而失去民心。許多新興的激進黨派，從伊斯蘭穆斯林兄弟會到共產黨，紛紛爭取新一代民族主義者的效忠。軍中的年輕軍官不可避免受到時代政治風潮的影響。年輕世代質疑英國扶植的阿拉伯君主與多黨制國會的正當性，並且對革命共和主義表現出更大的熱忱。

這個時代具超越性的意識形態是阿拉伯民族主義。一九四〇年代，擺脫殖民統治是所有阿拉伯民族共同的心願，但除此之外，阿拉伯人還有更高的政治期望。阿拉伯世界絕大多數人相信，他們統一在共同的語言、歷史與文化之下，而這些語言、歷史與文化都植基於伊斯蘭教的過去，這是穆斯林與非穆斯林共享的文化。阿拉伯人想消除帝國強權為了區隔他們而劃定的疆界，阿拉伯人想根據彼此賴以結合的深刻歷史與文化關係來建立新的阿拉伯國家。他們相信，阿拉伯只能透過統一才能在世界事務上重新取得重要地位。於是他們上街，號召成千上萬的群眾，抗議帝國主義，批評政府失敗的舉措，並且要求阿拉伯統一。

埃及在許多方面都處於這些發展的最前端。一九四八年，納瓦勒．薩達維進入開羅醫學院就讀，她日後成為醫師與女性主義知識分子。當時的氣氛充斥著政治緊張。薩達維在自傳裡回憶說，「當時，大學裡幾乎持續進行示威抗議。」薩達維對民族主義政治並不陌生。她的父親帶著她一起閱讀報紙，他指責國王和軍人階級的貪腐與英國占領埃及。他對女兒說：「這是長期持續的三重不幸，除非更換政權，否則不可能解決。人民必須覺醒，必須反抗。」[1]年幼的薩達維把父親的話記在心裡，她在上高中時就已經參與大規模示威抗爭，而一連串遊行也讓開羅在一九四〇年代晚期陷入停滯。

抗爭反映出埃及人心思變。巴勒斯坦災難後，埃及人對於政黨不抱任何幻想，對法魯克國王也感到幻滅，而且愈來愈無法忍受英國人干預埃及事務。戰後的時代是去殖民化的時代，而英國人已經在埃及叨擾太久。

巴勒斯坦失敗引發的騷亂與一九四八年十二月努克拉希首相的遇刺，促使埃及於一九五〇年投票選舉新政府。瓦夫德黨贏得選舉組織政府，並且與英國重啟協商以取得一九一九年後埃及民族主義分子始終無法實現的完全獨立地位。從一九五〇年三月到一九五一年十月，瓦夫德黨與英國政府進行協商。在長達十九個月的談判破裂後，瓦夫德黨政府決定單方面廢除一九三六年英埃條約。英國拒絕承認這項決定，因為一旦條約廢除，英國駐守在蘇伊士運河區的軍隊將成為非法占領軍。雖然大英帝國正逐漸撤出世界各地，例如一九四七年英國撤離印度，但蘇伊士運河的戰略地位卻是英國外交政策的基石。

瓦夫德黨無法藉由協商達成目的，只好透過其他方式向英國施壓。在瓦夫德黨政府默許下，許多年輕人，絕大多數是穆斯林兄弟會、學生、農民與工人，自願加入游擊隊，隊伍的名稱叫菲達因（fida'iyin，字面上的意思是「準備自我犧牲的戰士」）。一九五一年十月，游擊隊開始攻擊運河區的英軍與設施。英國則以軍隊還擊。薩達維的一名醫學院同學放棄學業加入菲達因，最後在與英軍作戰時陣亡，成為爭取獨立的殉難者。

運河區的武裝鬥爭在開羅引起激烈的政治辯論。薩達維記得一九五一年十一月她在大學參與學生示威。她聆聽學生政治人物的主張，包括瓦夫德黨、共產黨、穆斯林兄弟會，但她對於這些人的自以為是與浮誇說詞感到不耐。此時一個名叫艾哈邁德．赫爾米的菲達因成員被叫上講台。他是自由戰士的一員，曾經參與攻擊運河區英軍的行動。他的出現讓底下爭吵的同學們頓時肅靜起來。他解釋說，「同學們，運河區的自由戰士需要武器彈藥，他們需要穩定的後方來保護他們，我們沒有時間也沒有理由做派系鬥爭。我們要團結起來。」[2]薩達維被這名熱情年輕人吸引，日後嫁給了他。

一九五二年一月，英國決定以軍力強行控制蘇伊士運河區。英軍占領運河區的警察局，以免警方將武器交給菲達因使用。一月二十四日，英軍未經戰鬥就讓警察局一百六十名警員繳械投降。埃及政府對於英國如此輕易占領警局感到困窘，於是下令運河區的埃及警員必須抵抗英國人「直到最後一刻」。第二天，機會來了，一千五百名英軍包圍易司馬儀利亞省政府，要求省長投降。二百五十名警員拒絕屈服。英軍連續九個小時以坦克與大砲轟擊埃及據點，埃及人一直戰到彈盡援絕為止。等到他們投降時，埃及人已有四十六人死亡，七十二人受傷。

英國的攻擊引發埃及民眾的憤怒。第二天，一九五二年一月二十六日，埃及民眾發起大罷工。數萬名工人與學生聚集開羅。城市當局嚴陣以待，準備迎接這一天的大規模反英示威抗爭。但埃及的民眾或政府沒想到的是，等待他們的竟是黑色星期六。

黑暗力量在黑色星期六這天侵襲開羅。原本是一連串憤怒的示威遊行，不久卻演變為暴力衝突，有五十多名埃及人與十七名外國人（包括九名英國人）被群眾殺害。煽動者與縱火者在示威遊行的掩護下造成極大的混亂。共產主義知識分子阿努亞爾．阿布杜勒．馬雷克目擊了黑色星期六事件，他提到，當縱火者放火焚燒開羅市中心最富裕的地區時，抗議群眾竟然在一旁看得津津有味。「他們眼睜睜地看著，因為這座光鮮亮麗的首都不屬於他們，而是屬於富人，遭到焚燒的都是富人的商店。因此他們只是袖手旁觀。」[3]一月二十六日當天，群眾縱火焚燒一家英國俱樂部、一間猶太學校、一間穆斯林兄弟會辦公室、四家飯店（包括著名的薛佛飯店）、四家夜總會、七家百貨公司、十七家咖啡廳與餐廳、十八家電影院與七十間其他商業機構，包括銀行、汽車展場與機票訂購處。[4]

一九五二年一月二十五日到二十六日的恐怖事件，終結了埃及的政治秩序。所有的人心知肚明，埃及出現的這一連串史無前例的縱火事件是預謀行為。傳言與陰謀論在首都各地流傳。共產主義分子認為這是社會主義者與穆斯林兄弟會幹的。有些人認為這是一場損害法魯克國王（開羅大火當晚，國王舉辦晚宴慶祝王子的誕生）地位的陰謀。其他人則主張這場大火是國王與英國人策劃的，目的是為了讓瓦夫德黨倒台，這樣國王就能任命一個對他言聽計從的看守政府。

無論法魯克國王在黑色星期六扮演什麼角色，他確實於一月二十七日解散穆斯塔法．納哈斯的瓦夫德黨政府，並且任命一連串效忠王室的獨立政治人物組閣。三月二十四日，國會解散，新國會選舉卻無限期延宕。看來法魯克打算追隨父親的腳步，重演一九三〇年宮廷統治的實驗。民眾對埃及政府的信心因此直線下降。

最後，誰下令在開羅縱火已無關緊要（這個問題一直沒有確定的答案）。傳言與陰謀論顯示國王與政府出現了信心危機，而且預示了埃及革命的到來。

一九五二年，有許多人談到埃及革命，但實際上只有一小群陸軍軍官積極謀畫推翻政府。這些人自稱是自由軍官團，他們的領袖是一名年輕上校，名叫賈邁勒·阿布杜勒·納瑟爾。自由軍官團共同的信念是愛國主義，堅信埃及國王與國會政府沒有能力領導國家。巴勒斯坦戰爭的經驗令納瑟爾與其他軍官感到驚恐，他們在缺乏適當武器下被送上戰場，然後遭以色列人圍困達數個月後戰敗。自由軍官團起初組成是為了反對英國在埃及的帝國主義，但之後他們發現埃及的政治制度才是讓他們無法從英國統治下完全獨立的最大障礙。

巴勒斯坦戰爭後，納瑟爾招募了一些他最信任的同僚，加入一個由軍事人員組成的祕密政治組織。他找來曾參與巴勒斯坦戰爭的阿卜杜·哈基姆·阿梅爾與薩拉·薩勒姆；與穆斯林兄弟會有關係的安瓦爾·沙達特；以及共產主義分子如哈立德·莫傑丁，藉此為他們的行動尋求最廣泛的支持。一九四九年秋天，這些人在納瑟爾自宅客廳召開第一次會議。隨著自由軍官團不斷擴大，新的基層組織也開始形成，為了避免查覺，這些組織往往各自獨立行事。每個組織的成員會向埃及武裝部隊各分支單位招募想法相同的軍官。[5]一九五〇年秋天，自由軍官團首次向各級軍官發送傳單，號召響應反帝國主義運動。[6]

黑色星期六事件轉變了自由軍官團運動。直到一九五二年一月為止，他們的重點一直放在對抗帝國主義上，對政府的批評也局限在貪汙以及與英國人合作等議題。一九五二年一月之後，自由軍官團開始公開討論推翻法魯克國王與他任命的保王派政府。他們將政變時間定在一九五二年十一月，然後開始加強招募與動員反對派軍官。

一九五一年十二月，國王與自由軍官團的對立由於埃及軍官俱樂部執行人員選舉這場看似無關緊要的活動而浮上檯面。對法魯克而言，軍官俱樂部是軍隊對他效忠的晴雨計。自由軍官團決定利用選舉的機會對抗國王及其支持者。納瑟爾與其他軍官說服深孚眾望的穆罕默德・納吉布將軍率領反對派陣營競逐理事會席次，將軍自己則競選俱樂部主席一職。當納吉布與反對陣營選舉大獲全勝時，法魯克國王想盡一切辦法想推翻選舉結果。終於，一九五二年七月，法魯克親自干預，他辭退納吉布並且解散軍官俱樂部理事會。自由軍官團知道，如果他們不立即對國王的挑戰做出回應，他們將失去所有人的信任。納瑟爾的親信阿梅爾警告其他的自由軍官團成員，「國王重重打擊了我們，如果我們不用同樣的力道回擊，我們的組織將失去軍官的信任，之後將沒有人願意加入我們。」7

自由軍官團成員都同意，如果不立即而決定性地採取行動，所有人都將被逮捕入獄。納瑟爾與自由軍官團的資深政治家納吉布將軍見面，商議立即向國王發動政變。納吉布在回憶錄裡表示：「我們一致同意，在埃及發動革命的時機已經成熟。」國王與內閣大臣正在亞歷山卓行宮避暑，對軍方來說，開羅如同不設防的城市。納吉布提到：「當時正值酷暑，除了我們，大概沒有人想到要馬上發動革命。因此這正是我們起事的理想時機。」他們決定，要在國王任命新內閣以及「國王的密探得知我們是誰與我們的計畫之前」發動政變。8

自由軍官團已經沒有回頭的可能。密謀政變的風險極高。自由軍官團知道，一旦失敗，就要面對叛國的罪名。他們非常仔細地反覆推演計畫：要同時占領廣播電台與軍方總司令部，動員忠於他們的部隊支持這場政變，採取措施確保民眾安全與防止外國干預，而且必須在一九五二年七月二十三日發動政變之前做好一切萬全的準備。

政變策劃者受到政府的嚴密監視，隨著政變日期迫近，這些人承受的壓力也愈來愈大。在政變前一晚，納吉布將軍底下一名軍官警告他，他即將因為涉嫌陰謀推翻政府而被逮捕。納吉布在回憶錄裡坦承：「我努力掩飾內心的驚慌。」當政變展開時，他決定當晚留在家中，表示自己遭到監視，擔心自己可能危及自由軍官團的計畫。[9]沙達特當晚與妻子一起去看電影，在電影院與另一名觀眾扭打成一團，最後被帶到警局做筆錄——一旦政變失敗，對身為政變策劃者的沙達特來說，這是個完美的不在場證明。[10]當納瑟爾與阿梅爾穿著平民服裝出現在政變現場時，支持者莫不大驚失色（他們之後換上了軍裝）。[11]

儘管驚疑未定，自由軍官團還是成功發動幾乎不流血的政變。反叛的軍方部隊包圍埃及陸軍總部，在克服零星的抵抗後，順利在七月二十三日凌晨兩點占領總部。占領總部之後，支持政變的軍方部隊便在整座城市尚在沉睡之際迅速占領開羅各戰略要地。一旦軍隊已經取得各個據點，沙達特便前往國家廣播電台宣布武裝部隊總司令納吉布將軍政變成功，於是大勢底定。

七月二十三日，薩達維正在卡斯爾．艾尼醫院上班，她描述宣布政變成功後的狂歡景象。「病房裡，病人正在聽廣播。突然間音樂中斷，插播了重要宣告說軍方已經控制全國，法魯克退位。」她對病人自發性的反應感到吃驚。「我們站在那裡，突然間病人衝出病房大喊『革命萬歲！』我看到他們張大了嘴，揮舞著雙臂，身上的破襯衫隨著身體飛舞擺動。他們看起來就像是解剖室的屍體突然死而復生，大喊『革命萬歲！』」事實上，就連死者也在行進時停了下來，例如薩達維就看到離開醫院的送葬隊伍因為政變消息而停止。「抬棺的人把棺材放在人行道上，並且跟路上的群眾一起高喊『革命萬歲』，前一刻還在哀悼死者的婦女開始高聲歡呼，不再痛哭流涕。」[12]

法魯克國王與他的政府於七月二十三日倒台。然而一旦運動成功，自由軍官團反而不知道下一步該怎麼走。沙達特在回憶錄裡提到：「當革命成功，我們取得政府職位，但我們顯然還沒做好準備。我們沒有擔任部長的野心。我們沒有預見到，甚至沒有擬好任何施政計畫。」[13]他們決定請經驗豐富的政治人物阿里·馬希爾組織政府。自由軍官團不知道該如何處置法魯克：逮捕他？處決他？納瑟爾做了明智的決定，他確保法魯克退位並且允許他流亡國外，而非讓新政府面臨可能造成分裂的司法程序或讓這名不受歡迎的國王在混亂的處決儀式中成為殉難者。法魯克退位，由他還在襁褓中的兒子艾哈邁德·富阿德二世在攝政下繼位。七月二十六日，在納吉布將軍的監督下，法魯克在二十一響禮砲聲中搭乘皇家遊艇瑪魯薩號離開亞歷山卓。

「我向他行禮，而他向我回禮，」納吉布在回憶錄裡說道：

接下來是漫長而令人困窘的沉默。我們兩人都不知道該說什麼。
「是閣下逼我們做出這樣的事。」
法魯克說了一句讓我這輩子怎麼想都想不透的話，
他說：「我知道，你們做了我一直想對自己做的事。」
我感到很驚訝，我頓時想不出該說什麼。我向他行禮，其他人也向他行禮。法魯克向我們回禮，然後彼此握手。

他說：「希望你們能好好照顧陸軍，陸軍是我的祖父一手成立的。」

我說：「埃及陸軍會得到妥善照顧的。」

「你的任務很艱難。統治埃及不是件容易的事。」14

事實上，納吉布將軍沒有統治埃及的機會。埃及真正的領袖是納瑟爾，這件事不久即將明朗。

自由軍官團革命代表埃及政壇年輕新世代的到來。五十一歲的納吉布在平均年齡三十四歲的革命運動中已屬年老的一代。自由軍官團成員全是來自農村的埃及本地人，他們藉由從軍而晉升成能擔負重責大任的人士，與一八八〇年代艾哈邁德．阿拉比上校身旁那些人如出一轍。

與阿拉比一樣，自由軍官團對於圍繞在王室身邊享受特權與地位的土耳其－切爾克斯菁英感到惱火。他們掌權後首度頒布的幾道法令就包括廢除所有土耳其頭銜如貝伊與帕夏，他們認為這些都是「不正常的國王授予給那些沒有資格獲得的人的尊號」。15

埃及貴族被剝奪頭銜後，接下來又被沒收土地。自由軍官團推行重大的土地改革，通過法律限制每人擁有的土地不得超過二百英畝。王室的大種植園收歸國有，大約一千七百名大地主的產業被政府徵收，並且以三十年國債補償。總計從埃及土地菁英手中取得的土地約十四萬公頃，然後將這些土地分配給擁有不超過兩公頃土地的小地主。這項計畫無視馬希爾首相的激烈反對而強行實施，馬希爾代表民間菁英的利益，他自己的財富全來自地產。自由軍官團重視民眾的支持遠超過地主菁英的期望，他們於一九五二年九月迫使馬希爾辭職。

土地改革讓自由軍官團獲得實際的政治利益。雖然只有一部分埃及農業人口在一九五二年土地改革中獲益——埃及總人口是二千一百五十萬，獲益的人口大約是十四萬六千戶——但此舉卻讓埃及民眾對自由軍官團產生極大的好感。[16]在埃及人民支持下，軍方終於鼓起勇氣掌握權力，在政治上扮演更直接的角色。

自由軍官團一進入政壇便證明自己的決定性影響力。一九五二年九月，納吉布將軍同意組成絕大多數由文官構成的新政府。納瑟爾設立了革命指導會議（ＲＣＣ）這個軍方委員會來監督革命運作，表面上與政府合作，但逐漸與納吉布對抗。軍方很快對埃及的多黨政治進行整肅。一九五三年一月，為了反制瓦夫德黨與穆斯林兄弟會的壓力，革命指導會議禁止所有政黨並且沒收政黨資金。在幕後運作的納瑟爾上校引進由國家贊助的新政黨，名叫解放連線。納瑟爾同意政黨派系要為戰間期埃及政治的分裂負大部分責任。他希望解放連線能有助於動員民眾支持新政權。一九五三年六月十八日，納瑟爾終於與舊秩序決裂，革命指導會議廢除了君主制。埃及宣布建立共和國，納吉布成為共和國第一任總統。這是從法老時代以來，埃及首次由埃及本地人統治。如薩達維所言，納吉布是「古埃及美尼斯國王以來第一個統治埃及的埃及人」。[17]

埃及共和國是人民的政府，享有埃及廣大群眾的充分支持。薩達維回憶說：「國家的氣氛改變了。民眾走路時原本都帶著陰鬱而沉默的表情。現在街頭的景象改變了。民眾……聊天、微笑、互道早安、與完全陌生的人握手、關心彼此的健康、打聽最近發生的事、彼此祝賀政權更替、討論並且試著預測未來可能發生的事、持續預測每天可能發生的變化。」

新政府的挑戰是滿足急於求變的民眾的高度期待。這不是件容易的事。埃及新政府繼承了一連串令人頭痛的經濟問題。埃及過於仰賴農業，而沙漠環境又局限了埃及的農業產量。埃及的工業絕大多數仍未發展。農業產出占了埃及國內生產毛額的百分之三十五，工業只占了百分之十三（服務業則占了剩餘的百分之五十二）。[18]工業化步調的緩慢主要源自於公共與私人投資的程度偏低。人口增長的速度遠超過工作增加的速度，這表示只有少數埃及人能獲得穩定的工作來大幅改善他們的生活水準。

革命指導會議軍官針對這些問題提出一個激進的解決方案：在尼羅河興建一座水力發電水壩。工程師在上埃及亞斯文附近找到修建水壩的理想地點。新完成的亞斯文水壩可以儲存足夠的水量讓農耕地從二四二萬公頃增加到三二三萬到三八四萬公頃之間，而且可以產生足夠的電力讓埃及工業化並且提供廉價的電力讓埃及全國人民使用。[19]但這項計畫耗資數億美元，遠超過埃及所能負荷。

為了籌資興建亞斯文水壩以及確保埃及的經濟獨立，主政的軍官團必須與國際社群進行交涉。但埃及極度維護自身的獨立地位，不惜一切代價也要確保自己的目標而不願在主權上做出任何妥協。自由軍官團很快發現，要在不做出任何妥協下與世界其他國家交涉有多麼困難。

在國際場合上，埃及新政府的最優先訴求是確保英國完全撤離埃及，這是半個世紀以來埃及民族主義的未竟事業。

一九五三年四月，在美國居中協調下，納瑟爾和其他軍官與英國進行協商，確保英國完全撤離埃及。這是一場攸關雙方利害關係的談判。納瑟爾相信，如果談判失利，自由軍官團將會垮台，英國則是非常在意自己在後殖民世界裡的國際地位。協商反覆破局與重啟，就這樣拖延了十六個月。最後，英埃各退一步，英國將在二十四個月內從埃及撤離所有軍事人員，但剩餘的一千二百名英國民間專家則有七年轉圜期可以繼續留在運河區。英國的撤離並不完全，而且不是毫無條件：英軍延後兩年才撤離與英國民間人士獲得繼續居住七年的特許權，遭受一些埃及民族主義分子的批評。但對納瑟爾來說，這場協商爭取來的獨立地位已足以確保革命指導會議於一九五四年七月同意協商結果。一九五四年十月十九日，英埃兩國簽署協議，最後一名英國士兵將於一九五六年六月十九日離開埃及。

與英國的新協定在埃及國內遭受批評。納吉布總統利用協定的缺失打擊他的年輕政敵納瑟爾。納吉布不滿自己的地位有名無實，他想取得身為總統應有的完整權力。另一方面，納瑟爾則是透過控制革命指導會議侵奪總統的權力。到了一九五四年初，依照當時的人的說法，納瑟爾與納吉布的關係已經惡化到水火不容的地步，納吉布批評英軍撤離之後，納瑟爾找來忠於自己的親信在背後惡意中傷納吉布，讓輿論轉而不利於這位他們依然尊崇的人。

穆斯林兄弟會也利用英國延後撤離來批評自由軍官團政權。一九五三年，這個伊斯蘭組織與其他政黨一起遭到禁止，因此對這個新軍事政權深感不滿。一九五四年初，納瑟爾取締穆斯林兄弟會，他因此成為伊斯蘭分支團體暗殺的目標。他們甚至考慮派出身上綁炸彈的自殺炸彈客靠近納瑟爾引爆，這是中東歷史上最早出現的自殺炸彈攻擊陰謀。然而，這種戰術無法引起一九五四年伊斯蘭主義者的興趣，因此沒有人自願犧牲。[20]

一九五四年十月二十六日，一個名叫馬哈茂德・阿卜杜・拉提夫的穆斯林兄弟會成員企圖用比較傳統的方式行刺納瑟爾。在慶祝英國撤離協定的演說中，他對納瑟爾開了八槍。拉提夫是個技術欠佳的槍手，八發子彈都未擊中目標。但是隨著子彈擦身而過，納瑟爾卻表現得像個英雄。他在槍口下毫不畏縮，演說只有短暫中斷。當他以深厚的感情再次演說時，他說的話就像電流般通過現場民眾，也透過廣播傳遍整個埃及與阿拉伯世界。納瑟爾對著麥克風吼道：「同胞們，我為你們與埃及灑熱血。我將為你們而活，為你們的自由與榮譽而死。」群眾贊同地吶喊著：「讓他們殺了我吧，只要我能讓你們感到自豪、榮耀與自由，那麼我死不足惜。如果納瑟爾注定要死，那麼你們每一個人都應該成為下一個納瑟爾。」[21]

沒有任何時刻比此時更具戲劇性，埃及民眾紛紛熱烈擁戴納瑟爾。仰賴高漲的人氣，納瑟爾建立起凌駕革命的地位，而現在他終於能放手處置他爭取民心時的兩個主要對手：納吉布總統與穆斯林兄弟會。數千名穆斯林兄弟會成員被逮捕，十二月，六名成員因行刺納瑟爾未遂被處以絞刑。納吉布也被捲入審判之中，雖然他未遭到指控，卻在十一月十五日被解職，往後二十年一直被軟禁在家。

埃及現在有了一個無可爭議的主人。從一九五四年年底到一九七〇年去世為止，納瑟爾一直擔任埃及的總統與阿拉伯世界的統帥。在他之前與之後，沒有任何阿拉伯領袖像納瑟爾一樣在阿拉伯舞台上擁有如此的影響力，也沒有人像他一樣對世界事務帶來如此深刻的衝擊。埃及即將進行一場令人矚目的冒險，數年的激昂亢奮使一切變得可能。

與英國締結撤離協定之後，埃及面對的下一個問題是與剛成立的以色列國仍有未結清的舊帳。埃及與猶太國的疆界很不穩定，兩國處於非常緊張的狀態。以色列總理本－古里安曾經數度試探自由軍官團的意圖，但納瑟爾與他的軍官卻避免與以色列人直接接觸（一九五三年，雙方外交人員確實曾在巴黎祕密協商，但沒有結果）。本－古里安的結論是，埃及在新軍事領袖統治下，可能成為阿拉伯世界的普魯士，如此將對以色列構成清楚而急迫的危險。但納瑟爾知道埃及仍缺乏必要的軍事力量，更甭說還要與充滿敵意的新鄰邦對抗。為了對以色列構成確實的威脅，埃及必須獲得外援。然而，納瑟爾很快就發現，為了換取武器，外國政府不可避免要提出條件，而這些條件勢必會危害埃及剛建立的獨立地位。

納瑟爾首先轉向美國，一九五二年十一月，納瑟爾向美國尋求援助。美國於是邀請自由軍官團派遣代表前來美國說明他們的需要：飛機、坦克、大砲與船艦。美國人原則上願意援助，但他們希望埃及先簽訂地區防禦公約再下武器訂單。

一九五三年五月，美國國務卿約翰·福斯特·杜勒斯訪問開羅，杜勒斯此行身負雙重任務，首先是鼓吹以色列與阿拉伯國家締結和平協定，其次是在中東孤立美國的超級強權對手蘇聯。與埃及政府進行的會談很快就轉移到武器上。杜勒斯表明，美國仍願意援助埃及，條件是埃及必須加入新的地區防禦公約，稱為中東防禦組織，這可使埃及加入美國與英國的正式同盟，共同對抗蘇聯。

納瑟爾立刻回絕杜勒斯的提議，因為中東防禦組織可能成為英軍進駐埃及的依據，沒有任何埃及領袖會同意這種事。對埃及來說，真正的威脅是以色列，而不是蘇聯，但納瑟爾無法讓杜勒斯理解這點。穆罕默德·海卡爾（生於一九二三年）是深具影響力的埃及《金字塔報》編輯，也是納瑟爾的好友。他記得納瑟爾曾經反問杜勒斯：「你要我怎麼跟人民說，我對離我一百公里站在蘇伊士運河拿著手槍對著我的殺手視而不見，卻要擔心八千公里外拿刀子的傢伙？」[22]

一九五四年英埃撤離協定簽訂後，埃及與以色列的關係便開始惡化。本－古里安把蘇伊士運河區的英軍視為埃及與以色列之間的緩衝，英軍一旦撤離便意味著災難降臨。一九五四年七月，以色列軍事情報人員在埃及祕密採取行動，將燃燒彈安裝在英國與美國駐開羅與亞歷山卓的機構裡。他們顯然想藉此引發埃及、英國與美國之間關係的危機，如此可以讓英國重新考慮撤離蘇伊士運河的決定。[23]然而，令以色列尷尬的是，一名以色列間諜還沒裝好炸彈就被逮捕，整起陰謀因而曝光。參與這起惡名昭彰的拉馮事件（因當時的國防部長平哈斯．拉馮而得名，拉馮被點名要為此事的失敗負起責任）的兩名男子，事後遭到處決，一名在監獄裡自殺，其他人則被判處長期徒刑。

拉馮事件與隨後以色列特工遭到處決，使原本已經非常緊張的以埃情勢雪上加霜。本－古里安卸下總理職務才一年，由鴿派的摩西．夏里特接掌政府，但到了一九五五年二月，他又再度擔任總理。他重新上班的第一件事，就是於一九五五年二月二十八日對加薩的埃及守軍發動猛攻。

一九四八年戰爭結束後，加薩走廊是唯一一處由埃及掌握的巴勒斯坦託管地，上面住著數十萬巴勒斯坦難民。加薩與以色列之間的疆界經常有流離失所的巴勒斯坦人穿越，其中一些人是為了返回已經成為以色列領土的舊家取回財物，有些人則是為了對使他們喪失家園的猶太國進行破壞。無論哪種理由，都成為一九五五年二月以色列政府大舉報復的藉口。以色列兩個連的傘兵進入加薩，破壞埃及陸軍的指揮部，造成三十七名埃及士兵死亡，三十一人受傷。以色列展現了軍事優勢，而納瑟爾知道，如果他不提供軍隊更好的武器來抵禦以色列人，他下台的日子將屈指可數。

埃及在加薩損兵折將使納瑟爾進退兩難。現在的他比以往更需要軍事援助，但他又承受不起為了取得援助所做的讓步。英國與美國持續對納瑟爾施壓，要求他加入地區同盟，否則不考慮提供現代武器給埃及。英語系強權催促納瑟爾盡快簽署由北大西洋公約組織支持的同盟，也就是巴格達公約。土耳其與伊拉克已於一九五五年二月締約抵禦蘇聯的擴張，英國、巴基斯坦與伊朗也於同年加入。納瑟爾堅決反對巴格達公約，他認為這是英國為了延長對中東的影響力而策劃的陰謀，此外英國也有意將伊拉克哈希姆盟友的地位抬升到埃及自由軍官團之上。納瑟爾以堅定的口吻指責巴格達公約，在英美持續勸說下，納瑟爾依然成功阻止其他阿拉伯國家加入公約。

英國首相安東尼．艾登察覺英國中東政策處處受挫的背後有著納瑟爾的影響，於是他堅決抱持反對埃及領導人的立場。由於納瑟爾與艾登之間愈來愈敵對，英國自然不可能提供先進武器給埃及軍方。

納瑟爾接著徵詢法國是否有意願提供武器。但法國也對納瑟爾存有很大的疑慮，因為納瑟爾一向支持北非的民族主義運動。突尼西亞、摩洛哥與阿爾及利亞的民族主義分子正在動員準備向法國爭取完全獨立，而這些人又以埃及做為典範與盟友。納瑟爾對北非民族主義分子抱持同情，他認為這些人的反帝國主義鬥爭是廣大阿拉伯世界抵抗外國勢力支配的一環。雖然他幾乎沒有財務或軍事資源可以援助他們，但是他很樂意提供避難所給流亡的民族主義分子，並且讓他們在埃及境內能自由動員從事獨立鬥爭。

只要納瑟爾繼續提供自由的避風港給北非民族主義分子，法國就會拒絕對他提供軍事援助。當納瑟爾要在阿拉伯人與法國人之間做選擇時，他選擇了阿拉伯人。法國人與阿拉伯民族主義的戰爭正處於劣勢，這使他們更加痛恨納瑟爾的立場。

第二次世界大戰開打的時候，法國駐北非當局因為納粹德國擊敗法國而遭受致命打擊。通敵的維琪政權殖民地官員士氣低落，已難以代表昔日的偉大帝國。突尼西亞、阿爾及利亞與摩洛哥的民族主義運動看到法國的衰弱，因此大受激勵。

一九四二年十一月，美軍在摩洛哥輕易擊敗維琪軍隊。兩個月後，美國總統羅斯福與英國首相邱吉爾在卡薩布蘭卡會面，共同策劃北非戰役。他們邀請摩洛哥蘇丹穆罕默德五世共進晚餐，羅斯福在晚餐中直言批評法國的帝國主義。蘇丹的兒子哈桑也參加餐會，他日後將繼承摩洛哥王位，成為國王哈桑二世。他引用羅斯福的說法：「殖民體系已經過時，終將作廢。」邱吉爾身為帝國主義強權的首相，自然表示不同意，但羅斯福卻堅持自己的看法。根據哈桑的說法，羅斯福「預見戰後的時代——他希望那一天能早點到來——根據大西洋憲章原則，屆時摩洛哥能自由獲得獨立」。羅斯福承諾，一旦摩洛哥獨立，美國將給予經濟援助。[24]

羅斯福的話傳到了外界。在他造訪摩洛哥的兩個星期後，一群民族主義分子草擬一份宣言寄給羅斯福，要求他支持摩洛哥獨立。蘇丹甚至要求向德國與義大利宣戰，好讓摩洛哥加入同盟國陣營。然而，英國與美國決心支持戴高樂將軍的自由法國部隊，所以美國並未同意摩洛哥的獨立要求，反而於一九四三年六月將摩洛哥交給戴高樂的自由法國。摩洛哥人因此必須在沒有外力介入下自行爭取獨立。而他們也這麼做了。

摩洛哥獨立運動的力量來自於君主與民族主義分子的合作。一九四四年一月，一個自稱獨立黨的新民族主義運動團體發表一份要求摩洛哥獨立的宣言。獨立黨是公開的保王派人士，他們的宣言提議由蘇丹代表摩洛哥全國人民與法國協商。獨立黨的條件是蘇丹必須成立民主政府。

穆罕默德五世全力支持獨立黨，這使得他與法國殖民當局產生衝突。一九四〇年代晚期，隨著民族主義運動從狹窄的政治菁英圈子擴散到工會與都市群眾，蘇丹逐漸被殖民當局視為民族主義的禍首，對北非的法蘭西帝國構成威脅。

廣大阿拉伯世界對摩洛哥民族主義分子提供道義上的支持。一九四七年，流亡的摩洛哥好戰分子在開羅設立阿拉伯馬格里布辦公室，他們在這裡可以不受法國干預計劃政治行動與進行宣傳。馬格里布辦公室因為讓一九二〇年代對抗西班牙與法國的里夫戰爭領袖阿卜杜·克里姆獲得自由而上了報紙頭條，克里姆當時正搭乘法國船隻從流亡的留尼旺島前往巴黎。克里姆在開羅受到英雄式的歡迎，並且被推舉為北非解放委員會主席。

法國人對這波阿拉伯民族主義浪潮甚感關切，他們擔心可能因此喪失北非領地。穆罕默德五世開始強調摩洛哥與阿拉伯世界的連結。一九四七年四月，他在丹吉爾發表演說時，提到摩洛哥的阿拉伯淵源，卻隻字不提法國。一九五一年，強硬的法國駐辦公使向穆罕默德五世提出最後通牒：如果不與獨立黨劃清界線的話，他就必須退位。雖然蘇丹屈服於法國的壓力，但他依然全力支持民族主義分子與摩洛哥群眾，而群眾也開始動員進行大規模示威抗議。隨著工會罷工，民族主義示威演變成暴動，摩洛哥的公共秩序也開始崩解。

在此同時，突尼西亞也爆發民族主義示威遊行。一九五二年十二月，法國暗殺突尼西亞勞工領袖法哈特·哈奇德。他的死在突尼西亞與摩洛哥引發群眾示威抗爭。法國當局暴力鎮壓摩洛哥各大城市的暴動，反而激勵了民族主義運動。摩洛哥作家萊拉·阿布扎伊德在她的自傳性小說《象年》描繪暴力造成的強烈震撼。對於書中敘事者扎赫拉來說，一九五二年十二月的暴力是個關鍵時刻，使她決定加入地下民族主義運動。

> 我在實際加入抵抗運動之前幾年就已經選定立場。我清楚記得那天的景象。我永遠忘不了黑暗的那一日，在卡薩布蘭卡發生的屠殺。只要想起那天的事，我全身就僵硬起來。我看見外籍軍團的法國士兵從鄰近我們社區的軍營出現，用機關槍掃射來往行人。
>
> 長久以來，我的耳邊總是反覆傳來槍聲，我的腦海總是揮不去婦孺倒下的身影。日後，我看見許多屍體像垃圾袋一樣躺在人行道上，但這些從未像恐怖之日的事件那樣影響我……那天，我失去一切對生命的情感……那樣的處境必須改變，否則就不值得生存。[25]

一九五二年十二月暴動之後，獨立黨與共產黨都遭到法國當局取締，數百名政治活動分子遭到流放。然而，蘇丹仍是摩洛哥民族主義希望所繫，而法國人決心逼他退位。在對那些效忠法國與反對穆罕默德五世的摩洛哥顯貴集團進行籠絡之後，法國組織了一場由摩洛哥國內人士進行的反蘇丹政變。一群宗教領袖與穆斯林神祕主義兄弟會首領深信穆罕默德五世的民族主義政治宗旨背離了他們的宗教，他們轉而效忠一個名叫賓・阿拉法的王族成員。法國當局要求蘇丹退位，當蘇丹拒絕時，法國警方於一九五三年八月二十日逮捕蘇丹，並且在武力脅迫下以飛機將他送往國外。往後兩年，穆罕默德五世被流放到東方島嶼馬達加斯加。

摩洛哥的局勢並未因穆罕默德五世遭到流放而平靜下來。由於政治表達的權利遭到取消，民族主義分子於是轉入地下，並且訴諸暴力手段。他們試圖行刺幾名法國殖民地官員、與法國人勾結的顯貴乃至於奪位的蘇丹賓・阿拉法。為了反擊，法國移民也建立自己的恐怖主義組織，稱為「法國勢力」（Présence Française），專門暗殺民族主義重要人士與威脅他們的支持者。法國警方進行恐怖統治，逮捕涉嫌的民族主義分子與拷問政治犯。

正是在這種背景下，萊拉・阿布扎伊德自傳性小說的主角扎赫拉加入了抵抗運動。扎赫拉的第一個任務是協助丈夫祕密組織裡的一名成員逃過法國警方的追捕，並且逃離卡薩布蘭卡前往丹吉爾的國際區。這項任務的諷刺之處在於這名逃犯是曾經參與法國越南戰爭的老兵，他在奠邊府戰役中失去了一條腿。但扎赫拉還是努力協助這名抵抗運動戰士安全抵達丹吉爾的國際區。

扎赫拉成功完成第一次任務之後，抵抗運動領袖又交給她更具挑戰性的任務。她負責在卡薩布蘭卡市中心通敵者的店鋪縱火，然後在警察與警犬的追捕下，從擁擠的市場逃離。扎赫拉躲進一處庭院，發現屋子裡的女人正在那裡煮飯。她對她們說道：「我是游擊隊戰士。」婦女們二話不說馬上給予保護。發現自己受到摩洛哥婦女的保護，扎赫拉心想，政治不僅改變她的人生，也改變摩洛哥婦女的地位。「如果我的祖母重新回到人世，看到我放火焚燒商店，運送槍枝與偷渡男人越境，她一定會死第二次。」[26]

法蘭西帝國在北非的轉捩點出現在一九五四年。從一九四〇年代晚期開始，摩洛哥與突尼西亞就一直出現反法國統治的抗爭，迫使法國當局重新思考他們在這兩個保護國的地位。這兩個國家名義上是由本土的王朝統治：摩洛哥的阿拉維王朝蘇丹與突尼西亞的侯賽因王朝貝伊。法國人相信藉由與民族主義分子和解以及在友好政府統治下承認獨立，可以使他們更能確保在這兩個國家的利益。但法國的帝國政策卻因為兩起事件而陷入混亂，最終導致法蘭西帝國的結束：法國在奠邊府戰役（一九五四年三月到五月）的決定性失敗，失去了中南半島；一九五四年十一月二日，阿爾及利亞獨立戰爭爆發。

法國人並未把阿爾及利亞視為殖民地。不同於突尼西亞與摩洛哥由保護國統治，阿爾及利亞領土已經併入法國而且設省，如同法國本土。一百萬法國公民生活在阿爾及利亞，他們的利益受到法國國會民選代表的積極保障。從法國人——無論是政府或人民——的角度來看，阿爾及利亞就是法國。所以，當阿爾及利亞民族主義分子宣戰時，法國迅速而且全力予以回應。他們派出已經在越南嘗過敗績的軍隊，而且決心不投降，要「捍衛」阿爾及利亞不受民族主義威脅。

面對阿爾及利亞戰爭，法國皮埃爾・孟戴斯－弗朗斯政府採取決定性的行動以減少損失，並且解決與突尼西亞及摩洛哥的關係。法國總理親自前往突尼斯要求貝伊穆罕默德八世・阿敏（統治期間一九四三～一九五六年）任命新政府以協商突尼西亞獨立。貝伊想保留權力控制民族主義分子，於是企圖排除最受歡迎的民族主義政黨——哈比卜・布爾吉巴的新憲政黨。然而到了一九五五年三月，在民眾要求下，貝伊不得不邀請布爾吉巴參與協商。

具有領袖風範的布爾吉巴很快就在突尼西亞協商團隊中取得領導地位，並且在一九五五年四月簽訂自治協定，之後又於一九五六年三月二十日簽訂法國承認突尼西亞獨立的議定書。確立主權在民的共和原則之後，布爾吉巴於一九五七年七月以突尼西亞君主與法國勾結進行殖民統治為由，廢除突尼西亞君主制。突尼西亞共和國選舉布爾吉巴為第一任總統，而後他竟當了三十年總統。

在摩洛哥，法國為了穩定局勢，決定讓蘇丹穆罕默德五世從馬達加斯加返國復位。一九五五年十一月十六日，蘇丹踏上摩洛哥的土地，受到民眾熱烈歡迎。兩天後，穆罕默德五世於摩洛哥國定登基日在拉巴特王宮向全國人民發表演說。阿布扎伊德自傳性小說的民族主義自由鬥士扎赫拉回憶說：「要怎麼形容那一天呢？整個卡薩布蘭卡成了巨大的慶典場地，被舞台與擴音器連結起來。歌唱表演混雜著演說，空氣中瀰漫著人行道上烹煮的茶香。」扎赫拉、她的家人與朋友從卡薩布蘭卡搭乘巴士前往拉巴特聆聽蘇丹演說。她記得穆罕默德五世與他的兩個兒子出現在王宮陽台上時，群眾響起「令人難以置信的呼喊聲，十一月十八日的登基演說，我聆聽了無數次！多麼精采的演說！我把演說的內容記在心裡，至今我仍然能一字一句的背誦出來」。

扎赫拉憑藉記憶重述蘇丹的演說：「在這歡騰的日子裡，真主兩度賜福給我們。在歷經漫長而悲傷的流亡後，我們獲得賜福，返回我們最熱愛的故土。而現在，我們再度蒙福，能與我們想念的人民相聚，我們一貫地忠於人民，而人民也忠於我們。」蘇丹的訊息很清楚：摩洛哥能獲得獨立，唯一的原因是君主與人民相互支持。對扎赫拉來說，十月十八日的事件傳達的只有一件事，那就是法國人想藉由流放來分隔君主與人民的圖謀終歸失敗。「蘇丹的話使我們的內心極為感動！蘇丹的流放使他的身上裹了一件神聖斗篷，為了他，民眾加入了抵抗運動，彷彿他成了一個理想或原則。如果法國人沒有流放蘇丹，他們恐怕還能在摩洛哥待得更久；這點我很確信。」[27]

一九五六年三月二日，摩洛哥從法國統治下獨立。

摩洛哥與突尼西亞獲得獨立之時，阿爾及利亞卻陷入全面戰爭。原本只是一小群武裝人員（一九五四年十一月一日時，估計只有九百到三千名戰士）發動的無組織暴動，最後卻演變成大規模群眾暴亂，

圖一

阿卜杜·阿齊茲·伊本·阿卜杜·拉赫曼·費薩爾·沙烏德，西方比較熟悉的名字是伊本·沙烏德，他是現代王國沙烏地阿拉伯的創建者。這張照片攝於一九二八年的吉達，伊本·沙烏德（中央戴眼鏡者）站在參謀當中顯得鶴立雞群。一九二五年，征服漢志的哈希姆王國之後，伊本·沙烏德取得「內志蘇丹與漢志國王」的頭銜。一九三二年，伊本·沙烏德把他的王國改名為沙烏地阿拉伯，使它成為唯一以統治家族為名的現代國家。

圖二

法齊·卡武齊（中間）站在一九三六年到一九三九年巴勒斯坦阿拉伯叛亂的幾名指揮官當中。卡武齊參與了最著名的幾次反抗歐洲統治的阿拉伯叛亂，包括敘利亞梅薩倫戰役（1920年）、敘利亞叛亂（1925-1927年）、巴勒斯坦阿拉伯叛亂與伊拉克的拉希德·阿里政變（1941年）。第二次世界大戰期間，卡武齊為躲避英國追捕前往納粹德國，之後返回中東，於一九四七年到一九四八年在巴勒斯坦領導阿拉伯解放軍。

圖三

殺雞儆猴的懲罰：英國陸軍摧毀涉嫌支持一九三六年到一九三九年阿拉伯叛亂的巴勒斯坦村民住家。這種集體懲罰未經正當程序，其法律根據是英國當局為打擊阿拉伯叛軍而通過的一連串緊急命令。估計在一九三六年到一九四〇年間，英國摧毀了二千棟民房。

圖四

一九四三年八月十七日，敘利亞國會召開。在一九四一年七月自由法國宣布給予敘利亞與黎巴嫩完整的獨立地位之後，敘利亞人開始投票選出首屆獨立政府。民族集團獲得明顯多數，在國會首次開議時（照片右方），民族集團領袖舒克里·庫瓦特利被選為共和國總統。

圖五

一九四五年五月二十九日，敘利亞國會一團混亂。儘管法國做了保證，但戴高樂政府依然無意讓敘利亞完全獨立，也拒絕將敘利亞武裝部隊控制權交給庫瓦特利政府。一九四五年五月，敘利亞人發起民族主義示威抗爭，法國人衝進國會、放火焚燒官署與砲轟大馬士革住宅區。他們試圖將權威加諸於不願聽命的敘利亞人身上，卻徒勞無功。一九四六年四月，最後一批法國士兵撤離敘利亞。

圖六

這張刻意安排的宣傳照片顯示一群混雜了正規軍與非正規軍的士兵正在捍衛耶路撒冷城牆抵禦猶太人的攻擊，而從頭上纏的特本可以明顯看出指揮官是一名穆斯林教士。

圖七

事實上，一九四八年，巴勒斯坦戰士尚未做好保衛國家的準備。武器缺乏、訓練不足而且沒有作戰經驗，完全不是猶太軍隊的對手。更糟的是，他們低估了對手，五月十四日，英國撤離巴勒斯坦，巴勒斯坦人隨即遭猶太軍隊擊潰。

圖八

一九五二年七月，剛接管埃及政權的埃及自由軍官團。五十一歲的穆罕默德·納吉布將軍（坐在書桌後）在平均年齡三十四歲的年輕自由軍官團中屬於老一輩的政治人物。賈邁勒·阿布杜勒·納瑟爾中校（坐在納吉布右邊）軟禁納吉布，於一九五四年當上總統。納瑟的親信阿卜杜拉·哈基姆·阿梅爾少校站在納吉布的右邊。埃及共和國的第三任總統安瓦爾·沙達特中校，坐在左邊數來第四個位子。

圖九

照片裡的阿爾及利亞民族解放陣線領導幹部正準備搭乘摩洛哥班機，但這趟旅程將使他們身陷囹圄。一九五六年十月二十二日，他們原本的目的地是突尼斯，但法國戰機攔截了這架 DC-3 班機，迫使其降落在阿爾及利亞城市奧蘭，（照片中由左至右）艾哈邁德·賓·貝拉、穆罕默德·希德爾與霍辛·艾耶特·艾哈邁德遭到逮捕，往後的阿爾及利亞戰爭期間，這些人都待在獄中。哈桑親王（日後的國王哈桑二世，照片中穿軍服者），摩洛哥蘇丹穆罕默德五世之子，為這些革命分子送行。

圖十

一九五八年七月，民眾發起反對總理拉希德·卡拉米政府與新總統富阿德·謝哈布將軍的示威，支持前總統卡彌爾·夏穆恩的基督徒婦女拿起掃帚柄，辱罵黎巴嫩士兵。據說許多婦女在衝突中受傷。

圖十一

黎巴嫩成為唯一訴諸艾森豪主義的國家，一九五八年七月伊拉克革命後，黎巴嫩總統夏穆恩要求美國援助對抗「共產主義顛覆」。三天內，大約六千名美國海軍陸戰隊員登陸黎巴嫩海岸，他們受到貝魯特居民的關注。美軍逐漸增加到一萬五千人，加上第六艦隊與海軍戰機的支援，十月二十五日，美軍未發一槍無事撤離。〔照片原標題：興致勃勃的黎巴嫩人看著休息中的美國海軍陸戰隊士兵。〕

圖十二

一九五八年七月，伊拉克革命推翻哈希姆王室，阿卜杜·塞拉姆·阿里夫上校是革命領導人之一。七月十四日，他攻占國家廣播電台宣布共和國成立與國王費瑟勒二世死亡，伊拉克舉國震驚。伊拉克民眾全力支持革命。照片中，阿里夫在什葉派聖城向廣大支持者宣布新政府的目標與改革方針。阿里夫之後於一九六三年推翻總統阿卜杜·卡里姆·卡塞姆准將，成為伊拉克共和國第二任總統。

圖十三

以色列空軍發起一九六七年六月戰爭，於六月五日早上對埃及、約旦與敘利亞空軍基地發動一連串猛烈攻擊。不到三小時，以色列人已經摧毀了百分之八十五的埃及戰機，也癱瘓了埃及的空軍基地。以色列獲得空優之後，地面部隊立刻出動掃蕩西奈、西岸與戈蘭高地，全面擊潰了埃及、約旦與敘利亞陸軍。照片中，以色列士兵在西奈空軍基地檢視被摧毀的埃及飛機。

圖十四

一九六七年六月，以色列征服西岸，超過三十萬巴勒斯坦人被迫前往約旦境內的東岸避難。約旦河兩岸的道路橋樑遭到炸毀，增加了旅途的危險。許多新難民只帶著隨身財物逃走。

圖十五

萊拉·哈立德是解放巴勒斯坦人民陣線成員，她於一九六九年成功劫持從羅馬飛往大馬士革的環球航空班機，乘客與機組人員都平安獲釋。她的第二個行動目標是以色列班機，但被以色列航空安全人員阻止，她的夥伴被殺，班機隨後在倫敦緊急降落，哈立德被英國警察逮捕。一九七〇年十月一日，英國為了交換犯人而釋放哈立德。

圖十六

解放巴勒斯坦人民陣線成員控制了道森機場，道森機場是位於約旦首都安曼東方沙漠地帶的一座廢棄的小型機場，解放陣線將其改名為「革命機場」。一九七〇年九月六日到九日，解放陣線劫持美國環球航空、英國海外航空與瑞士航空班機到「革命機場」。機上三百一十名旅客全部疏散，九月十二日，解放陣線炸毀飛機。這次行動成功讓國際社會注意到巴勒斯坦獨立運動，但也造成約旦國王胡笙於一九七〇年到一九七一年發動激烈的黑色九月戰爭，將巴勒斯坦運動逐出約旦。

在暴亂中，無武裝的平民（包括法國移民與本地的阿爾及利亞人）淪為無差別的謀殺暴力目標。

一九五五年八月，阿爾及利亞民族解放陣線（法文首字母縮略字為FLN）攻擊法國移民村落菲利普維爾，殺死一百二十三名男女與孩童。法國以極為兇殘的手段進行報復，殺死數千名阿爾及利亞人（法國官方承認的數字是一千二百七十三人，民族解放陣線則宣稱有一萬二千名阿爾及利亞人被殺）。[28]

菲利普維爾大屠殺加強了民族解放陣線的決心，而法國毫無節制地對阿爾及利亞人施加報復則激起了民怨，吸引許多人自願加入民族解放陣線，從而鞏固了民族解放陣線的組織。屠殺也深切提醒民族解放陣線在面對法國占領軍時的戰略弱點，畢竟後者擁有做為工業強權的一切資源。

民族解放陣線設於開羅的辦公室是個在國際間推動民族主義運動的重要基地，而納瑟爾主掌的埃及政府也極力公開支持阿爾及利亞獨立。為了孤立阿爾及利亞民族主義分子與迫使埃及放棄支持民族解放陣線，法國對於出售武器給埃及設下了條件，而一如以往，納瑟爾無意接受這些條件。

到了一九五五年，納瑟爾結交了一些具影響力的朋友。他獲得不結盟運動領袖的尊敬，包括南斯拉夫的約瑟普．布羅茲．狄托、印度的賈瓦拉哈爾．尼赫魯與中國的周恩來。不結盟運動厭惡外國支配，因此自然成為埃及採取的路線。與其他不結盟運動的成員一樣，埃及政府希望能自由與美蘇雙方建立友好關係，而不願在冷戰中選邊站。不結盟運動提供亞非國家追求去殖民目標的論壇。例如納瑟爾在印尼萬隆舉辦的不結盟運動開幕會議上提出支持阿爾及利亞獨立的決議，並且獲得與會者一致通過，令法國深感懊惱。

具領袖魅力的年輕埃及總統被承認為世界舞台的領導人，埃及人民對此感到高興。然而美國人並不這麼想。艾森豪總統斷然反對不結盟運動的政治模式。他的政府相信在美蘇之間並無中間地帶，畢竟，一個國家若不是與美國人為友，就是與美國人為敵。納瑟爾拒絕加入對抗蘇聯的地區同盟觸怒了美國，但美國政府有許多人仍然希望說服納瑟爾。然而他們的希望即將落空。

西方拒絕滿足納瑟爾的武器需求，最終使他投向共產主義集團。他與中國總理周恩來談到埃及軍隊獲取現代武器的問題，周恩來表示他會為埃及與蘇聯討論此事。一九五五年五月，蘇聯駐開羅大使要求覲見納瑟爾，由此開啟一九五五年持續一整個夏天的協商。

即使納瑟爾轉而向蘇聯尋求軍事援助，他還是試圖維持美國對他的支持。這位埃及總統知會美國人他與蘇聯進行協商，並且告訴美國駐開羅大使，針對武器提供一事，蘇聯已經給予肯定的答覆，但他還是希望能獲得美國的軍事援助。海卡爾指出，美國國務卿杜勒斯起初以為納瑟爾是在虛張聲勢，直到他得到明確證據，知道納瑟爾即將與蘇聯締約後，這才急忙派特使阻止這項交易。

一九五五年九月，納瑟爾將既成事實攤在美國人面前，他宣布埃及將從蘇聯衛星國捷克斯洛伐克獲得武器。[29]武器交易的規模完全改變了中東的權力平衡，埃及獲得二百七十五輛T－34戰車與二百架戰機，包括米格十五與米格十七戰鬥機與伊留申二十八轟炸機。[30]

埃及政府先是在外交上轉向共產主義集團，之後又於一九五六年五月與中華人民共和國建交，進一步疏遠了艾森豪政府。埃及嚴重破壞美國為了防止共產勢力進入中東所做的圍堵，美國因此決心要讓埃及改變政策。

英國、法國與以色列的野心更大，他們甚至想改變埃及政府。他們認為納瑟爾是阿拉伯民族主義危險新興力量的倡導者，納瑟爾有能力動員一切力量危及他們在中東的核心利益。本－古里安擔心納瑟爾可能會召集阿拉伯國家對以色列發動致命性的攻擊。英國首相艾登相信納瑟爾利用阿拉伯民族主義來翦除英國對中東的影響力。法國人則認為納瑟爾鼓勵阿爾及利亞人擴大對法國的戰爭。這些國家都有現實的理由企圖推翻納瑟爾來追求他們的國家利益。

一九五六年，英國、法國與以色列陰謀對埃及發動戰爭，這場失敗的戰爭在西方稱為蘇伊士危機，在阿拉伯世界稱為三國侵略。

蘇伊士危機肇因於亞斯文。除了土地改革計畫，亞斯文水壩一直是自由軍官團內政發展計畫的核心部分，一般預期水壩完成後可以提供埃及工業化所需的能源，而且可以透過灌溉大幅增加農耕地。

然而，埃及政府無力負擔建造水壩所需的資金。這是世界上規模數一數二的土木工程計畫，而且經費也是天文數字，估計要耗費十億美元，其中四億美元必須以外幣支付。一九五五年年底，埃及政府與世界銀行協商了一個融資方案，由世界銀行提供兩億美元的貸款，剩下的兩億美元則由英美兩國出資。

英美兩國政府希望利用亞斯文水壩計畫來控制納瑟爾政府的政治走向。海卡爾認為，英美兩國從未考慮給予埃及充分的資金，他們只保證給予要求金額的三分之一：不足以保證水壩完成，卻足以在埃及建造水壩時影響埃及的決策。海卡爾提到，據說杜勒斯在一九五七年一月對沙烏地國王沙烏德說，他已經決定協助埃及興建水壩，因為這是個長期計畫。「這會讓埃及與美國綁在一起十年，在這段時間，納瑟爾如果還不清楚與蘇聯合作有多麼危險，那麼他就應該下台。」[31]

美國政府也試圖在貸款上附加條件，要求埃及政府不再向蘇聯購買軍火。美國虛偽地表示，軍事支出將影響埃及支付水壩建設成本的能力。納瑟爾不想與蘇聯劃清界線，因為蘇聯是唯一願意無條件給予他軍事援助的強權。

納瑟爾了解冷戰規則使他無法同時與美蘇合作。一九五六年四月，納瑟爾懷疑美國將取消亞斯文水壩的資金。三個月後，一九五六年七月十九日，艾森豪宣布他將取消美國對這項計畫的一切財務援助。納瑟爾是在從南斯拉夫飛回開羅的途中得知這項消息。他感到憤怒；艾森豪在宣布取消援助計畫之前並未禮貌性地預先告知埃及政府，更沒有做出任何解釋。納瑟爾對海卡爾說：「這不是取消，而是對政權的攻擊，是煽動埃及民眾推翻政府。」[32]

納瑟爾認為自己必須立即還以顏色。不到二十四小時，他擬定一項計畫，而且只花六天時間來完成這項他到目前為止最具野心的攻擊行動。

納瑟爾原定在七月二十六日革命成功四週年紀念日上發表重大演說。他的主題將是亞斯文水壩。如果西方列強拒絕協助埃及人，納瑟爾打算宣布，埃及會自籌經費，把蘇伊士運河收歸國有，然後以運河的收入支付建設水壩的費用。

從法律層面來看，埃及政府有權將蘇伊士運河收歸國有，但必須出錢買回蘇伊士運河公司股東股份做為補償。然而，蘇伊士運河公司是在法國上市的公司，英國政府是最大股東，納瑟爾知道將運河國有化將會引發國際危機。尤其英國決心維持在中東的影響力，國有化將會被解釋成埃及政府反英的另一項措施。納瑟爾估計，外國干預的可能性高達八成。

結果埃及選擇戰爭，納瑟爾估計英國與法國至少需要兩個月的時間才能組織必要的軍事力量前來干預。兩個月的延宕將讓他有關鍵的時間協商出外交解決方案。這相當於一場賭博，但納瑟爾認為為了讓埃及獨立不受外力干預，他必須參加這場賭局。

納瑟爾派年輕工程師馬哈茂德．尤尼斯上校接管蘇伊士運河公司。七月二十六日晚上，尤尼斯打開收音機聆聽納瑟爾的演說，如果他聽到納瑟爾說出行動代號「斐迪南．德．雷賽布」——開鑿蘇伊士運河的工程師名字——就採取行動。如果納瑟爾在演說中並未提到這個名字，尤尼斯就按兵不動，並且等待進一步的指示。

跟以往一樣，納瑟爾看著筆記演說，並且提到亞斯文水壩危機的背景。他敘述埃及被帝國主義強權剝削的歷史，他以蘇伊士運河為例，提到斐迪南．德．雷賽布的名字，而且提了好幾次。海卡爾回憶說：「總統擔心〔馬哈茂德．尤尼斯〕可能漏掉沒聽見，於是複述這個法國人的名字好幾次。雷賽布這個，雷賽布那個，他一連說了快十次，聽眾開始感到困惑，心想雷賽布這個人有什麼好說的，因為埃及人並不是特別喜歡這個人。」

納瑟爾的擔心是多餘的，專注的尤尼斯上校第一次就聽見了，他馬上關掉收音機採取行動。他日後向納瑟爾坦承：「很抱歉，我沒有聽完您的演說。」

尤尼斯上校的隊員控制了蘇伊士運河公司在開羅、塞德港與蘇伊士的分公司。尤尼斯則親率人員接管位於易司馬儀利亞的總公司。一名跟隨尤尼斯前往的人員回憶說，「我們在晚上七點左右進入易司馬儀利亞總公司，發現辦公室裡一個職員都沒有，只有值夜班的人員。我們叫來主管人員，當然一定是外國人，因為在決策層級沒有埃及人……他們顯然十分吃驚。」[33]蘇伊士運河公司的三處辦公地點，只靠著三十名軍官與土木工程師就完成占領。

等到納瑟爾演說達到高潮的時候，運河已經掌握在埃及人手裡。納瑟爾對著如癡如醉的聽眾說道：「我們不允許蘇伊士運河成為國中之國。今天，蘇伊士運河是一家埃及公司。」在宣布將運河收歸國有之後，納瑟爾保證會將運河的三千五百萬英鎊收益用來建造亞斯文水壩。海卡爾回憶說：「民眾聽了欣喜若狂。」[34]

蘇伊士運河國有化的消息震撼了整個國際社會。本－古里安首先想到這是扳倒納瑟爾的大好機會。他主動向美國提議，但艾森豪政府不願表態。本－古里安在日記裡寫道：「西方列強感到憤怒……但我想他們應該不會有任何作為。法國不敢單獨行動；〔英國首相〕艾登只會說空話；華府則是避免任何回應。」[35]但本－古里安低估了英法對於納瑟爾行徑的憤怒程度。

法國率先回應。國有化的第二天，法國國防部長莫里斯．布爾熱－莫努里打電話給當時擔任以色列國防部長的希蒙．裴瑞斯，詢問以色列國防軍需要多少時間征服到蘇伊士運河為止的西奈半島土地。裴瑞斯粗略估計要兩個星期。法國國防部長於是開門見山說道：以色列是否願意與英法共同攻擊埃及，由以色列負責攻占西奈半島，而英法聯軍將占領蘇伊士運河區？裴瑞斯沒有立場代表以色列政府締結作戰同盟，但他給予法國積極的回應，這項合作引發了第二次阿以戰爭。

法國接下來拿著計畫去見艾登爵士，根據計畫，以色列出兵埃及西奈半島將可構成英法聯合出兵進駐運河區「恢復和平」的藉口。這項計畫的假定是納瑟爾政府擋不住這波攻擊，以色列可以守住與埃及之間的疆界，以及英法可以藉由這種不大可能的方式重新控制運河區。這整個瘋狂計畫顯示的不過是集體判斷力的缺乏。

為了締結這個看似不可行的三國同盟，法國外交部長克里斯提昂．皮諾、英國外交大臣塞爾文．勞埃與以色列總理本－古里安於巴黎市郊的塞夫爾召開會議。這是一場令人不舒服的對話，以色列人與英國人之間充斥著深深的不信任，反映出巴勒斯坦託管地結束時的苦澀。但這些共謀者藉由彼此對納瑟爾的憎恨以及決心看著他遭受毀滅而結合在一起。

經過四十八小時密集協商之後，三國於一九五六年十月二十四日達成祕密協定。首先，以色列將入侵埃及，引發以埃衝突造成蘇伊士運河的海上交通陷入危機。其次，英國與法國將堅持兩國停火，當然，以色列將對此充耳不聞。最後，英法同盟將投入軍隊占領運河區進行干預。以色列外交人員不信任英法的口頭允諾，他們堅持三方必須簽訂書面協定，以免以色列率先入侵之後，歐洲人卻半途毀約。

英國與法國有充分的理由重新考慮要不要與以色列合作。法國在一九四八年後提供武器給以色列，然後又拒絕讓阿爾及利亞獨立，這兩件事都引發普遍的不滿。英國的帝國主義歷史依然影響英國與阿拉伯民族主義分子的關係。對這些前帝國主義強權來說，與以色列合作注定會破壞他們與阿拉伯世界的關係。而且這樣的陰謀也不可能長久保持祕密。

然而這個看似不可能的計畫還是實行了，十月二十九日，以色列攻擊埃及，開啟西奈半島戰事與對蘇伊士運河的猛攻。次日，英法向兩國遞交最後通牒，要求雙方停火並且撤退到蘇伊士運河河岸十六公里以外的地方。然而英法宣言發布的時機不對，讓人一眼看出他們在這場危機的意圖。他們要求交戰雙方撤離運河區，但以色列的軍隊距離運河還有數公里遠。納瑟爾的好友海卡爾推論：「要求雙方軍隊撤退到運河區十六公里外有何道理可言？當時以色列人只有一個攜帶輕兵器的傘兵營，而且位置還在運河區六十四公里外。」如果英法沒有參與計畫這次攻擊，他們怎麼可能預期以色列人會出現在運河區？

隨英國與以色列共謀攻擊的證據逐漸浮現——英國偵察機飛越西奈半島上空時被發現——埃及人不

得不接受這個令人意外的事實。海卡爾回憶說：「納瑟爾實在無法相信自稱了解中東的艾登居然會與以色列一起向阿拉伯國家宣戰，這麼做將讓所有英國在阿拉伯世界的朋友與英國自身的地位陷入危險。」[36]

美國觀察蘇伊士危機的發展，感到難以置信。當然，美國人的做法也不見得高尚，就在以色列發動攻擊那天，中央情報局也策劃一起反敘利亞政府的政變。[37]敘利亞人接受蘇聯的經濟援助，而美國想圍堵蘇聯向中東擴張的威脅。這起政變完全符合一九五六年美國的世界觀。

艾森豪政府無法理解為什麼會發生蘇伊士衝突。在冷戰高峰期，英國與法國居然還像帝國主義強權那樣行事。對美國人來說，唯一要緊的賽局就是圍堵蘇聯擴張，無論在中東還是世界其他重要區域都是如此。他們無法理解英法這兩個北約盟國會為了一條通往他們已經不存在的南亞與東南亞帝國而且已不再擁有戰略地位的水道發動戰爭。艾森豪也對於歐洲盟邦未徵詢美國的意見，擅自發動如此重大的軍事行動感到光火。如果他們事先徵詢，美國人當然會反對蘇伊士戰爭。英國與法國政府很清楚美國人會有什麼反應，因此選擇讓華府蒙在鼓裡。

從美國的觀點來看，蘇伊士危機是不折不扣的災難。美國在敘利亞的祕密行動失利，但由於同時期發生的匈牙利事件使得這起行動未受到關注。十月二十三日，就在以色列攻擊埃及的六天前，匈牙利爆發革命。在布達佩斯，學生上街反對史達林主義政權，由此引發全國性的示威抗爭。幾天後，蘇聯支持的政府垮台，新內閣在改革家伊姆雷·納吉領導下成立，納吉迅速讓匈牙利脫離華沙公約組織，實際終止了與蘇聯及其盟邦的軍事合作關係。這是使蘇聯控制的東歐與西方分離開來的鐵幕首次出現裂痕，也是冷戰開始以來最重要的發展。

艾森豪政府忙著在聯合國運作以保護匈牙利運動不受蘇聯報復，因此只能憤怒地在一旁觀看英法在埃及掀起戰端。令蘇聯意外的是，英法的干預有效轉移了世人的焦點。英法轟炸機於十月三十一日閃電轟炸埃及的空軍基地，隨後便於十一月初派傘兵占領了運河區。蘇聯外交人員因此獲得道德上的制高點，支持埃及反抗西方的侵略，另一方面卻將自己的軍隊部署於匈牙利以恢復對東歐的權威。正當西方亟需提供堅強防線來抵禦蘇聯時，北約的團結卻出現破綻。艾森豪認為英法必須為失去匈牙利負起全部的責任。

在埃及，納瑟爾知道自己正在打一場無法獲勝的戰爭，他的三個敵人擁有的部隊比他精良得多。戰爭開打之初，他命令軍隊撤出加薩與西奈，這兩個地方隨即落入以色列人之手，他要軍隊集中防守運河區。薩達維當時在三角洲一個村落診所當醫生，她記得「屋子與街上數千台收音機播放著納瑟爾的演說：『我們必須戰鬥，直到擊退入侵者為止。我們絕不投降。』」面對優勢兵力的無故攻擊，納瑟爾堅忍不屈的態度再度激勵了埃及人民，許多民眾自願投入救國的行列。薩達維回憶說：「我脫下醫師袍，換上了工作服。」

薩達維跟許多埃及人一樣，都準備到戰區支援作戰，但在隨後的混亂中，她一直未接到徵召；她因此只能在三角洲行醫的村落注意事件的始末。薩達維寫道：「敵機投下數千枚火箭與炸彈，軍艦從海上砲轟，戰車轟隆地駛過街道，狙擊手空降到屋頂。」埃及人組織民兵與軍隊一同作戰。「成群的游擊隊戰士，他們絕大多數都很年輕，他們組織起來，拿起槍砲、手榴彈與汽油彈前去作戰。」[38]總計，大約一千一百名平民在運河區戰鬥中被殺。

美國向英法施壓，要求他們停戰與撤軍。美國在安全理事會做的努力受到英國與法國的阻礙，他們行使否決權阻止通過任何決議限制他們在蘇伊士運河的行動。由於蘇聯及其盟邦威脅要加入埃及陣營進行干預，艾森豪政府決定公開威脅英法，要求他們必須立刻遵從美國的停火要求。英法遭受即將被逐出北約的威脅，美國財政部警告將出售持有的部分英鎊債券以迫使英國通貨貶值，這將對英國經濟造成災難性的衝擊。威脅是有效的，十一月七日，英法接受聯合國的停火要求。一九五六年十二月二十二日，英法軍隊全數撤離埃及，一九五七年三月，以色列也離開埃及，由聯合國維和部隊取代。

對埃及而言，蘇伊士危機是軍事失敗轉變為政治勝利的經典例證。納瑟爾的英勇演說與反抗並未取得相應的軍事成就。但埃及得以存續則被視為一場重大的政治勝利，埃及人以及廣大阿拉伯世界追隨納瑟爾的民眾都為此感到欣喜，彷彿納瑟爾實際擊敗了埃及的敵人。納瑟爾知道蘇伊士運河國有化將不再面臨任何挑戰，而埃及也取得對所有領土與資源的充分主權。

對以色列人來說，蘇伊士戰爭代表驚人的軍事勝利與政治挫敗。雖然本－古里安在困窘下不得不撤出以色列國防軍占領的領土，但他也藉此再度向阿拉伯鄰邦展示以色列軍力的強大。然而以色列參與三國入侵也讓阿拉伯世界強化了這樣的觀點：以色列是中東地區帝國主義政策的延伸。

以色列與帝國主義者合作使阿拉伯世界更難接受猶太國，更甭說承認以色列或與以色列締和。更確切地說，擊敗以色列逐漸與中東擺脫帝國主義以及解放巴勒斯坦連繫在一起。在一九五〇年代，這個強大的意識形態障礙阻撓了所有和平進程。

法國在蘇伊士危機中損失慘重，導致法國在阿爾及利亞的地位下降，對廣大阿拉伯世界的影響也開始衰微。一九五〇年代末，法國放棄了阿拉伯世界，轉而支持以色列。事實上，在蘇伊士危機之後，法國立即武裝以色列並且協助以色列建立核子計畫，包括在一九五七年提供原本承諾容量兩倍的反應爐。

英國原本想維持對阿拉伯世界的重要影響力，但無疑在蘇伊士危機中成為最大的輸家。戰爭的決定在英國國內引發龐大的反對聲浪，而且造成政府與外交部高層官員連袂辭職。艾登在蘇伊士危機後健康狀況惡化，於一九五七年一月辭去首相職務。蘇伊士危機對英國在中東地位的衝擊甚至更為嚴重。海卡爾的結論是：「蘇伊士危機之後，沒有任何阿拉伯領袖是英國的朋友，也沒有任何阿拉伯領袖是納瑟爾的敵人。蘇伊士危機讓英國失去了阿拉伯世界。」[39]

納瑟爾一連串令人矚目的勝利將他推向阿拉伯世界領袖的地位。他的反帝國主義聲望與團結阿拉伯國家的號召使他成為阿拉伯世界民族主義分子的捍衛者。一九五〇年代，遠距廣播的力量結合廉價可攜帶的電晶體收音機，讓納瑟爾的訊息得以藉由廣播傳布給阿拉伯民眾。在成人識字還不普及的年代，納瑟爾透過收音機可以比報紙更為有效地讓廣大聽眾接觸到他。

當時，阿拉伯世界功率最大、最多人收聽的廣播電台是位於開羅的阿拉伯人之聲。阿拉伯人之聲於一九五三年開播，原本是為了宣揚埃及革命的理念，此時則轉變為結合新聞、政治與娛樂的廣播電台。阿拉伯人之聲透過共同的語言將阿拉伯各國說阿拉伯語的人結合在一起，並且推廣泛阿拉伯行動與阿拉伯民族主義的理念。阿拉伯世界的聽眾聆聽廣播，內心十分激動，當時一名民眾回憶說：「人們的耳朵離不開收音機，特別是廣播裡響起阿拉伯民族主義的歌曲，號召阿拉伯人抬起頭來，捍衛自己的尊嚴與土地時。」[40]

納瑟爾用收音機征服了阿拉伯世界。他透過阿拉伯人之聲對其他阿拉伯統治者施壓，要他們遵從他的路線，並且跳過阿拉伯政府領袖，直接訴諸他們的民眾。一九五七年，黎巴嫩情報中心主任埃米爾法里德・切哈布在一份有關黎巴嫩情勢的政治報告中寫道：「對納瑟爾有利的政治宣傳廣受穆斯林群眾歡迎，他們把納瑟爾視為阿拉伯人唯一的領袖。埃及與敘利亞廣播電台的影響，以及他在埃及的成就，使穆斯林群眾眼中只有他一個人值得追隨。」[41]

一些阿拉伯民族主義分子開始認真看待納瑟爾的阿拉伯統一口號，而且比納瑟爾本人還要執著，這在敘利亞尤其明顯。

從一九四九年扎伊姆推翻庫瓦特利總統之後，敘利亞的政治情勢便瞬息萬變。從一九四九年庫瓦特利下台到一九五五年庫瓦特利重掌政權，敘利亞五次更換領導人，而到了一九五七年夏末，敘利亞似乎已到了完全政治解體的邊緣。除了夾在美蘇兩強之間（一九五六年，美國曾陰謀推翻庫瓦特利政府）以及醞釀革命的年代裡阿拉伯人內部的傾軋，敘利亞也因為政治派系鬥爭而撕裂。[42]

一九五〇年代晚期，敘利亞兩個最具影響力的政黨是共產黨與阿拉伯復興黨。一九四〇年代早期，米歇爾・阿弗拉克與薩拉赫丁・比塔爾建立了阿拉伯復興黨，這是世俗的泛阿拉伯民族主義政黨。他們的口號是「單一的阿拉伯民族，這是我們的永恆使命」。復興黨避談個別國家的小民族國家民族主義，而提倡統一所有阿拉伯民族的大阿拉伯民族主義。復興黨理論家主張阿拉伯人只有統一起來才能不受外國統治而獲得真正的獨立以及在國內實現社會正義——這種烏托邦觀點提倡建立單一的阿拉伯國家，擺脫一九一九年凡爾賽和約劃定的帝國疆界。一九四〇年代晚期，復興黨開始在敘利亞、黎巴嫩、約旦與伊拉克設立分部。

從一九六〇年代至今，復興黨一直是重要的政治力量，但在一九五〇年代的敘利亞，復興黨卻相當弱小。復興黨是中產階級知識分子政黨，缺乏民眾基礎。在一九五五年的大選中，復興黨取得不到十五席的敘利亞國會席次。復興黨急需強有力的盟友，而黨員在埃及納瑟爾身上找到答案。復興黨衷心支持納瑟爾，不僅出於信念——納瑟爾的反帝國主義與泛阿拉伯主張，與復興黨的信念密切配合——也為了利用納瑟爾在敘利亞的人氣來宣揚復興黨的宗旨。

敘利亞共產黨比較不需要納瑟爾，因為共產黨是隨著蘇聯對敘利亞影響力的擴張而成長。敘利亞共產黨其實對納瑟爾存有戒心，因為他曾經鎮壓埃及共產黨。儘管如此，共產黨也想利用納瑟爾在敘利亞的人氣從中獲利。

一九五七年，復興黨與共產黨都向納瑟爾提出敘利亞與埃及統一的提案，這是兩黨競相迎合納瑟爾的結果。復興黨提議兩國組成聯邦，但共產黨卻繼續追價，提議兩國合併為單一國家，共產黨深信納瑟爾會拒絕這個要求。這有點像是賭局，因為無論是復興黨或共產黨都無法單獨決定與埃及統一。

然而這場賭局卻因為敘利亞軍方的介入而可能成真。軍方過去曾對敘利亞政府發動過三次政變，其中許多軍官已宣誓加入復興黨。他們深受納瑟爾軍政府吸引，相信兩國若能統一，軍方必能在敘利亞政壇取得主導地位。一九五八年一月十二日，敘利亞參謀長與十三名高級軍官在未事先知會政府的情況下飛往開羅與納瑟爾討論統一事宜。一名高級軍官在參謀長啟程前往開羅之後向內閣部長包括財政部長阿茲姆報告軍方的行動。阿茲姆問那名軍官：「在前往開羅之前先告知政府你們的決定然後跟部長們進行討論，難道不是比較好的做法？」

「木已成舟，多說無益。」這名軍官回道，然後告退。

阿茲姆出身貴族，是民族主義政治人物，他曾為爭取敘利亞從法國託管地獨立而奮鬥，並且在一九四五年於大馬士革遭受恐怖的轟炸。他深信軍方會為敘利亞帶來災難。阿茲姆在日記裡回想這件事：

「如果納瑟爾同意這項提議，敘利亞將會完全消失，如果他拒絕，軍方將會占領政府機關，然後解散政府與國會。」[43]

敘利亞政府決定派外交部長比塔爾——他同時也是復興黨創立者之一——前往開羅探詢納瑟爾的想法，然後回報內閣。比塔爾一到了開羅，就被當地的興奮情緒所感染，他忘了自己是以觀察者的身分前來，反而以協商者自居。比塔爾於是以敘利亞政府官方代表的身分與納瑟爾直接會談。

納瑟爾對於敘利亞政治人物與軍人陸續聚集於開羅，將國家呈獻在他的腳下感到困惑。雖然他一直宣揚阿拉伯統一，但他心裡清楚自己口中的統一指的是阿拉伯人「團結一致」，擁有共同的目的與目標。他從未想過與其他阿拉伯國家正式統一。納瑟爾知道，埃及有著不同於其他阿拉伯世界的歷史。革命前，絕大多數埃及人不認為自己是阿拉伯人，他們眼中的阿拉伯人要不是阿拉伯半島的居民，就是沙漠裡的貝都因人。這項提議更不可行的地方在於埃及與敘利亞並不相鄰，兩國中間還隔著以色列高築的鐵絲網牆。

但納瑟爾看出與敘利亞合併可能為他帶來好處。一旦成為兩個主要阿拉伯國家合併後的領袖，納瑟爾將可穩坐阿拉伯世界共主之位。兩國合併將受到埃及與敘利亞以外的阿拉伯群眾歡迎，使他們對納瑟爾的忠誠遠超過對自己國家統治者的忠誠。而且可以向美蘇英法這些列強顯示，埃及正構成中東的新政治秩序。在克服帝國主義之後，納瑟爾現在著手開闢冷戰以外的路徑。

納瑟爾接見敘利亞的訪客並且提出他的要求：完全的統一，由開羅統治敘利亞，敘利亞的制度必須與埃及的制度相同。敘利亞軍隊要由埃及人指揮，軍人不許干政。所有政黨必須解散，以單一國家政黨形式的國家聯盟取代，政黨多元主義將被視為引起分裂的派系主義。

納瑟爾的條件令他的敘利亞訪客震驚。復興黨代表聽到要解散政黨，每個人都感到恐慌，但納瑟爾向他們保證，未來將由復興黨主導國家聯盟，因此他們有機會形塑阿拉伯聯合共和國——新國家的名稱——的政治文化。新國號的命名刻意帶有開放性，顯示敘利亞與埃及的統一只是朝向廣大阿拉伯聯盟與復興黨渴望的阿拉伯復興的第一步。雖然納瑟爾提出的條件剝奪了復興黨與軍方參與政治的權利，但這兩個團體在結束開羅會談後卻存有幻想，以為自己可以藉由與埃及統一而取得主導敘利亞的地位。

經過十天討論之後，比塔爾與軍官們從開羅返國，向敘利亞內閣報告他們已經應允納瑟爾的統一計畫。阿茲姆當下立即表示反對，但他發現自己的意見是少數。阿茲姆只能絕望地看著辛苦爭來的獨立地位因為阿拉伯民族主義的衝動念頭而拱手讓人。他嘲弄庫瓦特利總統的開場陳述，裡頭用了「『阿拉伯民族性』、『阿拉伯人』與『榮耀』」這些詞彙來「填充內容空洞的演說」。之後，庫瓦特利讓外交部長發言。比塔爾告訴他的同僚，他與納瑟爾已經同意讓敘利亞與埃及統一成一個國家，他們提議將這件事交由兩國公民投票，他們有信心統一案會獲得兩國民眾的熱烈支持。

比塔爾說完之後，許多內閣同僚同意支持統一。阿茲姆說道：「大家把話說完之後，我要求休會，讓出席的人能好好研究一下提案的內容。他們對於這個建議感到驚訝。這下子我反倒迷糊了。我無法相信內閣面對如此重大的提案，它的內容涉及消滅敘利亞這個國家主體時，這些部長居然不需要充分的時間研究內容，也不需要徵詢所屬黨派、國會議員與國家決策者的意見。」[44]結果阿茲姆只成功爭取到二十四小時的休會時間。

阿茲姆準備了周詳的回覆，而且提出以兩國聯邦為基礎的妥協性統一方案。他的提案在敘利亞內閣獲得充足支持後送交開羅，但納瑟爾不接受這個妥協方案，他表示，不是完全統一的話就不考慮。敘利亞軍方再次介入，他們準備一架飛機將內閣成員載往開羅簽署協議。參謀長向猶豫不決的政治人物說明問題的核心。據說參謀長對他們這麼說：「在你們面前有兩條路。一條通往梅澤赫（大馬士革市郊惡名昭彰的政治犯監獄）；另一條通往開羅。」[45]敘利亞政府選擇通往開羅的道路，並且於一九五八年二月一日與埃及簽訂統一協定。

這是革命年代的開端。埃及與敘利亞的統一宣告阿拉伯統一新時代的來臨，阿拉伯世界各地的民眾紛紛起而響應。納瑟爾的聲望達到前所未有的高點，令其他阿拉伯國家領袖大驚失色。

一九五八年時，最脆弱的阿拉伯領袖或許是年輕的約旦國王胡笙，他在同年十一月才過二十三歲生日。鑑於約旦與英國的歷史關係，胡笙成為納瑟爾宣傳機器特別關注的目標。阿拉伯人之聲對胡笙進行咒罵批評，並且鼓吹約旦人民推翻君主體制，加入現代阿拉伯共和國的進步行列。

為了回應這些外在壓力，胡笙國王盡可能疏遠英國。他承受住英國的壓力，不參與巴格達公約。一九五六年三月，他解散仍負責率領他的軍隊的英國軍官團，包括具影響力的格拉布帕夏。一九五七年三月，他甚至協商終止英約條約，實質結束英國對哈希姆王國的影響。之後，胡笙又努力安撫埃及與敘利亞，並且對外證明約旦對阿拉伯民族主義的信從。

胡笙最大膽的讓步是開放他的政府讓支持納瑟爾的勢力加入。一九五六年十一月，胡笙舉行約旦歷史上第一次自由而開放的選舉，這場選舉讓左傾的阿拉伯民族主義分子在約旦國會取得明顯多數。胡笙冒險邀請最大黨領袖蘇萊曼·納布爾希組成保王派與反對派的聯合政府。這場實驗持續不到六個月。

改革派的納布爾希政府難以調和保王派與反對派之間的矛盾。此外，納布爾希獲得的支持與忠誠主要來自於民眾與約旦軍方的納瑟爾「自由軍官團」分子，而非來自國王。胡笙逐漸認為納布爾希的政府維持愈久，他的王位就愈危險，他決定採取行動。一九五七年四月，胡笙進行一場豪賭，他以政府同情共產主義為由，要求納布爾希辭職。在辭退納布爾希後不久，胡笙採取強力手段重新控制國家與軍隊。到了四月中旬，胡笙國王已經逮捕或流放那些威脅他統治的約旦自由軍官團成員並且取得軍隊效忠。

一九五八年敘利亞與埃及統一之後，約旦承受的壓力急遽升高。[46]阿拉伯民族主義分子加緊呼籲哈希姆政府不要成為絆腳石，讓約旦與阿拉伯聯合共和國統一以加入進步的阿拉伯行列。胡笙的阿拉伯民族主義觀點是王朝式的而非意識形態，他轉而向他的遠堂兄弟伊拉克國王費瑟勒二世求助，希望他能支持約旦搖搖欲墜的地位。兩個星期後，一九五八年二月十四日，胡笙在安曼與伊拉克簽訂統一協定，組成阿拉伯邦聯。

阿拉伯邦聯採取邦聯制度，保留兩國個別的國家地位，但要求統一的軍事指揮權與外交政策。新國家首都每六個月在安曼與巴格達之間輪替。這兩個哈希姆王國有血緣關係，同樣受過英國託管，而且國土接壤。

然而，阿拉伯邦聯無法與阿拉伯聯合共和國相提並論。伊拉克與約旦的結合被視為是為了抵禦納瑟爾主義的威脅而採取的權宜做法。伊拉克是巴格達公約的東道主，伊拉克首相努里·賽義德被批評為當時最親英的阿拉伯政治人物，胡笙將自己的命運與這些人綁在一起，只是讓自己的王國更暴露在納瑟爾主義者的壓力之下。

黎巴嫩是另一個親西方的國家，也承受敘利亞與埃及統一的巨大壓力。一九四三年國家協定同意的派系權力區分開始瓦解。黎巴嫩穆斯林（包括順尼派、什葉派與德魯茲派）尤其憤憤不平。他們不同意馬龍派基督徒總統卡彌爾．夏穆恩追求的親西方政策，希望黎巴嫩採取更全面的阿拉伯民族主義政策。一九五八年的黎巴嫩穆斯林確實有理由相信他們的人數已經超過基督徒。一九三二年之後，政府一直不授權進行人口普查更坐實穆斯林的懷疑，認為基督徒拒絕承認人口現實。黎巴嫩穆斯林開始質疑依照人口所做的權力分配，他們認為在更合於比例的體制下，他們的人口理應分配到更多的權力。他們知道，依照真正的多數統治，黎巴嫩應該追求的是當時的政策主流，也就是納瑟爾主義的政治。

黎巴嫩穆斯林認為納瑟爾是解決他們一切問題的良方，一名強大的阿拉伯與穆斯林領袖可以統一阿拉伯世界，並且終結在基督徒支配下黎巴嫩穆斯林既存的從屬狀態。然而，夏穆恩總統相信納瑟爾直接威脅到黎巴嫩的獨立地位，他尋求外國的保障以避免遭受外力的顛覆。

蘇伊士危機後，夏穆恩知道無法仰賴英法的援助，於是轉而向美國求援。一九五七年三月，他接受了艾森豪主義（Eisenhower Doctrine）。一九五七年一月，艾森豪主義首次遞交國會，艾森豪主義是中東冷戰重大的里程碑。這個新政策旨在圍堵蘇聯對中東的影響，要求美國給予中東發展與軍事援助，協助他們捍衛國家獨立。最重要的是，艾森豪主義授權「美國使用武力來確保與保護中東地區國家的領土完整與政治獨立，對抗來自共產國際控制下任何一個國家公然的武力侵略」。

捷克武器交易與蘇伊士危機之後，蘇埃關係不斷深化，艾森豪主義在阿拉伯世界的圍堵目標因此不僅限於蘇聯，也包括埃及。埃及認為美國這項新政策不過是巴格達公約的翻版，因此予以拒絕——這是西方列強再一次嘗試將反蘇的優先性強加於阿拉伯地區，完全無視阿拉伯對以色列的擔憂。在這種狀況下，一旦黎巴嫩總統正式接受艾森豪主義，就等同於他將與納瑟爾政府以及納瑟爾在黎巴嫩的眾多支持者正面衝突。

一九五七年夏天的黎巴嫩國會大選成為雙方攤牌的時刻。在黎巴嫩，由國會選舉共和國總統，總統任期六年。一九五七年選出的國會將決定一九五八年下任總統人選，因此攸關大局。

選前，夏穆恩的對手——穆斯林、德魯茲派與基督徒——組成了選舉集團，稱為國家陣線。這個陣線聚集了眾多的政治人物：的黎波里的順尼派領袖拉希德．卡拉米；最強有力的德魯茲派政治人物卡瑪爾．詹布拉特；甚至於敵視夏穆恩統治的馬龍派，如比夏拉．胡里的立憲集團。國家陣線代表的黎巴嫩民意遠大於四面楚歌的夏穆恩總統支持者。

黎巴嫩成了美國人與納瑟爾主義分子的戰場，前者試圖扶助親西方的政權，而後者試圖聯合所有的阿拉伯人對抗外國勢力干預。隨著國會大選逼近，美國政府擔心埃及與敘利亞會協助國家陣線破壞親西方夏穆恩的地位。美國人於是擾亂這場選舉。在美國駐黎巴嫩大使的親自監督下，中情局提供大量資金協助夏穆恩集團的候選人進行選戰，美國大使決心取得一個「百分之九十九點九親美的國會」。中情局探員威布爾．克蘭恩．埃弗蘭曾在他那部顯眼的金色克萊斯勒．德索托敞篷車裡親手把錢交給夏穆恩，而他對這種做法存有很大的疑慮。「黎巴嫩總統與總理使用外國資金的狀況實在太過明顯，以至於奉命觀察投票的兩名支持政府的部長居然在選舉期間辭職。」[47]選舉的緊張在黎巴嫩北部引發鬥毆，許多民眾在投票時喪命或受傷。

夏穆恩獲得壓倒性的勝利。這場勝利與其說是艾森豪主義的背書，倒不如說是夏穆恩政府貪腐的明證。反對派報紙以選舉結果做為證據，認為夏穆恩用不正當的方式選出他想要的國會，意圖修改憲法讓他非法連任總統。

由於反對派無法進入國會，有些領導人轉而以暴力阻止夏穆恩連任。從一九五八年二月到五月，爆炸與暗殺持續蹂躪首都貝魯特。敘利亞與埃及統一後，黎巴嫩的秩序急速惡化，親納瑟爾的示威抗爭逐漸演變成暴力攻擊。

一九五八年五月八日，親納瑟爾新聞記者納希布．馬特尼遭暗殺身亡。反對派因為他的死而指責政府。國家陣線要求夏穆恩政府為這起謀殺負責，並且呼籲全國發起罷工抗議。五月十日，的黎波里爆發首次武裝暴動。五月十二日，武裝民兵在貝魯特戰鬥，黎巴嫩陷入內戰。

黎巴嫩陸軍總司令富阿德．謝哈布將軍拒絕部署軍隊支持不得民心的夏穆恩政府。隨著局勢惡化，親西方夏穆恩政府看來有落入納瑟爾主義分子之手的危險，美國人於是準備干預黎巴嫩。

黎巴嫩戰鬥正值高峰的時候，伊拉克新聞記者尤尼斯．巴赫里告訴妻子，表示他們應該離開混亂的貝魯特，前往相對平靜的巴格達避難。巴赫里來自伊拉克北部城市摩蘇爾，他直言批評英國在中東的帝國主義，而且是深受希特勒納粹德國吸引的眾多阿拉伯民族主義分子之一。巴赫里在阿拉伯世界以曾經在二次大戰期間於柏林廣播電台播放阿拉伯語節目著稱，他的招牌開場白是：「你好，阿拉伯人，這裡是柏林。」戰後，他來往於貝魯特與巴格達，除了為阿拉伯大報撰稿，也擔任廣播節目主持人。一九五八年，他接受伊拉克首相努里．賽義德的委託，在廣播中發表一連串批評納瑟爾的報導。當黎巴嫩爆發戰爭時，巴赫里在貝魯特的住處被人民反抗軍占據。他對妻子說，他們應該前往巴格達躲避戰爭。

「但巴格達在夏天這個時候熱得要死。」她回答說。

「伊拉克的酷熱也比貝魯特的子彈舒適。」他堅持說。[48]之後發生的事，他完全料想不到。一九五八年七月十三日，巴赫里與妻子抵達巴格達，受到熱情歡迎。當地報紙報導他們返國，他們的第一晚就在一連串表揚晚宴中度過。第二天早上他們醒來時，迎接他們的竟是一場革命。

一九五六年以來，阿卜杜．卡里姆．卡塞姆准將與阿卜杜．塞拉姆．阿里夫上校率領的一群軍方陰謀者一直策劃要推翻伊拉克君主制，建立由軍方領導的共和國。他們受到埃及及納瑟爾及其同僚的激勵，以自由軍官團自稱。在阿拉伯民族主義與反帝國主義的驅策下，伊拉克自由軍官團指責哈希姆王朝與努里．賽義德政府過於親英——在蘇伊士危機之後，這樣的指控顯得特別嚴厲。自由軍官團想掃除英國於一九二〇年代建立的舊秩序，而由伊拉克人民自己建立新的政府。他們認為君主制只能藉由革命暴力一口氣推翻。

七月十三日到十四日，伊拉克政府下令軍隊部署於約旦邊界，以支援阿拉伯邦聯夥伴國對抗來自敘利亞與埃及的進一步威脅。自由軍官團接到命令之後知道機會來了。從陸軍基地前往約旦邊界的路線可以讓叛軍軍官經過首都。這些陰謀者決定讓軍隊改道進入巴格達市中心並且在當晚奪取權力。

自由軍官團向忠於他們的士兵下令，要求他們把運兵車開下公路進入首都，叛軍士兵於是進駐巴格達各個要地。一支分遣隊前往王宮處決國王費瑟勒二世與所有哈希姆王室成員。其他人則前往政府高級官員住處。他們奉命立即處死首相賽義德。阿里夫上校率隊接管廣播電台並且廣播革命與自由軍官團控制伊拉克的消息。

一九五八年七月十四日清晨，阿里夫透過廣播說道：「這裡是巴格達，伊拉克共和國廣播。」對聆聽的伊拉克民眾來說，這是他們第一次聽到君主制結束的消息。在廣播的空檔，阿里夫急躁地在房間踱步，焦急地等待同夥革命成功的消息傳來。早上七點左右，一名軍服沾染血跡的軍官衝進房間，右手拿著衝鋒槍，他確認國王與王族成員已經死亡。阿里夫於是高喊「真主至大！真主至大！」然後他坐在書桌前，寫了幾行字，接著便消失在播音室裡，他反覆說著：「真主至大，革命勝利！」[49]

巴赫里從阿里夫的廣播首度得知革命的消息。巴赫里回憶說：「我們不知道首都內外發生了什麼事。巴格達民眾躲在家裡面，對於突如其來的事件不知所措。」然後阿里夫要求民眾走上街頭支持革命並且搜索敵人。

雖然阿里夫知道王室已遭到殺害，但他還是號召伊拉克人攻擊王宮，彷彿要讓伊拉克民眾也跟著背負弒君的罪名。阿里夫也提供一萬伊拉克第納爾做為捕獲賽義德的報酬。賽義德在黎明時逃過了攻擊，後來被發現喬裝成婦女，第二天遭私刑處死。巴赫里回憶說：「當巴格達民眾受到激勵去攻擊王宮與賽義德宅邸時，他們離開家門，被殺人、搶劫與掠奪的欲望衝昏了頭。」城裡的窮人抓住機會前往王宮掠奪傳說中的金銀財寶，並且殺死擋住去路的人。

巴赫里在街上親眼目睹伊拉克革命。眼前的屠殺景象把他嚇壞了。「拉希德街上流淌著鮮血。看著車子把人拖行著直到死亡為止，圍觀群眾竟然鼓掌叫好。我看到暴民殺害阿卜杜・伊拉之後，拖著他的殘缺屍體示眾，以滿足報復的渴望。然後，他們把他的屍體吊在國防部的門上。」群眾拉倒國王費瑟勒一世與莫德將軍的雕像，莫德將軍是一九一七年首次占領巴格達的英國指揮官，之後群眾放火燒了英國駐巴格達使館。

在集體歇斯底里的氣氛下，任何人都有可能被誤認成舊政權的官員然後遭到私刑。「只要有人用手指頭指著說：『那是內閣大臣法迪爾·賈馬利！』群眾就會抓住並且綁住那個人的腿，毫不猶豫且毫不留情地將他拖行至死，那人只能無助地喊叫祈求真主、先知與所有的天使與魔鬼，抗議他們認錯了人。」巴格達面目全非，「被火焚燬，被血浸透，受害者的屍體散落在街上。」[50]

正當暴力在巴格達街頭橫行肆虐時，阿里夫上校整天都待在國家廣播電台發布聲明與命令。他下令逮捕所有前伊拉克內閣大臣以及阿拉伯邦聯大臣，包括伊拉克人與約旦人。這一天快結束時，底下的官員也被挑出來逮捕，包括巴格達市長與警察總長。下午，他們召集那些被認定是同情君主制的廣播人員與新聞記者。巴赫里曾經協助賽義德，因此被認為是已經垮台的政府的同情者，他在隔天遭到逮捕。他抵達國防部時，賽義德體無完膚的屍體也放在吉普車後座運到部裡。

舊秩序的人像綿羊一樣遭到圍捕，然後送到巴格達市郊由舊醫院改建名叫阿布格萊布的新監獄。阿布格萊布將成為惡名昭彰的監獄，它成為海珊與二〇〇三年美國入侵伊拉克後美軍用來拷問犯人的地方。巴赫里被監禁在阿布格萊布七個月，之後無罪釋放。一九五九年初，他與妻子回到貝魯特，那時新政府已經成立而內戰已經結束。

在黎巴嫩，反對勢力慶祝伊拉克君主制的結束。他們相信哈希姆王朝是英國的傀儡國，而自由軍官團是遵循納瑟爾模式的阿拉伯民族主義分子。他們樂見伊拉克親西方政府垮台，同時也更加努力反對黎巴嫩的夏穆恩政府。夏穆恩在回憶錄中寫道：「在叛軍控制的社區，男男女女走上街頭，聚集在咖啡廳與公共場所，他們歡慶，喜悅地手舞足蹈，威脅法律權威，相信政府當局終將步上巴格達統治者的後

塵。但在此同時，致力於黎巴嫩和平與獨立的黎巴嫩人卻因此感受到深刻的恐懼。」[51]

因內戰動盪的黎巴嫩，現在又面臨崩潰的危險。夏穆恩得知伊拉克爆發嚴重革命後兩個小時，便求助於艾森豪主義（黎巴嫩是唯一曾求助於艾森豪主義的國家）。美國第六艦隊當時就在東地中海，因此第二天美國海軍陸戰隊就登陸了貝魯特。

美國干預黎巴嫩，確保親西方政府不被納瑟爾主義勢力取代。美國為黎巴嫩盟友展示武力，包括一萬五千名地面部隊、岸外數十艘海軍船艦以及一萬一千架次海軍戰機頻繁低空掠過貝魯特以嚇阻交戰的黎巴嫩人。美軍只在貝魯特待了三個月（最後一批美軍部隊於十月二十五日撤離）而且一槍未開。

在美軍短暫占領下，黎巴嫩政治又恢復穩定。一九五八年七月三十一日，黎巴嫩陸軍總司令富阿德·謝哈布將軍被選為總統，反對黨對於夏穆恩可能違憲連任的憂慮因此平息。夏穆恩總統的任期依照規定於九月二十二日結束。同年十月，在謝哈布總統監督下，忠誠派與反對派成員合組的政府成立。阿拉伯民族主義分子想讓黎巴嫩與埃及和敘利亞統一的希望因此破滅，因為黎巴嫩新政府希望在「沒有被消滅者，沒有勝利者」的口號下尋求全國和解。

伊拉克革命使約旦陷入完全孤立，而把比約旦王室強大的伊拉克王室消滅殆盡的阿拉伯民族主義分子，此時也成為約旦的威脅。胡笙國王的第一個反應是派出軍隊鎮壓革命，恢復哈希姆家族在伊拉克的統治。但這是情緒性的反應，而非理性的判斷。就算他後勤缺乏、武裝不足的軍隊能夠擊敗強大的伊拉克陸軍，他在伊拉克也找不到倖存的哈希姆家族繼任王位（唯一倖存的成員是扎伊德親王，他當時擔任伊拉克駐英大使，與家人住在倫敦）。

胡笙很快察覺自身地位的脆弱，以及在沒有伊拉克支持下，他在阿拉伯聯合共和國的敵人多麼容易就能推翻他。胡笙一方面召回深處伊拉克境內二百四十公里的約旦軍隊，另一方面也於七月十六日向英國與美國要求軍事援助。與黎巴嫩一樣，在約旦，外國軍隊也被視為防止外力干預的重要手段。對胡笙來說，求助前帝國主義強權，而且是曾在蘇伊士危機栽跟頭的強權，也帶有很大的風險。但相較之下，獨自應戰的風險更大。七月十七日，英國傘兵與飛機抵達約旦，開始防堵伊拉克革命帶來的損害。

在冷戰高峰期，政治分析家把世界整個區域視為可能傾倒的骨牌，華府、倫敦與莫斯科官員都認為，伊拉克革命將使阿拉伯民族主義分子橫掃中東地區。他們深信伊拉克政變是納瑟爾指使的，納瑟爾企圖把整個肥沃月灣納入阿拉伯聯合共和國的支配範圍。這部分解釋了美國與英國何以如此迅速地支持黎巴嫩與約旦的親西方政權。

現在，所有人的目光都轉向埃及（想探詢納瑟爾對近期事件的看法）與伊拉克（想知道卡塞姆准將要做什麼）。卡塞姆是否會讓伊拉克與敘利亞和埃及統一，組成阿拉伯超級國家，從而改變中東地區的權力均衡？或者，在共和時期，開羅與巴格達仍將維持傳統的敵對狀態？

根據納瑟爾的好友海卡爾的說法，埃及總統一開始對於伊拉克革命頗為憂心。由於一九五八年阿拉伯世界已經極為動盪，加上美蘇關係緊張，地區局勢若是更不穩定，只會造成埃及的負擔。

納瑟爾是在南斯拉夫與狄托會面時首次得知巴格達政變的消息，七月十七日，他直接飛往莫斯科與蘇聯領袖赫魯雪夫見面。蘇聯深信是納瑟爾促成政變並因此關切美國的反應。赫魯雪夫告誡納瑟爾：「坦白說，我們還沒準備好要攤牌。我們還沒準備好要打第三次世界大戰。」52

納瑟爾試圖說服他的蘇聯盟友相信，他並未介入巴格達的事件，而他也試圖取得蘇聯的保證以對抗美國的報復行動。赫魯雪夫頂多只願意與保加利亞在土耳其邊境進行軍事演習，迫使美國放棄將土耳其軍隊部署在敘利亞或伊拉克。赫魯雪夫警告埃及總統：「我要明白告訴你，你只能仰賴這些，我不會提供更多。」納瑟爾向赫魯雪夫保證，他無意讓伊拉克加入阿拉伯聯合共和國。

伊拉克新政府也為了是否加入納瑟爾或維持獨立地位而意見分歧。伊拉克新領導人卡塞姆准將決心統治一個獨立的國家，他不想把他的國家交給納瑟爾統治。卡塞姆與伊拉克共產黨緊密合作，試圖與蘇聯建立更密切的關係，而且對於打壓埃及共產黨的開羅政權相當冷淡。卡塞姆的副手阿里夫上校主張伊拉克應加入埃及與敘利亞的阿拉伯聯合共和國，並因此深受阿拉伯民族主義分子的支持。卡塞姆最後逮捕了與他共謀政變的夥伴，將阿里夫囚禁起來判處死刑，但又給予緩刑（一九六三年，阿里夫發動政變，推翻並且處決了卡塞姆）。

往後五年，卡塞姆領導的伊拉克逐漸走上與埃及敵對而非統一的道路，伊拉克與阿拉伯聯合共和國的關係也惡化到彼此辱罵。伊拉克不加入阿拉伯聯合共和國令中東地區阿拉伯民族主義分子大失所望，他們原本以為這場血腥革命可以讓阿拉伯世界三大中心（開羅、大馬士革與巴格達）統一起來。

阿拉伯世界因為埃及革命而改頭換面。一九五〇年代，埃及成為阿拉伯世界最強大的國家，而納瑟爾也成為阿拉伯世界無可爭議的領袖。

一九五八年，埃及與敘利亞統一成為阿拉伯聯合共和國，納瑟爾的權力也達到頂點。兩國的統一震撼了整個阿拉伯世界，幾乎傾覆了鄰近脆弱的黎巴嫩與約旦政府。阿拉伯民族主義分子樂於見到約旦哈希姆王朝崩潰與黎巴嫩這個親西方基督教國家垮台，他們認為藉此可以讓兩國加入阿拉伯聯合共和國。一九五八年推翻巴格達哈希姆王朝的伊拉克革命似乎預示阿拉伯新秩序即將出現，埃及與肥沃月灣將要統一，阿拉伯民族主義分子希望的統一而進步的阿拉伯超級國家將會實現。有那麼一段短暫而令人陶醉的時刻，阿拉伯世界彷彿就要打破鄂圖曼、帝國主義與冷戰時代以來外力支配的循環，而邁入真正獨立的時代。

伊拉克決定不加入阿拉伯聯合共和國是個重大的轉捩點。少了伊拉克或甚至約旦或黎巴嫩的加入為阿拉伯聯合共和國帶來興奮與衝勁，埃及與敘利亞就只剩下維持混合國家運作的平淡事務。這種狀況無以為繼。阿拉伯民族主義出現轉折，納瑟爾在一九五〇年代攀上成功巔峰之後，開始遭受一連串挫折與打擊，使一九六〇年代淪為失敗的十年。

注釋

1. Nawal El Saadawi, *A Daughter of Isis: The Autobiography of Nawal El Saadawi* (London: Zed Books, 2000), pp. 260–261.
2. Nawal El Saadawi, *Walking Through Fire: A Life of Nawal El Saadawi* (London: Zed Books, 2002), p. 33.
3. Anouar Abdel-Malek, *Egypt: Military Society* (New York: Random House, 1968), p. 36.
4. Mohammed Naguib, *Egypt's Destiny* (London: Gollancz, 1955), p. 101.
5. Anwar el-Sadat, *In Search of Identity* (London: Collins, 1978), pp. 100–101.

6. Khaled Mohi El Din, *Memories of a Revolution: Egypt 1952* (Cairo: American University in Cairo Press, 1995), pp. 41–52.
7. 同前，p. 81.
8. Naguib, *Egypt's Destiny*, p. 110.
9. 同前，pp. 112–113.
10. Sadat, *In Search of Identity*, p. 107, 提到當政變開始時，他正在電影院裡；Mohi El Din, *Memories of a Revolution*, 提到這場打鬥與警方的報告。
11. Mohi El Din, *Memories of a Revolution*, pp. 103–104.
12. El Saadawi, *Walking Through Fire*, p. 51.
13. Sadat, *In Search of Identity*, p. 121.
14. Naguib, *Egypt's Destiny*, pp. 139–140.
15. 同前，p. 148.
16. Alan Richards, *Egypt's Agricultural Development, 1800–1980* (Boulder, CO: Westview Press, 1982), p. 178.
17. El Saadawi, *Walking Through Fire*, pp. 53–54.
18. Charles Issawi, *An Economic History of the Middle East and North Africa* (New York: Columbia University Press, 1982), table A.3, p. 231.
19. 數字見 Naguib, Egypt's Destiny, p. 168.
20. Richard P. Mitchell, *The Society of the Muslim Brothers* (New York: Oxford University Press, 1993), p. 149.
21. Joel Gordon, *Nasser's Blessed Movement: Egypt's Free Officers and the July Revolution* (New York and Oxford: Oxford University Press, 1992), p. 179.
22. Mohamed Heikal, *Nasser: The Cairo Documents* (London: New English Library, 1972), p. 51.
23. Avi Shlaim, *The Iron Wall: Israel and the Arab World* (New York: W. W. Norton, 2000), p. 112.
24. Hassan II, *The Challenge* (London, 1978), p. 31, 引自 C. R. Pennell, *Morocco Since 1830: A History* (London: Hurst,

2000), p. 263.

25. Leila Abouzeid, *Year of the Elephant: A Moroccan Woman's Journey Toward Independence* (Austin: University of Texas Press, 1989), pp. 20–21. 阿布扎伊德首次以阿拉伯文出版她的小說是在一九八〇年代初。
26. 同前，pp. 36–38. 在英譯本的導言中，阿布扎伊德寫道：「書中的主要事件與人物都是真實的。我並未創作這些故事。我只是直接描述這些故事。而摩洛哥還有許多未被講述的故事。」
27. 同前，pp. 49–50.
28. John Ruedy, *Modern Algeria: The Origins and Development of a Nation* (Bloomington and Indianapolis: University of Indiana Press, 2005), p. 163.
29. Heikal, *The Cairo Documents*, pp. 57–63.
30. Motti Golani, 'The Historical Place of the Czech-Egyptian Arms Deal, Fall 1995,' *Middle Eastern Studies* 31 (1995): 803–827.
31. Heikal, *The Cairo Documents*, p. 68.
32. 同前，p. 74.
33. Ezzet Adel, 引自BBC, 'The Day Nasser Nationalized the Canal,' July 21, 2006, http://news.bbc.co.uk/1/hi/world/middle_east/5168698.stm.
34. Heikal, *The Cairo Documents*, pp. 92–95.
35. 引自 Shlaim, *The Iron Wall*, p. 166.
36. Heikal, *The Cairo Documents*, p. 107.
37. 中情局政變陰謀細節見 Wilbur Crane Eveland, *Ropes of Sand: America's Failure in the Middle East* (New York: W. W. Norton, 1980).
38. El Saadawi, *Walking Through Fire*, pp. 89–99. 傷亡數字引自 Heikal, *Cairo Documents*, p. 115.
39. Heikal, *Cairo Documents*, p. 118.

40. Abdullah Sennawi, 引自 Laura James, 'Whose Voice? Nasser, the Arabs, and "Sawt al-Arab" Radio,' *Transnational Broadcasting Studies* 16 (2006), http://www.tbsjournal.com/James.html.
41. Youmna Asseily and Ahmad Asfahani, eds., *A Face in the Crowd: The Secret Papers of Emir Farid Chehab, 1942–1972* (London: Stacey International, 2007), p. 166.
42. Patrick Seale, *The Struggle for Syria: A Study of Post-War Arab Politics, 1945–1958* (New Haven, CT: Yale University Press, 1986), p. 307.
43. Khalid al-Azm, *Mudhakkirat* [Memoirs of] *Khalid al-Azm*, vol. 3 (Beirut: Dar al-Muttahida, 1972), pp. 125–126.
44. 同前，pp. 127–128.
45. Seale, *The Struggle for Syria*, p. 323.
46. Avi Shlaim, Lion of Jordan: *The Life of King Hussein in War and Peace* (London: Allen Lane, 2007), pp. 129–152; Lawrence Tal, P*olitics, the Military, and National Security in Jordan, 1955–1967* (Houndmills, UK: Macmillan, 2002), pp. 43–53.
47. Eveland, *Ropes of Sand*, pp. 250–253.
48. Yunis Bahri, *Mudhakkirat al-rahala Yunis Bahri fi sijn Abu Ghurayb ma' rijal al-'ahd al-maliki ba'd majzara Qasr al-Rihab 'am 1958 fi'l-'Iraq* [Memoirs of the traveler Yunis Bahri in Abu Ghurayb Prison with the men of the Monarchy era after the 1958 Rihab Palace Massacre in Iraq] (Beirut: Dar al-Arabiyya li'l-Mawsu'at, 2005), p. 17.
49. 一名目擊者向巴赫里做了這段陳述，當時他們兩人都關在阿布格萊布監獄。Bahri, *Mudhakkirat*, pp. 131–134.
50. 同前，pp. 136–138.
51. Camille Chamoun, *La Crise au Moyen Orient* (Paris, 1963), p. 423, 引自 Irene L. Gendzier, *Notes from the Minefield: United States Intervention in Lebanon and the Middle East, 1945–1958* (New York: Columbia University Press, 1997), p. 297–298.
52. Heikal, *Cairo Documents*, p. 131.

第十一章　阿拉伯民族主義的衰微

一九五〇年代，納瑟爾與自由軍官團領導埃及與阿拉伯世界獲得一連串不可能的勝利。「納瑟爾主義」成為阿拉伯民族主義的主流表現。阿拉伯世界的男男女女都相信這位埃及總統擁有統一阿拉伯民眾與帶領他們邁入獨立與強大新時代的宏偉計畫。從敘利亞與埃及的統一中，他們看到自己的希望實現。

納瑟爾一連串成功的事蹟，到了一九六〇年代卻戛然中止。一九六一年，埃及與敘利亞分裂。埃及軍隊深陷葉門內戰泥淖。一九六七年，納瑟爾率領埃及及阿拉伯盟邦與以色列打了一場災難性的戰爭。長久以來解放巴勒斯坦的承諾，如今卻因為以色列占領剩餘巴勒斯坦領土、埃及的西奈半島與敘利亞的戈蘭高地，使實現之日遙遙無期。一九七〇年納瑟爾去世，阿拉伯世界在一九六〇年萌生的希望也灰飛煙滅，受人譏嘲。

一九六〇年代的事件，使阿拉伯世界轉為激進。雖然英法帝國主義逐漸成為過去，但阿拉伯人卻發現自己捲入冷戰的政治漩渦。一九六〇年代，阿拉伯國家分裂成親西方與親蘇聯集團。冷戰的影響充分表現在阿以衝突上，這場衝突逐漸發展成美蘇之間的代理人戰爭。由此看來，阿拉伯人的經驗仍然不脫分而治之的範疇。

阿拉伯聯合共和國帶來的挑戰顯然比納瑟爾預期的還要大。據說兩度被罷黜的敘利亞總統庫瓦特利曾經警告納瑟爾，他會發現敘利亞是個「難以治理的國家」。庫瓦特利解釋說：「五成的敘利亞人自以為是民族領袖，二成五自以為是先知，一成想像自己是神。」[1]

在埃及統治下，敘利亞人感到憤怒。敘利亞軍隊起初對統一充滿熱情，卻對埃及軍官的指揮深感不滿。當埃及將土地改革計畫擴及到敘利亞時，敘利亞地主菁英也感到憤怒。到了一九五九年一月，敘利亞大地主有超過四十公頃的農耕地遭到沒收，重新分配給敘利亞農民。敘利亞商人發現自己的地位受到社會主義法令打壓，這些法令把他們的公司從私有轉變成國有，而政府也藉由經濟計畫擴大自己的職權。敘利亞民眾逐漸無法忍受埃及官僚連篇累牘的繁瑣文書。

埃及人排除敘利亞政治菁英，不讓他們參與政府。敘利亞社會對政治極為敏感，敘利亞政治人物不滿政黨遭到解散以及必須接受埃及單一的國家政黨。納瑟爾任命左右手阿梅爾元帥擔任敘利亞地區政府總督，敘利亞復興黨支持者只能擔任副手職務。到了一九五九年年底，復興黨領導人物已全部辭去阿拉伯聯合共和國內閣職位以示抗議，其中包括推動統一的要角，如薩拉赫丁·比塔爾。一九六一年八月，納瑟爾決定廢除敘利亞地區政府，他擴大內閣，讓敘利亞直屬於開羅。

敘利亞軍方在一九五八年二月帶領國家與埃及統一，如今卻策動政變與埃及切斷關係，想重新奪回敘利亞。一九六一年九月二十八日早上，敘利亞部隊在黎明前進入大馬士革，逮捕阿梅爾元帥，占領廣播電台。由文官組成的敘利亞臨時政府，於九月三十日驅逐阿梅爾，並且下令將所有埃及人逐出敘利亞，包括約六千名士兵、五千名公務人員以及一萬到二萬名埃及外籍勞工。

納瑟爾對於敘利亞的脫離感到不解。他的第一個反應是派埃及軍隊鎮壓政變。幾小時後，納瑟爾的態度軟化並且召回軍隊，他接受敘利亞脫離，「如此才不會讓阿拉伯人流血」。記者海卡爾回憶說：「阿拉伯聯合共和國解體令納瑟爾感到難過，阿拉伯聯合共和國的成立曾讓納瑟爾統一阿拉伯的夢想首度展演於世人面前，但夢碎之後終其一生都未能恢復。」[2]

敘利亞政變後，起初納瑟爾把阿拉伯聯合共和國的解體歸咎於對手約旦、沙烏地阿拉伯，甚至美國。敘利亞的脫離迫使納瑟爾認真反省自己的政治方針與埃及的革命走向。阿拉伯聯合共和國的問題出在埃及人以近似帝國主義的方式統治驕傲的敘利亞人，但納瑟爾未能看出這點，反而認為要實現深具野心的阿拉伯統一計畫需要一定程度的社會改革，而這正是埃及與敘利亞所欠缺的。面對阿拉伯聯合共和國的解體，納瑟爾採取的對策是引進激進的改革議程，去除阿拉伯社會的「反動」元素，為未來阿拉伯民族「進步」的統一鋪路。

一九六二年起，納瑟爾帶領埃及革命走向阿拉伯社會主義道路，這是個充滿野心卻不切實際，融合了阿拉伯民族主義與蘇聯啟發的社會主義的改革議程。私人企業收歸國有的趨勢始於一九五六年蘇伊士危機之後，埃及政府加速這個過程，希望創造完全由國家領導的經濟體制。早在一九六〇年，阿拉伯聯合共和國首度引進蘇聯式五年計畫（一九六〇～一九六五年），滿懷雄心要在工農產出上進行經濟擴張。在鄉村地區，一九五二年開始推行的土地改革措施繼續加緊進行，新法把擁有土地的上限從八十公頃降低到四十公頃，沒收的土地重新分配給沒有土地的農民或小地主。埃及的工業工人與農民將在國家機構裡獲得過去從未有過的優越地位。

埃及的新政治方針寫進一九六二年的國家憲章中，一個試圖將伊斯蘭教、阿拉伯民族主義與社會主義交織成協調的政治計畫。國家憲章不僅為埃及構思新的政治文化，還提出一套理念來重塑整個阿拉伯社會。國家的意識形態方針委由官方國家政黨來制定，也就是國家聯盟，之後改名為阿拉伯社會主義聯盟。

納瑟爾轉向阿拉伯社會主義之後便放棄顛覆冷戰規則的想法，並且加入蘇聯陣營，追隨蘇聯的國家領導經濟模式。為了維持未來可能的統一架構，納瑟爾保留了「阿拉伯聯合共和國」這個國號。直到一九七一年，阿拉伯聯合共和國才壽終正寢，納瑟爾的繼任者把國號改為阿拉伯埃及共和國。

阿拉伯社會主義對埃及產生重大影響，也使阿拉伯世界陷入分裂。埃及的政治語言變得愈來愈教條化。阿拉伯聯合共和國解體後，納瑟爾批判最力的是「反動派分子」，也就是把狹隘的國家利益擺在阿拉伯民族利益之上的有產者。由此延伸，西方支持的阿拉伯國家（保守主義君主制國家如摩洛哥、約旦與沙烏地阿拉伯，以及自由主義共和國如突尼西亞與黎巴嫩）也被納瑟爾指責為「反動」國家（在西方，我們稱這些國家為「現代」國家）。革命的阿拉伯國家全站到莫斯科這一邊，遵循莫斯科的社會與經濟模式。在阿拉伯世界，這些國家稱為「進步」國家（西方稱他們是「激進」國家）。進步國家的名單起初很短，只有埃及、敘利亞與伊拉克，但隨著阿爾及利亞、葉門與利比亞革命成功，進步國家的行列也跟著擴大。

在阿拉伯世界的新區塊中，埃及相當受到孤立，因為埃及與其他新興「進步」阿拉伯國家的關係向來不睦，特別是伊拉克。不過，納瑟爾在一九六二年剛獲得一個重要盟友。結束阿拉伯世界歷史上最血腥的反殖民戰爭後，阿爾及利亞終於從法國獨立。

阿爾及利亞獨立戰爭進行將近八年，從一九五四年十一月一日首次暴亂開始，到一九六二年九月阿爾及利亞民主人民共和國成立為止。這場衝突遍及阿爾及利亞全境，從城市蔓延到鄉間。戰爭結束時，已有超過一百萬名阿爾及利亞人與法國人喪失生命。

當阿爾及利亞人爭取獨立時，他們有充分的理由預期會有這麼多的人傷亡。一九四五年，法國在東部市集城鎮塞提夫鎮壓溫和派民族主義分子（民族主義分子想同時拿著阿爾及利亞國旗與法國國旗參加當地的歐洲勝利遊行），結果引發暴亂，造成四十名阿爾及利亞人與歐洲人死亡。一九四五年五月，法國對塞提夫遊行的過度反應引發阿爾及利亞全國性的抗爭。法國部署了戰艦、飛機與大約一萬名士兵前來鎮壓暴亂。阿爾及利亞暴動者殺死大約一百名歐洲男女與幼童，法國為了報復，殺死了更多的阿爾及利亞人。法國政府承認大約有一千五百名阿爾及利亞人死亡，但軍方公布的數字卻在六千到八千人之間。阿爾及利亞則宣稱多達四萬五千人死亡。法國希望藉由塞提夫事件殺雞儆猴，以阻止進一步的民族主義活動。但不難想見，法國的殺戮反而造成反效果，許多阿爾及利亞人轉而支持民族主義運動。當一九五四年阿爾及利亞民族主義分子起而反抗法國時，塞提夫的記憶仍在他們的腦海裡揮之不去。

一九五四年到一九六二年的阿爾及利亞戰爭造成的慘重傷亡，反映出一種難以撫平的強烈報復邏輯。阿爾及利亞民族解放陣線的民族主義分子相信必須將恐怖加諸在法國人身上以引發法國人的恐懼報復，才能迫使殖民強權離開這個國家。對法國人來說，他們無意離開這塊歷史最悠久、最根深柢固的北非領地。「阿爾及利亞是法國的，」法國人堅持這麼主張，而他們是認真的。法國人相信民族主義分子是邊緣力量，得以擊潰，至於絕大多數沉默順從的阿爾及利亞人仍會繼續接受法國的統治。然而，由此引發恐怖到難以形容的殘酷戰爭不僅粉碎了阿爾及利亞，也粉碎了法國。

針對平民的殘暴行為是從民族解放陣線開始的，一九五五年八月，他們攻擊菲利普維爾的法國移民，阿爾及利亞戰士殺害了一百二十三名成年男女與幼童。在經歷塞提夫事件之後，民族解放陣線知道法國人會進行報復反擊，而這會引起廣大阿爾及利亞人對法國人的憎恨。他們的想法是對的。法國承認為了報復菲利普維爾大屠殺而殺害超過一千二百名阿爾及利亞平民。民族解放陣線則宣稱法國殺死了一萬二千人。結果使得數千名阿爾及利亞人自願加入民族解放陣線。在這種狀況下，一九五四年原本只是小規模的民族解放陣線暴亂，到了一九五五年年底已經擴大成全面性的戰爭。

當數千名阿爾及利亞人自願加入民族解放鬥爭時，民族解放陣線也透過說服與脅迫來鞏固對阿爾及利亞政治的掌握。法軍的侵略戰術激勵一些阿爾及利亞政黨與運動轉而支持民族解放陣線。早期的民族主義分子如費爾哈特．阿巴斯，以及左派政黨如共產黨，也加入了民族解放陣線。民族解放陣線無情地對付內部敵人。獨立戰爭開始後的前三年，估計民族解放陣線殺害的阿爾及利亞人是法國人在軍事行動時殺害的六倍以上。到了一九五六年七月，民族解放陣線在民族解放鬥爭中取得了無可匹敵的領導地位，並且認為這場鬥爭不僅是獨立戰爭也是社會革命。

民族解放陣線的領導班子區分成六名內部領導，他們在五個暴動省分組織抵抗，此外還有三名外部領袖，他們的根據地在開羅。一九五四年十一月，民族主義暴動爆發，法國利用廣大的情報網取締內部領袖。行動開始後的前六個月，法國人殺死第二省的指揮官，逮捕第一省與第四省的領導人。由於內部領導陷入混亂，主動權於是交給了外部領導。

民族解放陣線三名外部領袖是艾哈邁德・賓・貝拉、霍辛・艾耶特・艾哈邁德與穆罕默德・希德爾，其中賓・貝拉最受推崇（他後來成為阿爾及利亞獨立後的第一任總統）。一九一八年，賓・貝拉生於阿爾及利亞西部村落，他是不折不扣的法屬阿爾及利亞之子。法語是他的第一語言，他於一九三六年自願加入法軍，他甚至在一九三〇年代晚期為法國足球隊踢球。一九四五年法國鎮壓塞提夫暴亂使他轉向民族主義政治。一九五一年他被法國人逮捕，但他從阿爾及利亞監獄逃脫，然後前往突尼西亞與開羅，並且在開羅建立民族解放陣線分支機構。戰爭爆發後，賓・貝拉奔走於阿拉伯各國首都，籌募資金與爭取政治支持阿爾及利亞從法國獨立。

一九五六年十月，法國成功翦除民族解放陣線的領導班子。法國空軍根據可靠線報攔截了賓・貝拉、艾耶特・艾哈邁德與希德爾以及內部領導最高指揮官穆罕默德・布迪亞夫搭乘的摩洛哥DC－3飛機，並且迫使飛機降落在阿爾及利亞西部城市奧蘭。民族解放陣線領袖遭到逮捕並且被送往法國監獄，他們在獄中服刑直到阿爾及利亞戰爭結束為止。

法國民眾慶祝民族解放陣線領袖遭到逮捕，彷彿這標誌著阿爾及利亞戰爭結束。穆魯・費拉溫是著名作家，也是阿爾及利亞柏柏人社群成員，他反思這件事時苦澀地說，運動領袖被捕，無助於阿爾及利亞人與法國人恢復和平。他在日記裡寫道：「他們把捕獲〔民族解放陣線領袖〕視為重大勝利，認為這是獲得最終勝利的開端。什麼是最終勝利？平定亂事，消滅叛軍，法國與阿爾及利亞言歸於好，恢復信任，恢復和平？」[3]費拉溫以苦澀而嘲諷的語氣表示，無論法國人怎麼想，逮捕賓・貝拉與其他領導人只會帶來更多而非更少的暴力。

賓．貝拉被逮捕的時候，暴動已經從鄉村蔓延到城市。一九五六年九月一個星期日晚上，首都阿爾及爾相對和平的狀態被三枚在歐洲區引爆的炸彈粉碎。暴力的阿爾及爾戰役就此展開。民族解放陣線將戰火帶進首都，目的是為了挑起法國的反擊。法國的報復不僅將使阿爾及利亞內部轉而支持民族解放陣線，也將引起國際譴責，使法國陷入孤立。一九五六年秋天到五七年的冬天，民族解放陣線組織了一連串的恐怖攻擊。法國進行大規模搜捕與嚴厲拷問，想破獲民族解放陣線在阿爾及爾的網絡。阿爾及爾戰役確實吸引了國際目光，法國也確實面臨各方指責。但阿爾及利亞人也因此付出慘重的代價。

費拉溫看著阿爾及爾發生的暴力，內心感到恐懼，他譴責法國人與民族解放陣線殺害無辜民眾。一九五六年十月，他在日記裡寫道：「城市裡的攻擊愈來愈激烈、愚蠢而殘暴。無辜民眾被炸成碎片。但是，是哪些無辜民眾？誰是無辜的？是在酒吧裡和平喝酒的數十名歐洲人？還是橫七豎八躺在炸燬巴士旁道路上的數十名阿拉伯人？恐怖主義，反恐怖主義？」他反思著，語氣苦澀中帶著嘲諷，「絕望的哭叫，疼痛發出的駭人呼喊，臨死的痛苦。真是夠了。祈求和平。」[4]

在阿爾及爾戰役中，民族解放陣線動員社會所有階層。女性尤其扮演著核心角色，她們運送炸彈、操作槍砲、在藏匿的領袖間傳遞消息以及提供安全的避難所給法國人捉拿的活動分子。賈米拉．布希里德與其他女性在運動中扮演的角色，極其寫實地反映在吉洛．彭特克沃一九六五年的電影《阿爾及爾戰役》中。

法提哈．布希里德與二十二歲的姪女賈米拉在阿爾及爾戰役中扮演著重要角色。法提哈的丈夫是她居住的卡茲巴（阿爾及爾舊城區）第一個加入獨立運動的男人。一九五七年初，他被法國人逮捕，在試圖逃跑時被殺。丈夫的死加強了法提哈從事解放鬥爭的決心，她允許民族解放陣線在她家的頂樓祕密製造炸彈。她的姪女賈米拉負責攜帶炸彈而且為藏匿在卡茲巴的民族解放陣線活動分子通風報信。這兩名女性面對壓力依然保持鎮定。有一次，法提哈與賈米拉得到通知，士兵即將來搜索她們的房子。他們煮咖啡，在留聲機上播放古典樂曲，然後盛裝打扮。士兵抵達時，就像貴客一樣獲得吸引人的女性的歡迎還有現煮的咖啡可以享用。

「我比較好奇的是，那雙美麗眼睛後頭藏了些什麼？」巡邏隊隊長低聲說著試探賈米拉。她一邊回答，一邊賣弄風情轉動她的頭，「在我的眼睛後頭是我的耳朵。」[5]

軍官未再繼續搜索房子。

警方不久發現賈米拉的另一面。一九五七年四月九日，賈米拉在卡茲巴被法國巡邏隊追捕時肩膀中了一槍。她被發現身上攜有給薩迪．雅瑟夫與阿里．拉．普安特的訊息，這兩名民族解放陣線的高級領導人是當時阿爾及爾重金懸賞的要犯。賈米拉被送往醫院治療槍傷，然後從手術台直接送往偵訊室。

往後十七天，賈米拉遭受可怕的拷問，她在證詞裡客觀描述了此事，但證詞呈給非正式的法院後，法院最終還是判她死刑。賈米拉從未屈服。她在法庭上唯一的評論是：「那些拷問我的人沒有權利對人類施予如此的羞辱，無論是對我肉體的折磨，還是他們自身的道德淪喪。」[6]她的死刑之後減輕為無期徒刑。

法提哈在姪女被捕後仍繼續為民族解放陣線做事。她在卡茲巴買了房子，做為雅瑟夫與普安特的新避難所。他們沒有其他人可以信任。「他們把我的家當成家，不跟其他人一起藏匿，」法提哈解釋說。法國人透過通敵者與從監禁者獲得的情報滲透到民族解放陣線中，在卡茲巴，人人自危，互不信任。法提哈向訪談者吐露：「我擔心被出賣，因此什麼事都自己做：我購物、通風報信、協助他們移動。我每一件事都自己來，但這樣我反而感到輕鬆。」

法國無情追捕在阿爾及爾的民族解放陣線倖存領袖。一九五七年七月，雅瑟夫的姊妹被捕。在拷問下，她吐露法提哈在運動中扮演的角色以及她與雅瑟夫的關係，以及一個名叫哈希巴的女性炸彈客。法國當局立即逮捕法提哈。「他們把我帶走，拷問了一整晚，」法提哈回憶說：「雅瑟夫在哪兒？雅瑟夫在哪兒？」他們問道。法提哈表示她不認識雅瑟夫這個人，她說哈希巴只是代表民族解放陣線把她丈夫死亡的慰問金送過來。經過反覆不斷的拷問，法提哈仍堅持自己的說法，最後法國人終於被說服了，他們同意在她的屋子部署探員，等哈希巴下一次到她家時將她逮捕。

即使法國探員來到法提哈的屋子，普安特與雅瑟夫依然待在原來的地方。情況變得很諷刺，法國人為民族解放陣線的祕密領導中心提供了安全防護。普安特安全地待在頂樓，而法國士兵則在一樓。法提哈會為樓下的法國探員準備阿爾及利亞傳統菜餚古斯米，在端給不速之客享用前，她總是先讓雅瑟夫在菜裡吐口水。「這次讓他們吃古斯米，下回我們會招待他們味道調得正好的炸彈。」雅瑟夫咆哮說。[7]

法提哈對於假意擔任法國的線人感到不滿，但她的角色扮演工作突然間停止。一九五七年九月，法國人發現雅瑟夫的藏身處並且連同法提哈一起逮捕。她在牢裡待了幾個月，之後被送回家中軟禁，她之後拒絕談論拷問的事。

隨著民族解放陣線位於首都的所有高層領袖被殺或逮捕，阿爾及爾戰役也於一九五七年秋天結束。但牽涉更廣的阿爾及利亞戰爭仍如火如荼進行著。

苦戰擊敗阿爾及爾叛軍後，士氣大振的法軍重整旗鼓準備擊潰位於鄉村地區的民族解放陣線。一九五六年年底，法國實施一項政策，逼迫阿爾及利亞農民離開自己的家園與農地，進入監禁營。阿爾及爾戰役後，法國加速將阿爾及利亞農村人口遷往監禁營。數十萬男女幼童被圍捕後被迫在法國監視下在營裡生活，遠離他們的農地或工作。許多農地工人不願進到營區裡，於是逃往城市，聚居在貧民窟裡。還有一些人逃往突尼西亞或摩洛哥。到了一九六二年戰爭結束時，大約有三百萬阿爾及利亞農村人口流離失所，許多人再也沒回家。

法國以電網與地雷封閉阿爾及利亞與鄰國的邊界，防止武器、戰士與補給品從摩洛哥與突尼西亞進入國內，進一步孤立民族解放陣線。

就軍事角度而言，一九五八年時，法國已經圍堵與擊敗阿爾及利亞境內的叛軍。然而，民族解放陣線為獨立戰爭開啟了新戰線，他們將獨立的宗旨訴諸國際社會。在埃及與其他不結盟運動國家的支持下，民族解放陣線成功讓阿爾及利亞問題在一九五七年列入聯合國大會議程。隔年，民族解放陣線宣布在開羅成立流亡臨時政府，以民族主義老將費爾哈特·阿巴斯為總統。而在一九五八年十二月，阿爾及利亞臨時政府受邀派遣使節團前往中華人民共和國。阿爾及利亞民族主義分子獲得了國際關注與支持，使得在軍事上看似贏得戰爭的法國在政治上陷於孤立。

到了一九五八年，法國內部也因為阿爾及利亞問題而陷入分裂。法國納稅人開始感受到戰爭的巨大成本。一九五四年，派駐阿爾及利亞的法軍只有六萬人，到了一九五六年卻擴充了九倍，達到五十萬人以上。[8]這支龐大的占領軍只能透過徵兵與擴大全國招募來維持——這些都是不得民心的措施。受徵召的年輕士兵捲入恐怖得難以言喻的戰爭之中。許多人返國之後對於在戰場上所見的一切感到驚駭，也因為自己在戰場上做的事出現創傷：違反人權、強制遷徙、摧毀房舍，但最糟糕的還是有系統地拷問，不論男女。[9]法國輿論感到震驚，法國士兵的報告提到他們使用的拷問是二次大戰時殘酷的納粹德國用來鎮壓法國抵抗運動的方法。重要的法國知識分子如沙特在國內公開反對戰爭，法國也因為在去殖民時代施行帝國主義戰爭暴力而在國際間陷入孤立。

軍方與阿爾及利亞移民社群警覺到法國對阿爾及利亞殖民地的支持似乎開始鬆動。一九五八年五月，一群法國移民發起暴動，反對法國總理皮埃爾．弗林姆蘭的無能政府，他們懷疑弗林姆蘭準備與敵人民族解放陣線和談。移民的口號是「陸軍掌權！」五月十三日，移民衝進阿爾及爾總督官署，宣布在革命「公安委員會」領導下進行有效自治，並且由菁英傘兵部隊指揮官雅各．馬緒將軍擔任總統。

阿爾及利亞的法國軍隊完全同情移民的做法。五月九日，阿爾及利亞法軍總司令拉烏爾．薩朗將軍發了一份長篇電報給巴黎的長官。薩朗傳達底下軍官的關切，擔心「外交過程」很可能導致「阿爾及利亞棄守」。他又說：「如果國家代表無心維持法屬阿爾及利亞，那麼正在奮戰與冒險做毫無意義犧牲的阿爾及利亞軍隊將不知所措。」[10]薩朗警告，唯有政府決心保存法屬阿爾及利亞，才能防止軍隊叛變——不只在阿爾及利亞，也包括法國本土。阿爾及利亞危機有傾覆法蘭西共和國的危險。

移民的叛亂震撼了阿爾及爾。費拉溫在五月十四日的日記裡描述城裡的恐懼與不確定：「充滿革命的氣氛。家家戶戶都在構築防禦工事。抗爭者在城市主要幹道來回穿梭，商店紛紛關門。廣播提到公安委員會已經控制全局而且占領總督府與控制廣播電台。」阿爾及爾的穆斯林認為這是法國人之間的戰鬥，與他們無關。費拉溫質疑第四共和的抗壓能力。「基本上，阿爾及利亞戰爭將證明是對法國的一次沉重打擊，或許是對共和國的致命打擊。之後，無疑地，這個打擊將解救阿爾及利亞與阿爾及利亞人。」11

不久，弗林姆蘭政府垮台，一九五八年六月，二次大戰法國抵抗運動英雄戴高樂將軍在民眾歡呼聲中重新掌權。不到三個月的時間，戴高樂將新憲法交付公投，一九五八年九月成立第五共和。

戴高樂起初採取幾項做法，其中一項就是飛到阿爾及利亞直接面對叛亂的移民社群。在阿爾及爾發表的著名演說中，戴高樂安撫躁動不安的軍隊與移民，承諾阿爾及利亞仍舊屬於法國。戴高樂向狂喜的群眾保證，「我了解你們！」他提出深具野心的改革政綱，未來將透過工業發展、土地分配與創造四十萬份新工作來發展阿爾及利亞，並且將阿拉伯民眾整合到法國之中。

戴高樂的提議顯然是為了安撫阿爾及利亞的軍隊與移民，並且終止薩朗將軍的公安委員會。然而，他的評論顯示他並不了解民族解放陣線戰爭背後的民族主義運動。費拉溫思索戴高樂的宣示，然後苦澀地寫道：「阿爾及利亞民族主義？那並不存在。整合？這才是真話。」戴高樂彷彿回到一九三〇年布魯姆－維歐雷特法案首次提出的同化政策。直到一九四五年年底，同化政策或許還有一些吸引力。到了一九五八年，同化已變得無關緊要。對費拉溫來說，戴高樂的意思彷彿是說：「老兄，你什麼都不是，你就是個法國人，別給我們找麻煩了。」

面對民族解放陣線的頑強抵抗，戴高樂不得不與阿爾及利亞的完全獨立訴求進行協商。儘管先前做過承諾，戴高樂卻一反過去的立場，開始準備讓國人接受阿爾及利亞從法國分離出去的事實。一九五九年九月，戴高樂首次提到阿爾及利亞自決，一九六〇年一月，阿爾及利亞移民爆發暴力抗爭。但戴高樂依然堅持，並且於一九六〇年六月在埃維昂與阿爾及利亞共和國臨時政府首度直接協商。

強硬派移民運動與他們在軍中的盟友開始視戴高樂為叛徒。他們組織了恐怖主義組織，如法屬阿爾及利亞陣線與惡名昭彰的祕密軍事組織（比較常見的是它的法文首字母縮略字ＯＡＳ），積極謀畫刺殺戴高樂。祕密軍事組織也在阿爾及利亞境內進行暴力恐怖戰爭，隨機對阿拉伯民眾進行暴力攻擊。

埃維昂協商，加上公共安全的崩解，引發阿爾及利亞移民與軍隊之間的政治危機。一九六一年一月，法國政府在阿爾及利亞舉行自決公投，結果是壓倒性的百分之七十五贊成。一九六一年四月，法國外籍兵團空降部隊於阿爾及爾譁變以抗議法國政府準備承認阿爾及利亞獨立。然而，譁變未能獲得仍忠於戴高樂的法軍廣泛支持，政變領袖才四天就被迫投降。

一九六一年到一九六二年初，阿爾及利亞移民的地位岌岌可危，祕密軍事組織開始在阿爾及利亞境內加強恐怖攻擊。一九六二年二月，費拉溫在他最後幾則日記中寫著：「現在看起來，祕密軍事組織已經不是在警告任何人。他們殺死開車的人、騎摩托車的人，他們用手榴彈、機關槍、刀子。他們攻擊銀行、郵局、公司的職員……有些人與他們共謀，而所有人都畏懼他們。」[12]三月十五日，就在埃維昂協定簽訂的三天前，費拉溫的理性之聲在祕密軍事組織的槍下永遠沉默了。

就在暴力持續在阿爾及利亞肆虐之時，民族解放陣線與戴高樂政府在埃維昂的協商也持續進展著。一九六二年三月十八日，雙方簽署埃維昂協定，給予阿爾及利亞完全的獨立地位。協定內容在七月一日交付阿爾及利亞公民投票。阿爾及利亞以近乎無異議支持獨立（五百九十萬票支持獨立，一萬六千票反對獨立）。七月三日，戴高樂宣布阿爾及利亞獨立。阿爾及爾的慶祝活動推遲兩日，與阿爾及爾一八三〇年七月五日被法國占領的週年紀念一起舉辦。

持續的恐怖攻擊與不確定的未來，促使大量法國人社群離開阿爾及利亞，光是一九六二年六月份就有三十萬人離開。許多移民家庭已在北非生活了幾個世代。到了一九六二年年底，只剩下大約三萬名歐洲移民留在當地。

但打擊最大的莫過於民族解放陣線，這個組織在苦戰多年與犧牲大量人命之後贏得了國家，但內部與外部領袖卻為了爭奪權力而掀起激烈鬥爭。對於厭戰的阿爾及利亞人來說，這實在難以忍受。阿爾及爾女性集體上街抗議自由戰士的內爭，她們反覆喊著：「七年，我們受夠了！」

這場戰鬥直到一九六二年九月賓・貝拉與胡阿里・布梅丁掌握阿爾及爾後才結束。賓・貝拉成為政府領袖；過了一年，一九六三年九月憲法通過之後，賓・貝拉被選為總統。三年後，布梅丁發動不流血政變取代他的位子，反映出民族解放陣線內部持續存在的派系之爭。

對許多人來說，獨立是個空洞的勝利，對阿爾及利亞女性來說尤其如此。在做出英勇的表現與犧牲後，她們驚訝地聽到民族解放陣線領袖希德爾堅稱女性應該「回去煮古斯米」。巴雅・霍辛曾經參加阿爾及爾戰役，她曾遭受拷問，而且在牢裡待了幾年，她回想獨立帶來的複雜情感：

一九六二年是一個黑洞。在那之前，是一段偉大的冒險，之後……你發現自己孑然一身。我不知道其他姊妹做何感想，但我心裡沒有立即的政治目標。一九六二年是最大的安慰，戰爭結束了，同時也是巨大的恐懼。在獄中，我們如此深信我們將……掙脫囹圄，我們將創立一個社會主義的阿爾及利亞……然而我們看見一個沒有我們參與……沒有人想到我們的阿爾及利亞。對我們而言，這比過去還糟，因為我們已經摧毀所有的藩籬，我們很難再回到過去。一九六二年，所有的藩籬都恢復了，對我們來說是一件恐怖的事。這些藩籬是為了排除我們。[13]

阿爾及利亞獲得獨立，但付出的代價也極為高昂。阿爾及利亞人口死亡與流離失所的規模在阿拉伯世界是史無前例。經濟遭戰爭破壞，移民離開時蓄意摧毀。政治領導階層因派系鬥爭而分裂。社會也因為阿爾及利亞獨立時對於男性與女性角色有不同期待而出現區隔。但阿爾及利亞很快就組成政府，而且以反帝國主義革命鬥爭的共和國身分躋身於進步阿拉伯國家之列。

阿爾及利亞革命成功使納瑟爾在對抗阿拉伯「反動派」戰爭上獲得新盟友。埃及在敘利亞脫離後仍稱為阿拉伯聯合共和國，並且把眼光放在對整個阿拉伯世界進行改革，以做為未來阿拉伯統一的第一步。革命的阿爾及利亞，強調反帝國主義、阿拉伯認同政治與社會主義改革，自然成為埃及結盟的對象。一九六四年六月，納瑟爾的新國家政黨阿拉伯社會主義聯盟草擬了與民族解放陣線的聯合公報，主張彼此目的一致，共同推動阿拉伯社會主義。[14]

阿爾及利亞革命從開始到獨立成功，納瑟爾在背後的支持可謂功不可沒。納瑟爾逐漸從早先阿拉伯民族主義旗手的角色，轉變成進步革命價值的提倡者。無論革命在何處發生，納瑟爾發現自己的言論對阿拉伯革命運動必能起到支持的作用。當一群軍官推翻葉門的君主時，納瑟爾立即給予支持，他說道：「我們必須支持葉門革命，即使我們不知道是誰發動的。」[15]

葉門長久以來在鄂圖曼帝國一直擁有自治地位，並且於一九一八年成為獨立王國。葉門獨立後第一任統治者是伊瑪目葉哈亞（一八六九～一九四八年），他是札伊迪派領袖。札伊迪派是只存在於葉門的什葉派小社群，但構成了葉門的宗教與政治領導階層。一九二〇與三〇年代，葉哈亞征服葉門北方的部族土地以擴大統治，這些部族土地上居住的多半是順尼派穆斯林。

葉哈亞在位期間面臨北方沙烏地阿拉伯的壓力，沙烏地阿拉伯奪取了阿西爾與奈季蘭，這兩個地方是葉哈亞所謂的「歷史葉門」。此外，葉哈亞也面臨南方英國人的入侵，一八三〇年代之後，英國人占領了港口城市亞丁及其腹地做為殖民地。儘管如此，葉哈亞持續的軍事征服卻讓一個因地區、部族與宗派而嚴重分裂的社會產生了統一的錯覺。在他的統治下，葉門鮮少與外界交流，只是不斷地追求國家孤立的政策。

葉門的孤立隨著葉哈亞統治結束而告終。一九四八年，葉哈亞被一名部族謝赫行刺身亡，王位由他的兒子伊瑪目艾哈邁德（統治期間一九四八～一九六二年）繼承。艾哈邁德一向以無情著稱，即位後更是變本加厲，他的對手不是受到監禁就是遭到處決。他一反葉哈亞的仇外，轉而與蘇聯及中華人民共和國建立外交關係，藉此尋求發展援助與軍事支援。

但艾哈邁德的王位坐得並不安穩。一九五五年的一場失敗政變使艾哈邁德對國內政敵與國外威脅存有戒心，他尤其懷疑納瑟爾以及納瑟爾提出的推翻「封建」政權的號召。設在埃及的阿拉伯人之聲最遠可以廣播到葉門，廣播的內容帶有阿拉伯民族主義與反帝國主義這些鼓動人心的訊息。[16]不僅在葉門，在阿拉伯世界其他地方也是如此，納瑟爾的廣播直接訴諸民眾，對伊瑪目艾哈邁德造成壓力，而這也成為葉門與埃及關係緊張的根源。

但納瑟爾一開始並未與葉門為敵。一九五六年，葉門、埃及與沙烏地阿拉伯在吉達締結反英公約，一九五八年，伊瑪目艾哈邁德全力支持埃及與敘利亞統一，並且加入阿拉伯聯合共和國聯邦，又稱阿拉伯合眾國。然而，艾哈邁德反對納瑟爾的阿拉伯社會主義願景，以及在這個願景下由國家引導的經濟模式以及將私有經濟收歸國有，他用押韻的語句指責這是「以禁止的手段拿走財產」，是「違反伊斯蘭律法的罪行」。[17]

一九六一年，敘利亞脫離阿拉伯聯合共和國，隨後艾哈邁德發表關於伊斯蘭律法的言論激怒了納瑟爾。埃及切斷與葉門的關係，阿拉伯人之聲的措詞變得更加嚴厲，敦促葉門人推翻他們的「反動」君主。

隔年，機會出現了。一九六二年九月，伊瑪目艾哈邁德於睡夢中去世，把王國交到他的兒子及繼承人伊瑪目巴德爾手裡。一個星期之後，巴德爾在一場軍官政變中遭到推翻，葉門阿拉伯共和國宣告成立。

葉門王族的支持者挑戰這場政變，而且獲得鄰邦沙烏地阿拉伯王國的支持。埃及傾全力支持新共和國及其軍事領袖，納瑟爾認為這是阿拉伯世界進步派與反動派廣大戰爭的一環。

葉門革命很快演變成葉門內戰以及埃及人與沙烏地阿拉伯人的阿拉伯內部戰爭，同時也是「進步派」共和國與「保守派」君主國為爭奪未來阿拉伯世界霸權之戰。埃及在這場戰爭中並不存在重大利益，它只是將口號與現實政治混為一談。這是納瑟爾自己發動的第一場戰爭，而這場戰爭成了他的越戰。

一九六二年九月政變之後，埃及軍隊開始湧入葉門。往後三年，埃及軍隊的總部署人數從一九六三年年底的三萬人膨脹到一九六五年的巔峰七萬人，幾乎占了埃及陸軍的半數。

葉門戰爭從一開始就不可能獲勝。埃及人面對為保衛家園而戰的部族游擊隊，五年戰事共陣亡超過一萬名士官兵。大量傷亡與乏善可陳的戰果嚴重斲喪軍隊士氣，埃及人始終無法將戰線擴展到首都沙那以外地區。沙烏地阿拉伯提供財務資金給保王派，英國也暗中援助，埃及人則是沒有多餘財富來為對外戰爭的龐大支出背書。然而這個令人憂心的實際問題卻未動搖納瑟爾的決心，在阿拉伯世界推動革命改革的使命感使他盲目。納瑟爾對葉門指揮官說：「撤退是不可能的。這麼做會讓葉門革命解體。」[18]納瑟爾毫不掩飾地表示，他把葉門戰爭看成「政治行動而非軍事行動」。但納瑟爾未能意識到葉門戰爭對埃及軍力的打擊，使埃及無法對即將來臨的以色列威脅做好準備。

蘇伊士危機後的十年間，以色列與阿拉伯鄰邦紛紛投入軍備競賽以因應下一輪勢不可免的戰爭。美國逐漸取代法國成為以色列的主要軍事供應來源，英國支持約旦，而蘇聯協助武裝敘利亞與埃及。在這個對兩大超強國深具戰略利益的地區，蘇聯人毫不吝惜利用他們在埃及與敘利亞的地位向對手美國施壓。

戰爭不可避免，因為以色列與周遭阿拉伯國家對現狀不滿，而且不願以現狀為基礎來磋商和平。阿拉伯人對於以色列抱著毫不妥協的態度，他們甚至拒絕稱呼對方的國名，而把以色列稱為「猶太復國主義者實體」。一九四八年與一九五六年兩次戰爭輸給以色列軍隊，阿拉伯人決心算清舊帳。黎巴嫩、敘利亞、約旦與加薩走廊的巴勒斯坦難民成為阿拉伯人每日用來提醒自己的象徵，顯示他們尚未兌現解放巴勒斯坦的承諾。

以色列人也想戰爭。他們擔心以色列在海岸線與約旦河西岸之間的狹窄中部地帶——只有七點五英里，即十二公里寬——很容易讓敵軍攔腰截斷，屆時南北國土將失去連繫。此外，以色列人無法前往耶路撒冷舊城西牆與猶太區，這些地方仍在約旦的控制之下。而且敘利亞掌握具戰略性的戈蘭高地，可以俯瞰加利利地區。不僅如此，以色列人相信他們的戰略優勢——擁有比阿拉伯鄰邦量多質精的武器——將因為蘇聯人提供最先進的武器系統給埃及人與敘利亞人而逐漸消失。以色列需要一場勝仗來取得可防守的疆界，而且必須決定性地擊潰阿拉伯人，如此才能簽訂以色列賴以生存的和平條約。

一九六七年春天，以色列人開始抱怨巴勒斯坦人從敘利亞滲透到以色列境內進行攻擊，兩國的關係急遽緊張。以色列與敘利亞讓武裝部隊進入警戒狀態。以色列總理列維・艾希科爾提出警告，如果敘利亞不停止挑釁，以色列將對大馬士革發動攻擊。四月，威脅演變成實際交戰，以色列戰機與敘利亞空軍在敘利亞領空進行空中纏鬥。以色列空軍擊落六架敘利亞米格戰機。其中兩架墜落在大馬士革郊外。埃及記者海卡爾回憶說：「敘利亞與以色列之間的局勢非常危險。」[19]敵意的急速升高使整個地區瀕臨戰爭邊緣。

在緊張關係升高之際，蘇聯選擇洩漏假情報給埃及當局，表示以色列軍隊正大量集結於敘利亞邊境。以色列人的法製幻象戰機輕易擊落蘇聯提供給敘利亞空軍的最新型米格二十一戰機，無疑讓蘇聯當局大受打擊。埃及與敘利亞簽訂了共同防禦條約，如果以色列攻擊敘利亞，埃及就必須向以色列宣戰。蘇聯或許想藉由假情報動員埃及人，透過兩面作戰來圍堵以色列。

雖然納瑟爾擁有完整的情報，包括空照圖，顯示以色列人並未動員軍隊集結於敘利亞邊境，但他還是公開採取行動，彷彿戰爭的威脅就在眼前。或許納瑟爾希望不費一槍一彈就能宣稱對以色列取得勝利：首先，把蘇聯提供的以色列出兵情報告知敘利亞，然後將埃及軍隊部署於以色列邊界做為威嚇，接著再宣稱以色列軍隊並未出現在敘利亞邊界是因為以色列在埃及施壓下撤兵。無論基於什麼理由，納瑟爾繼續根據蘇聯的假情報行動，並且下令軍隊於五月十六日越過蘇伊士運河集結於以色列邊界附近的西奈半島上。這個錯誤的估算成為走向戰爭的第一步。

納瑟爾面臨的第一個挑戰是對以色列做出可能的威脅。由於納瑟爾的五萬精兵仍深陷在葉門戰爭中，納瑟爾因此不得不動員後備軍人來組成必要軍力。他必須讓他的軍力看起來比實際上更為龐大，不僅要激發埃及民眾的熱情，也要讓以色列人真正感受到威脅。納瑟爾在部署軍隊時耍了一點花招，他讓士兵與坦克遊行通過開羅市中心接受民眾的歡呼，順便引起國際媒體的關注。阿卜杜．加尼．加瑪希將軍埋怨說：「我們的軍隊刻意行軍經過開羅街頭前往西奈半島，軍隊徹底呈現在眾人面前，埃及民眾與外國人都看得一清二楚。大眾媒體播放了軍隊的行進，完全違背所有的安全原則與措施。」[20]

士兵源源不斷開赴前線，民眾因此懷抱期待，希望迫在眉睫的戰爭可以重振阿拉伯的榮譽，解放巴勒斯坦。納瑟爾的數百萬支持者無人懷疑埃及的軍隊將率領阿拉伯盟邦擊敗以色列。然而，派往西奈半島的埃及軍隊沒有清楚的軍事目標，彷彿光靠數量就足以威嚇以色列人。在此同時，加瑪希回憶說：「以色列靜靜地在最佳條件下準備戰爭。」以色列戰略家充分了解埃及軍隊部署的數量與裝備。他們不僅在前幾個月蒐集了詳細情報，也在電視上看到埃及軍隊的狀況。

當埃及部隊抵達西奈半島時，出現在他們眼前的是聯合國緊急部隊。一九五六年蘇伊士戰爭後，聯合國緊急部隊便駐紮在西奈半島維持埃及與以色列之間的和平。緊急部隊由四千五百名各國士兵組成，分駐在加薩走廊、以埃邊界與西奈南端城市沙姆沙伊赫等四十一個觀察點。

聯合國部隊現在成了障礙，擋在埃及軍隊與以色列邊界之間。只要有緩衝者介於埃及與以色列之間，埃及軍隊就無法對以色列造成可能的威脅。埃及參謀長寫信給聯合國緊急部隊指揮官，要求聯合國部隊撤出埃及與以色列的東部邊界。聯合國部隊指揮官把埃及的要求轉達給聯合國祕書長吳丹，吳丹的回應是，在埃及主權範圍內，埃及有權要求聯合國部隊撤離埃及領土，但吳丹只同意必須完全撤離。吳丹認為，聯合國部隊是整體的，沒有理由只撤出東部邊界的部隊，而仍保留加薩走廊與蒂朗海峽的維和部隊。埃及考慮了祕書長的回應後，於五月十八日要求聯合國部隊全數撤離西奈半島。五月三十一日，最後一批聯合國部隊撤離。埃及人與以色列人之間的緩衝突然消失，兩國之間的緊張逐漸白熱化。這是納瑟爾第二次錯估，使得他離戰爭更進一步。

聯合國部隊的撤離為納瑟爾製造了他未能預見到的外交問題。一九五七年以來，聯合國開放蒂朗海峽，無論船隻懸掛什麼旗幟或前往何地，都能從這裡通過。這使得以色列有十年時間可以從港口艾拉特自由進出紅海。聯合國撤離後，蒂朗海峽再度回到埃及手裡。埃及承受阿拉伯鄰邦的沉重壓力，他們要求埃及禁止以色列船隻通過海峽，也不許任何船隻航向艾拉特。沙達特回憶說：「許多阿拉伯弟兄批評埃及開放海峽給國際通行，特別是以色列。」

在一九六七年五月的酷熱氣候下，納瑟爾屈服於壓力。他召開最高執行委員會會議，召集武裝部隊總司令阿梅爾元帥、總理希德基·蘇萊曼、國民議會議長沙達特，以及其他高層自由軍官團成員。納瑟爾思索著然後說道：「現在我們的軍力集中在西奈半島，戰爭的機率是百分之五十。但如果我們封閉蒂朗海峽，戰爭百分之百會爆發。」納瑟爾轉頭對總司令問道：「阿卜杜·哈基姆〔阿梅爾〕，軍隊準備好了嗎？」「老大，我可以拍胸脯保證，一切都在最佳狀態。」[21]

五月二十二日，埃及宣布禁止以色列船隻進出蒂朗海峽，也禁止所有油輪航向艾拉特。納瑟爾對衝突機率的評估是對的。對以色列來說，對它的海上生命線進行威脅構成了開戰的理由。

五月底，阿拉伯世界已經放棄一切避免戰爭的努力。阿拉伯民眾依然對於一九四八年與一九五六年兩次戰敗感到痛心，也對於一連串小規模攻擊感到不滿，他們迫不及待看到以色列遭受決定性的戰敗。電視轉播埃及軍隊動員的畫面讓阿拉伯民眾充滿期待，他們相信戰勝以色列的時刻即將到來。阿拉伯國家內部的合作意謂以色列將遭受三面攻擊。敘利亞與埃及已經有共同防禦公約約束，五月三十日，約旦國王胡笙飛往開羅與納瑟爾站在同一陣線。現代武器、目的一致、強大領導：阿拉伯人顯然擁有全面擊敗以色列人的一切條件。然而，勝券在握的背後，阿拉伯人對戰爭的準備其實遠不及過去。

埃及與其他阿拉伯國家並未從一九四八年戰爭中得到教訓。他們沒有制定任何有意義的戰爭計畫，儘管他們簽署了共同防禦公約，但埃及、敘利亞與約旦並未進行軍事協調，更甭說規劃一套戰略來擊敗以色列這種有決心的敵人。更糟的是，埃及在無法打贏的葉門戰爭上虛擲大量財富與軍事資源，一九六七年五月，埃及仍有三分之一的軍隊在葉門境內。埃及彷彿一隻手被反綁著來打這場戰爭。

與以色列兵戎相見肯定是納瑟爾在一九六七年時最想避免的事，但當時的他被自己的成功所綁架。埃及與廣大阿拉伯世界的群眾紛紛響應他的宣傳並且相信他能戰勝以色列。他們相信納瑟爾的統治才能，也充滿信心認為他必能痛擊敵人。但納瑟爾的可信度以及他在阿拉伯世界的領袖地位正遭受考驗。每當他錯估形勢一次，他就離戰爭更加靠近，他用來避免衝突的操作空間也愈來愈小。

埃及的軍事動員在以色列引發深刻的危機。以色列民眾對於遭受阿拉伯敵國包圍感到憂心，他們希望政府消除他們的疑慮——然而他們卻變得更加焦慮。以色列總理艾希科爾試圖窮盡一切外交手段避免全面戰爭。他的將領在參謀長伊扎克．拉賓領導下表示反對。他們信心滿滿，認為如果他們能迅速行動，趕在敵人建立安全據點與協調出攻擊計畫之前，就能將敵軍各個擊破。內閣會議意見分歧。艾希科爾擔心與埃及、敘利亞及約旦三面作戰。就連已經退休的前鷹派總理本-古里安也對於拉賓主張的戰爭動員持保留意見。他告誡拉賓：「你把國家帶領到一個危險的處境。我們不能走向戰爭。我們處於孤立。你負有責任。」[22]

從蒂朗海峽封鎖到戰爭爆發的兩個星期是極度緊張的時期，稱為以色列的「等待期間」。以色列人民擔憂國家的存在問題，而且對於他們眼中優柔寡斷的總理缺乏信心。

轉捩點出現在五月底。艾希科爾在聯合政府中遭到孤立，不得不起用已經退役的主戰派將領摩西·戴陽擔任國防部長。戴陽的入閣使天平傾向主戰的一方。由於美國保證一旦戰爭爆發，美國將會支持以色列，以色列內閣於是在六月四日會議中決定宣戰。將領們立即採取行動。

一九六七年六月五日早上八點，約旦阿傑隆的預警雷達站偵測到大批飛機從以色列空軍基地出發朝西南方飛去。約旦雷達操作員立刻向開羅的空防管制中心與埃及戰爭部發布警報。但埃及方面卻未做出回應。主要接收站的值班下士設定的接收目標是錯誤的雷達站，因而戰爭部輪值的軍官無法通知部長。以色列因此獲得全面突襲的優勢。

當以色列轟炸機群朝埃及領空飛去時，埃及軍隊總司令阿梅爾元帥正與幾名高級軍官搭乘運輸機飛往西奈半島檢閱空軍基地與步兵據點。西奈前進指揮中心長官阿卜杜·穆赫辛·穆爾塔吉將軍在塔馬達空軍基地的地面等候為埃及軍方高層接機。他回憶說：「八點四十五分，以色列飛機攻擊機場，摧毀所有飛機與轟炸跑道，導致跑道無法使用。」在無法降落的狀況下，阿梅爾的飛機被迫飛回開羅，而西奈半島所有空軍基地都在同時間遭受攻擊。[23]

在此同時，埃及副總統胡賽因・夏非正帶著伊拉克總理塔希爾・葉海亞巡視蘇伊士運河區。他們於八點四十五分在法伊德機場，正好遇到以色列飛機的第一波攻擊。夏非回憶說：「我們的飛機安全降落，」

但兩枚炸彈在我們附近爆炸。我們趴倒、散開、就地掩護，然後看著事件一分一秒持續發生。每隔十到十五分鐘，敵機以三到四架編隊來襲，他們的目標鎖定停放在地面靜止不動的飛機，這些飛機的機翼彼此相接，彷彿經過刻意排列，讓人可以在最短時間內毫不費力地將其消滅殆盡。每架次的攻擊都會造成一到兩架飛機陷入火海。24

代表團搭車返回開羅途中，看到每座空軍基地都升起了煙柱。

不到三個小時，以色列空軍已經對埃及取得優勢，他們擊毀全部轟炸機與百分之八十五的戰鬥機，並且破壞雷達系統與跑道，使其他國家飛機無法使用埃及領空。事實上，納瑟爾曾要求阿爾及利亞政府出借米格機給埃及空軍，但事後才發現埃及空軍基地已經被破壞到無法部署任何飛機。

隨著埃及空軍陷入癱瘓，以色列人將目標轉向約旦與敘利亞。胡笙國王依照六天前與納瑟爾簽訂的防禦協定，把約旦武裝部隊的指揮權交給埃及。埃及指揮官命令約旦砲兵與約旦空軍攻擊以色列空軍基地。數量寡少的約旦空軍首先出動數架次的攻擊，然後返回基地加油，此時剛過正午，他們遭受以色列空軍的攻擊。經過兩波攻擊之後，以色列人完全消滅了約旦空軍——飛機、跑道與基地。他們接著攻擊敘利亞人，在下午殲滅三分之二的敘利亞空軍。

掌握空權之後，以色列人派出地面部隊，快速逐一消滅他們的阿拉伯敵人埃及、約旦與敘利亞，以避免多面作戰。以色列從西奈開始，部署了大約七萬名步兵與七百輛坦克對抗埃及在西奈總數達十萬人的部隊。六月五日，在經過激戰之後，以色列人攻占加薩走廊大部分地區，攻破埃及的地中海海岸防線，並且在入夜之前奪取了西奈半島東部的戰略要衝阿布．烏維格拉。

埃及人進行反擊。隔天早上，埃及指揮官出動一個裝甲師反攻阿布．烏維格拉。加瑪希將軍目睹當時的情況。「我看到我們的一個裝甲旅遭受攻擊，令人心痛。以色列空軍擁有完全的制空權。坦克白天在開闊沙漠移動，使他們成為明顯的目標而且完全沒有辦法防衛。」[25]到了下午，埃及放棄攻擊。阿梅爾元帥未徵詢地面指揮官就下令所有部隊從西奈半島撤退到蘇伊士運河西岸。在毫無組織與協調下，這場撤退使埃及的挫敗演變成全面崩潰。加瑪希回憶他看到軍隊「在最悲慘的狀況下撤退……遭受敵人持續空襲，米特拉隘口成了一座由四散的屍體、燒焦的裝備與爆炸的彈藥構成的巨大墳場。」[26]

埃及軍隊的威脅已經解除，以色列人將目標轉向約旦戰線。在六月五日成功空襲之後，以色列人充分利用空優轟炸堅守約旦河西岸的約旦裝甲部隊。以色列對耶路撒冷與傑寧的約旦守軍進行協同攻擊，攻勢從夜晚持續到天明，天亮之後，以色列空軍開始空襲。六月六日，約旦地面部隊被圍困於耶路撒冷舊城，另一支部隊則是撤離傑寧。胡笙國王親赴前線評估局勢。他回憶說：「我永遠忘不了那個幻覺般的戰敗景象。卡車、吉普車與各種車輛塞滿道路，這些車輛扭曲變形、內部外露、塌陷、依然冒著煙。在這座藏骸所裡的人，他們也許數十人成群，也許兩人為伴，他們遍體鱗傷、疲憊不堪，在以色列幻象戰機於烈日烤炙的晴空下呼嘯而過進行致命一擊時試圖清出一條道路。」[27]

胡笙繼續堅守，一方面為了避免阿拉伯同胞追究他的戰敗責任，另一方面也希望聯合國出面要求停火，這樣他也許可以保住耶路撒冷與約旦河西岸據點。但停火的時機太晚。耶路撒冷舊城於六月七日早晨陷落，以色列在攻破約旦在西岸的各個據點後才同意停火。六月八日敘利亞與埃及同意停火，但以色列人繼續擴大戰果攻擊敘利亞，在占領戈蘭高地後才於一九六七年六月十日宣布結束六日戰爭。

埃及指揮官對於埃及軍隊巨大的損失感到震驚，他們決定虛報戰果來拖延時間。在第一天作戰中，開羅宣布擊落一百六十一架以色列飛機。[28]敘利亞緊隨其後也宣布在開戰後的頭幾個小時擊落六十一架以色列飛機。這是以廣播與國營報紙進行假資訊戰的開端，導致整個阿拉伯世界以為以色列即將全面失敗。一名埃及情報人員回憶說：「我們從廣播聽到戰爭消息，全世界都認為我們的軍隊已經在特拉維夫市郊。」[29]

阿拉伯領導人不願承認挫敗，於是把問題全歸咎於美國與以色列勾結。在戰爭的第一天，阿拉伯人之聲在廣播中指控「美國是敵人。美國是支持以色列的敵對力量。喔，阿拉伯人，美國是所有民族的敵人，是奪人性命之人，是使人流血之人，美國阻止你們清算以色列。」[30]納瑟爾與約旦國王胡笙接觸，胡笙在進步派阿拉伯圈子裡因為與英美關係良好而名聲敗壞，納瑟爾與胡笙協調發表聲明，指責以色列獲得英美的協助。在一通不慎被以色列情報人員監聽到的電話中，納瑟爾對胡笙的默許感到開心。納瑟爾解釋說：「我會發布聲明，你也發布聲明，然後我們讓敘利亞也發布聲明，表示美國與英國飛機從航空母艦升空攻擊我們。我們將強調這件事。」[31]英國與法國曾於一九五六年與以色列一起攻擊埃及，這件事讓許多人對英美陰謀支持以色列的傳言信以為真。

阿拉伯領導人進行的假資訊戰充其量只是延後真相大白的時間，屆時他們還是要讓民眾知道他們蒙受多麼慘重的損失：埃及、約旦與敘利亞的陸空軍全部潰敗，廣大的阿拉伯領土遭到占領。這些領土包括埃及的西奈半島；巴勒斯坦的加薩走廊；約旦河西岸，包括阿拉伯的東耶路撒冷；以及敘利亞的戈蘭高地。

然而在六月第一個星期，蒙在鼓裡的阿拉伯群眾仍在大肆慶祝。歡騰的群眾在阿拉伯世界各地高呼勝利，完全沒想到他們的領袖對他們說謊。沙達特回憶自己眼見民眾「聽到大眾媒體每個小時播報的假勝利便歡欣鼓舞」自發地發動遊行時，內心感到絕望。「他們慶祝的是一場想像的勝利，事實上，他們慶祝的是一場失敗，這讓我對他們感到抱歉，我同情他們，也痛恨欺騙他們與欺騙全埃及的人。」真相勢將公開，而沙達特害怕那一刻的到來，埃及民眾將會「發現自己深信不疑的勝利居然是一場可怕的災難。」[32]

這個時刻於六月九日到來，納瑟爾在廣播中表示，他將為這個「逆轉」負完全責任，納瑟爾把這場戰爭稱為「挫敗」（al-Naksa）並且遞出辭呈。他堅持指控英美與以色列勾結。他認為這場戰爭是帝國主義支配埃及與阿拉伯世界漫長歷史的最新篇章，而現在由美國居領導地位。沙達特回憶說，納瑟爾認為美國「想獨自掌控世界，甚至想『統治』埃及。當納瑟爾無法允許這種事時，他別無選擇，只能下台交出權力。」[33]

沙達特在回憶錄裡提到，廣播結束後不久，抗議群眾走上開羅街頭，「男人、女人與孩子，來自各階級與各階層，他們在危機感驅使下統合成一個堅實的整體，他們行動一致，說著相同的話，異口同聲要求納瑟爾留任。」對埃及民眾來說，忍受戰敗的震撼已經足夠，他們不希望又失去納瑟爾。對埃及人而言，維護領袖是抵抗戰敗與外國支配的一環——「這次是美國，不是英國。」沙達特表示，長達十七小時的時間，民眾拒絕離開街頭，除非納瑟爾打消辭意。[34]雖然納瑟爾同意留任，但他始終未從「挫敗」中恢復過來。

一九六七年的戰敗迎來阿拉伯政治的全新時代。慘重的失敗與刻意欺瞞阿拉伯民眾引發阿拉伯政治領袖的信心危機。即便是獲得民眾支持的納瑟爾，也不免受到民眾輕視。沙達特也並不總是寬厚地對待這位前任總統，他回憶一九六七年戰敗後，「各地民眾嘲諷納瑟爾，把他當成笑柄。」而當納瑟爾這座阿拉伯巨像從基座上被擊倒時，其他阿拉伯領袖也乘機獲得喘息的機會。他們不再需要畏懼納瑟爾利用阿拉伯人之聲這個宣傳機器在他們未能與埃及同一陣線時抨擊他們。儘管如此，這個喘息的時間並不長。「挫敗」之後，來自內部的威脅隨即起而反對阿拉伯領袖。

與一九四八年戰爭後的狀況一樣，民眾的幻滅在阿拉伯世界引發一波推翻政府的政變與革命熱潮。一九六八年，伊拉克總統阿卜杜·拉赫曼·阿里夫被復興黨發動的政變推翻。一九六九年，利比亞國王伊德里斯被格達費上校率領的自由軍官團政變推翻。同年，加法爾·尼邁里奪取蘇丹總統的權力。一九七〇年，敘利亞總統努爾丁·阿塔西遭遇軍事政變，哈菲茲·阿薩德取得權力。這些新政府都採取激進的阿拉伯民族主義政綱做為正當性基礎，以摧毀以色列、解放巴勒斯坦與戰勝帝國主義為號召——這個時期帝國主義的代表是美國。

一九六七年戰爭完全轉變美國在中東的地位。從這時起，美國與以色列開始建立特殊關係，而阿拉伯人也開始敵視美國。從美國與阿拉伯抱持不同的地緣戰略優先目標來看，雙方注定要出現裂痕。美國人無法說服阿拉伯人對抗蘇聯的威脅，而阿拉伯人無法讓美國人正視他們認為的猶太復國主義威脅。

一九六七年戰爭期間，美國總統林登・詹森政府放棄在阿以衝突之間保持中立，轉而支持以色列。美國認為納瑟爾及其主張的阿拉伯社會主義正把阿拉伯世界帶進蘇聯陣營，因此美國樂於見到納瑟爾因戰敗而名聲掃地。至於納瑟爾則是逐漸對自己的假資訊信以為真。一開始原本是用來轉移國內批評的煙幕——主張美國在這場戰爭中支持以色列——之後逐漸成為一種信念，認為在新一波帝國主義中，美國利用以色列來加強對中東地區的支配。在整個阿拉伯世界，這個以色列與美國勾結的傳聞，成了這場出乎意料的敗仗的解釋。除了突尼西亞、黎巴嫩、科威特與沙烏地阿拉伯這四個國家，其他所有阿拉伯國家都因為傳聞中美國在一九六七年戰爭扮演的角色而與美國斷交。

從後見之明來看，我們知道納瑟爾主張美國為支持以色列而實際參與這場戰爭，他的說法純粹無的放矢。事實上正好相反。開戰後第四天，以色列海空軍攻擊美國情報蒐集艦「自由號」，造成三十四名美國水兵死亡，一百七十一人受傷。以色列人從未公開說明他們攻擊的原因，不過很明顯的，他們是想癱瘓這艘船不讓美國人監測以色列的戰場通訊。事實上，這類無故攻擊導致這麼多美國人傷亡，卻如此輕易獲得原諒，正可說明以色列與美國之間新建立的特殊關係。

阿拉伯對以色列的態度也在六日戰爭後漸趨強硬。一九四八年猶太國建立後的二十年間，阿拉伯國家曾經主動做出表示，阿拉伯與以色列領袖之間也進行了祕密外交。一九五四年，納瑟爾與以色列人進行祕密互訪，一九六三年，胡笙國王開放直接與猶太國往來。[35]一九六七年阿拉伯戰敗終止與以色列一切祕密協商。納瑟爾與胡笙在這場戰爭中損失最為慘重，他們希望戰後與以色列協商以收回失地。然而，在一九六七年八月底九月初的阿拉伯各國首腦會議上，強硬派主導議程，納瑟爾與胡笙被邊緣化。在蘇丹喀土木舉行的高峰會，以宣示阿拉伯外交的「三不」而聞名於世：不承認猶太國，不與以色列官員協商，阿拉伯國家不與以色列談和。於是，阿拉伯政治的道德制高點就在於必須遵守高峰會決議。

國際社會仍希望以色列與阿拉伯國家締結公正永續的和約。一九六七年十一月，當聯合國針對這個議題進行辯論時，阿拉伯世界也為了是否透過外交途徑解決而陷入分裂。一九六七年十一月二十二日，聯合國安理會通過第二四二號決議，提出以土地換取和平為基礎，為解決阿以衝突提供法律架構。這項決議要求「以色列從最近衝突中占領的土地撤軍」，以換取「尊重與承認該區每個國家的主權、領土完整與政治獨立，以及在安全而獲得承認的疆界內和平生活的權利。」第二四二號決議一直是往後阿以衝突以「土地換取和平」的基礎。

這項決議獲得埃及與約旦的支持，但敘利亞或其他阿拉伯國家卻不認同。對這些國家來說，喀土木的三不排除第二四二號決議隱含的以外交途徑解決。這是個毫不妥協的立場，但在連續三次戰爭——一九四八年、一九五六年與一九六七年——敗給以色列之後，絕大多數阿拉伯領袖只願意在有利狀況下與猶太國協商。一九六七年後，這些領袖深信阿拉伯人沒有協商的籌碼。

巴勒斯坦人在戰後外交中受害最深。被逐出故土後的二十年間，他們一直不被國際承認是擁有民族權利的特定民族。從託管時期開始，他們就被稱為巴勒斯坦阿拉伯人，而非巴勒斯坦人。一九四八年，巴勒斯坦猶太人取得國家認同，改稱以色列人，巴勒斯坦阿拉伯人仍舊只是「阿拉伯人」——要不是稱為「以色列阿拉伯人」（在以色列建國時仍留在家鄉的少數人），就是稱為「阿拉伯難民」（為了躲避戰禍而到鄰近阿拉伯國家避難的人）。在西方輿論眼中，這些流離失所的巴勒斯坦阿拉伯人跟黎巴嫩、敘利亞、約旦或埃及的阿拉伯人沒什麼兩樣，他們經過一段時間之後自然會融入寄住的國家裡。

從一九四八年到一九六七年，巴勒斯坦人的政治社群消失了。當以色列總理果爾達．梅爾宣稱世上不存在巴勒斯坦人時，國際社會幾乎無人起而反對她這段純粹自利的說法。一九六七年秋天的聯合國辯論顯示各國並不在意巴勒斯坦問題。第二四二號決議在今日看來也許合理，在當時卻代表巴勒斯坦解放無望。「土地換取和平」原則確認以色列將永久存在於國際社會，而殘餘的少許阿拉伯巴勒斯坦領土則將交由埃及或約旦託管。這個原本被稱為巴勒斯坦的國家將永遠從地圖上消失，被一九四八年與一九六七年兩次戰爭逐出家園的巴勒斯坦人將成為難民，永遠失去自己的國家。對巴勒斯坦人來說，拒絕第二四二號決議還不夠，他們還必須用一切可能的方式讓國際社會了解他們的訴求合乎公義。

二十年來，巴勒斯坦人將解放的希望寄託在阿拉伯同胞身上，希望結合阿拉伯人的力量解放他們失去的故土。一九六七年阿拉伯人的集體失敗使巴勒斯坦民族主義分子認為他們必須靠自己的力量解放巴勒斯坦。在第三世界革命分子的激勵下，巴勒斯坦民族團體發起自己的武裝鬥爭，不僅反抗以色列，也反抗阻礙他們的阿拉伯國家。

一九五〇年代初，巴勒斯坦武裝鬥爭倡議者首次在開羅開會。一九五二年，一個名叫亞西爾．阿拉法特（一九二九～二〇〇四）曾參加過一九四八年戰爭的巴勒斯坦土木工程系大學生，在開羅被推舉為巴勒斯坦學生聯盟主席。他擔任主席期間，激勵一整個世代的巴勒斯坦青年犧牲生命參與解放祖國的行動。

薩拉．哈拉夫是阿拉法特最親密的合作者，一般通常以他的化名阿布．伊雅德來稱呼他。一九四八年阿以戰爭期間，十五歲的哈拉夫被迫離開家鄉雅法前往加薩。之後，他在開羅的師範學院接受教師訓練。一九五一年秋天，他在巴勒斯坦學生聯盟會議上結識阿拉法特。哈拉夫回憶說，「他比我年長四歲，我立即被他的精力、熱情與進取所吸引。」一九四八年災難後，哈拉夫與阿拉法特因為同樣對阿拉伯政權感到不信任而攜手合作，但隨著納瑟爾與自由軍官團崛起，哈拉夫回憶說，「一切似乎有了轉機，甚至連解放巴勒斯坦都有可能實現。」[36]

革命的埃及很難有巴勒斯坦人進行政治運作的空間。雖然納瑟爾承諾恢復巴勒斯坦人民族權利，但他的政府卻嚴密控制巴勒斯坦人的民族主義活動。往後幾年，巴勒斯坦學生四散到阿拉伯世界，在各國建立根據地，最終發展成有組織的基層單位。一九五七年，阿拉法特移居科威特，兩年後，哈拉夫前往當地與他會合。其他人，例如時任巴勒斯坦自治政府總統的馬哈茂德·阿巴斯則在卡達找到工作。受過良好教育的巴勒斯坦人在新工作上表現傑出，他們把獲得的資源投入在民族目標上，也就是解放巴勒斯坦。

巴勒斯坦人直到一九五〇年代晚期才開始建立明確的政治組織。一九五九年十月，阿拉法特與哈拉夫在科威特與其他二十名巴勒斯坦活動分子召開會議成立法塔赫（Fatah）。這個組織的名稱有著雙重意義。它一方面是阿拉伯文的「征服」，另一方面則是 Harakat Tahrir Filastin（巴勒斯坦解放運動）反向拼寫的首字母縮略字。這個運動提倡以武裝鬥爭超越派系主義與爭取巴勒斯坦民族權利，而在往後五年，這個運動也積極招募與組織新成員。法塔赫開始出版雜誌《我們的巴勒斯坦》來傳布觀點。雜誌主筆哈利爾·瓦齊爾（又稱阿布·吉哈德）成為法塔赫的官方發言人。

阿拉伯國家決定成立一個官方機構來傳達巴勒斯坦人的理念。一九六四年，阿拉伯領袖首次在開羅召開高峰會，會中要求成立新組織讓巴勒斯坦人「在解放巴勒斯坦與自決上扮演一定角色」。阿拉法特及其夥伴對於新組織「巴勒斯坦解放組織」充滿疑慮。巴勒斯坦解放組織的成立並未徵詢巴勒斯坦人的意見，納瑟爾還自行指派一個名叫艾哈邁德・舒凱里的律師擔任巴解主席。舒凱里與巴勒斯坦其實沒什麼淵源。舒凱里生於黎巴嫩，擁有埃及、漢志與土耳其血統，直到一九六三年為止，口才便給的他一直擔任沙烏地阿拉伯駐聯合國大使。阿拉法特與法塔赫活動分子相信，阿拉伯政權成立巴解是為了控制巴勒斯坦人，而不是協助解放他們的故土。

起初，法塔赫嘗試與巴解合作。當舒凱里訪問科威特時，阿拉法特與哈拉夫和他見面，他們派代表前去參加一九六四年五月於耶路撒冷召開的首屆巴勒斯坦民族大會。巴解在耶路撒冷大會上正式成立。四百二十二名受邀代表絕大多數來自菁英家族，他們將巴勒斯坦民族大會改組為巴勒斯坦民族議會，性質上接近流亡國會，他們批准一系列目標，並且將這些目標載入基本大法巴勒斯坦民族憲章中。新組織甚至要求建立巴勒斯坦國民軍，之後稱為巴勒斯坦解放軍。法塔赫在大會上遭到邊緣化，他們離開耶路撒冷並且決心與巴勒斯坦的新官方組織一較長短。為了爭奪主動權，法塔赫決定發動反以色列的武裝鬥爭。

法塔赫第一場反以色列行動在軍事上失敗，在宣傳上卻成功。三支突擊隊依照計畫於一九六四年十二月三十一日分別由加薩、約旦與黎巴嫩攻擊以色列。然而，埃及、黎巴嫩與約旦政府卻急於阻止巴勒斯坦人對抗以色列人，他們知道這麼做將引發以色列對他們境內進行報復。埃及當局在行動發起前一個星期於加薩逮捕法塔赫突擊隊。黎巴嫩安全部隊在第二支隊伍抵達以黎邊境前將其逮捕。第三支隊伍於一九六五年一月三日從約旦河西岸進入以色列，並且在灌溉抽水站裝置炸藥，但以色列人卻在爆炸前發現並且拆除炸藥。當巴勒斯坦突擊隊返回約旦境內時，他們被約旦當局逮捕，其中一名隊員還因為拒捕而被殺死。法塔赫有了第一個殉難者，儘管大家都知道他是死於阿拉伯同胞之手。

這場最終未獲成功的攻擊，其象徵意義遠大於法塔赫的軍事目標。一九六五年元旦，法塔赫化名「阿西法」（al-Asifa，風暴）發表了一份軍事公報，宣稱「我們的革命先鋒開始採取行動，我們相信武裝革命是返回故土與爭取自由的手段，我們要向殖民者及其走狗、世上的猶太復國主義者及其金主強調，巴勒斯坦人仍留在曠野；巴勒斯坦人尚未死絕，也不會死絕」。[37]

世界各地的巴勒斯坦人被這份宣告所激勵。萊拉·哈立德是武裝鬥爭士兵，她的家人在一九四八年被逐出海法，她寫道：「一九六五年一月一日，法塔赫為現代巴勒斯坦歷史開啟了新紀元。」對她而言，這場攻擊代表巴勒斯坦革命的開端，也是邁向解放故土的第一步。「巴勒斯坦人流亡了十七年，活在阿拉伯領導人給予的希望之下。一九六五年，巴勒斯坦人決定必須自己尋求解放，而非等待真主的幫助。」[38]

在最初的十八個月，巴勒斯坦武裝鬥爭依然是個邊緣化的運動，很容易被以色列及其阿拉伯鄰邦圍堵。哈拉夫宣稱，從一九六五年一月到一九六七年六月，法塔赫發動了「大約二百次攻擊」，但他承認這類攻擊「規模有限，而且無法動搖以色列的安全或穩定」。

諷刺的是，一九六七年阿拉伯的戰敗反而成為巴勒斯坦武裝鬥爭解放的契機。從一九四八年到一九六七年，加薩與約旦河西岸一直在埃及與約旦的統治之下，一九六七年後則改由以色列占領，巴勒斯坦運動於是首次得以自稱是為占領區的巴勒斯坦人發聲。此外，巴勒斯坦運動也從戰敗的阿拉伯國家獲得自由。過去，納瑟爾與其他阿拉伯領袖對法塔赫與其他巴勒斯坦派系加諸嚴厲限制。戰敗後，遭受打擊的納瑟爾已無法阻礙巴勒斯坦運動，而是運用自己持續衰退的權威施壓其他與以色列接鄰的阿拉伯國家允許巴勒斯坦人從他們的領土發動攻擊。

六日戰爭後，約旦隨即成為巴勒斯坦人行動的主要中心。武裝部隊遭到摧毀與西岸的喪失削弱了胡笙國王的力量，胡笙因此對於法塔赫反以色列的行動睜一隻眼閉一隻眼。巴勒斯坦武裝派系在約旦河谷地村落卡拉瑪建立總部。以色列人注意到法塔赫的準備工作。一九六八年三月，約旦當局警告法塔赫，以色列即將攻擊他們位於卡拉瑪的基地。巴勒斯坦人決定守住自己的據點，面對具有優勢的以色列軍隊，他們不願撤退而要抵抗。約旦人同意從俯瞰約旦河谷地的高地提供砲兵支援。

三月二十一日，以色列遠征軍主力渡過約旦河企圖摧毀法塔赫總部。大約一萬五千名以色列步兵與裝甲部隊攻擊卡拉瑪村與法塔赫訓練營。馬哈茂德．伊薩是一九四八年的阿卡難民，他當時也在現場。伊薩回憶說：「我們奉命不要在行動的第一階段介入。阿布．阿瑪爾（阿拉法特的化名）親自解釋，在這種絕望的狀況下，我們只能使用詭計才能活命。他很輕易地說服我們。我們在物力上根本不可能守住卡拉瑪。」事實上，根據現在的估計，卡拉瑪當時大概只有二百五十名法塔赫游擊隊員與行政人員，或許還有八十名巴勒斯坦解放軍。伊薩又說：「我們唯一的選擇就是伏擊以色列人，而且要選對時機這麼做。」[39]

伊薩與其他同志選擇在訓練營外埋伏，準備在日落時發動反擊。伊薩在回憶錄裡寫道，「一天過去了，卡拉瑪已空無一物，只剩廢墟。許多婦女、男子與幼童都被俘虜。還有不少死者。」以色列人在約旦猛烈砲火下完成任務，於是準備撤離。伊薩與其他同志等待的就是這個時候。

坦克經過我們據點的時候，我們收到攻擊信號。我跟其他同志都鬆了一口氣，彷彿我們屏住氣息很長一段時間。我們直接往前奔跑，而且希望自己跑得更快一點。我們可以想像當以色列人看到他們原以為已經埋在瓦礫堆裡的突擊隊員朝他們跑來，臉上的驚訝神情。天色昏暗。橫跨約旦河的橋樑已被炸毀。坦克停了下來，在〔約旦〕砲兵協助下，一場新的戰役就此展開。

巴勒斯坦人以RPG（火箭推進榴彈）摧毀了幾輛以色列車輛，並且在以色列人完全渡過約旦河撤離之前以輕型兵器殺死了一些士兵。

對巴勒斯坦人來說，卡拉瑪是一場成功對抗優勢兵力的生存之戰，也是贏得尊嚴（卡拉瑪在阿拉伯文裡有「尊嚴」或「尊敬」的意思）的時刻，以色列人在他們的攻擊下狼狽撤退。然而，尊嚴的代價高昂。雖然阿拉伯報紙誇大了傷亡數字，但這次行動中至少有二十八名以色列人、六十一名約旦人與一百一十六名巴勒斯坦戰士死亡。[40]儘管如此，在阿拉伯世界，卡拉瑪戰役卻被宣揚成巴勒斯坦人的勝利。這是一九四八年以來首次有阿拉伯軍隊挺身對抗以色列人並且證明敵人並非所向無敵。

法塔赫是這場戰役的主要受益者。萊拉．哈立德回憶時極為公允地表示：「阿拉伯新聞媒體誇大這起事件，彷彿巴勒斯坦解放已近在咫尺。數千名自願者湧入，而且募得數公斤黃金與數噸武器。法塔赫是一支人數只有數百人而且訓練不足的游擊隊，在阿拉伯人眼中卻突然成為像一九四九年十月前夕的中國解放軍。就連胡笙國王也聲稱他是突擊隊的一員！」[41]哈拉夫是法塔赫創立者之一，他表示，在戰役結束後的四十八小時內，辦公室湧進約五千名自願者。法塔赫的行動因此擴大：從一九六八年的五十五次反以色列攻擊行動，增加到一九六九年的一百九十九次，到了一九七〇年的前八個月則來到巔峰的二百七十九次。[42]

民眾對巴勒斯坦武裝鬥爭，尤其是對法塔赫的支持，掩蓋了派系主義與巴勒斯坦民族運動內部深刻的政治紛爭。意識形態的分歧產生各種不同的戰術，導致巴勒斯坦武裝鬥爭從游擊戰轉變為恐怖主義。

一九六七年戰爭後，巴解經歷了重大轉變。舒凱里一直未能在廣大巴勒斯坦運動上建立起領導權威，於是在一九六七年十二月辭去巴解主席一職。雖然阿拉法特的法塔赫運動地位已經凌駕巴解，但法塔赫的追隨者卻選擇保留巴解做為結合巴勒斯坦所有派系的憑藉，由法塔赫擔任巴解這把傘的支配黨派。一九六九年二月，阿拉法特被選為巴解主席，他一直擔任這個職位直到二〇〇四年去世為止。

並非所有巴勒斯坦團體都接受法塔赫的領導。醫生喬治．哈巴什（一九二六～二〇〇八）領導的解放巴勒斯坦人民陣線（簡稱解放陣線）與法塔赫有嚴重的意識形態分歧。解放陣線相信，根據中國與越南模式，民族解放的武裝鬥爭必須在社會革命後才會發生；法塔赫正好相反，認為民族解放鬥爭應排在首位。解放陣線領導人哈巴什輕視法塔赫，認為這個跟他們打對台的組織在意識形態上已經破產，而且因為與他心目中腐敗至極的阿拉伯政府合作而染上汙點。

當法塔赫控制巴解時，解放陣線領導階層決定遵循自己的巴勒斯坦革命路線，試圖喚起國際關注巴勒斯坦問題。他們離開法塔赫，在以色列境內發起游擊戰來進行武裝鬥爭——從巴勒斯坦人的大量傷亡來看，這個策略顯然是不切實際（根據以色列紀錄，到一九六九年年底為止，總共有一千三百五十名游擊隊員死亡，二千八百人被俘）。[43]解放陣線之後轉而選擇高調攻擊以色列與美國的海外設施，目的是為了引起國際對巴勒斯坦爭議的關注。

解放陣線是第一個從事劫機的巴勒斯坦組織。一九六八年七月，三名解放陣線突擊隊員劫持一架以色列航空客機，並且命令機師將飛機降落在阿爾及爾。劫機者毫髮無傷地釋放所有乘客，他們想要的是召開記者會，而不是劫持人質。一九六八年十二月，曾經參與卡拉瑪戰役的馬哈茂德·伊薩在雅典疏散另一架以色列航空客機的乘客，並且破壞了飛機。上級命令他向希臘當局投降，藉此讓審判獲得媒體廣泛關注，讓全球觀眾都注意到巴勒斯坦問題。伊薩依照指示執行任務，劫持飛機疏散乘客，然後用手榴彈炸毀空無一人的飛機，最後再向一頭霧水的希臘當局投降。

以色列為了報復巴勒斯坦人對以色列客機的攻擊，於是在貝魯特國際機場安置炸彈，炸毀了黎巴嫩國家航空公司中東航空十三架波音客機。萊拉·哈立德嘲諷地說：「我們感謝以色列人為巴勒斯坦革命爭取到黎巴嫩的支持，而且我們要讚美以色列人的大膽，他們炸掉的飛機有七成到八成是美國人擁有的！」[44]

解放陣線相信他們的策略產生效果，使國際開始重視巴勒斯坦人的要求。哈立德的結論是，「全世界最後不得不注意到巴勒斯坦人的行動。阿拉伯報章雜誌無法忽視他們，猶太復國主義者也無法掩蓋他們。」[45]然而，在國際新聞報導上，巴勒斯坦人得到的卻是恐怖主義的惡名，巴勒斯坦運動在西方輿論的正當性也因此受到質疑。

與阿爾及利亞革命一樣，女性在巴勒斯坦武裝鬥爭中也扮演著重要角色。一九六九年二月，阿米娜·達布爾在蘇黎世強占一架以色列航空客機，她成為第一位參與劫機行動的巴勒斯坦女性。達布爾的行動激勵了巴勒斯坦女性參與運動。萊拉·哈立德聽到英國廣播公司國際頻道報導這則新聞，她回憶自己當時立即對她的女性同志說道：「幾分鐘後，我們將慶祝巴勒斯坦解放與女性解放。」[46]

哈立德剛加入解放陣線，就自願參加特種作戰小組，然後被送往安曼接受訓練。一九六九年八月，哈立德接到第一件任務。她的長官對她說：「萊拉，妳將劫持一架環球航空飛機。」她對於自己分配到這件工作感到興奮，認為這是一項反美帝的任務。[47]哈立德深信劫持以色列與美國飛機的策略有助於實現解放巴勒斯坦運動的戰略目標。哈立德寫道：「整體而言，我們的行動不是為了癱瘓敵人，因為我們沒有能力那麼做，我們的目標是散布革命宣傳，讓敵人感到恐懼，動員我們的群眾，讓國際了解我們的宗旨，召集進步力量支持我們，讓受猶太復國主義激勵與聽信猶太復國主義一面之詞的西方輿論聆聽我們的悲痛。」[48]劫持環球航空公司飛機的時間訂在一九六九年八月二十九日，那天剛好是美國總統尼克森於洛杉磯美國猶太復國主義組織年會發表演說的日子。

以今日機場安全措施之嚴密，很難想像哈立德與她的同夥可以在羅馬菲烏米奇諾機場輕易將手槍與手榴彈帶到環球航空八四〇號班機上。飛機起飛後不久，她的同夥便強行闖入駕駛艙並且宣稱飛機已在「新機長」的控制之下。哈立德於是接管了這架飛機。「為了證明我是認真的，我立刻拔出手榴彈的安全插銷當成紀念品送給〔機師〕卡特機長。他很客氣地推辭了。我把插銷丟在他的腳上說道：『如果你遵從我的指令，那麼一切都會沒事；如果你不聽，那麼你將為乘客與飛機的安全負責。』」[49]

哈立德控制飛機之後，便開始充分享受指揮的樂趣。她命令機師飛往以色列。她與沿途的航空管制員直接通話，尤其滿足於逼迫以色列當局不再稱這架飛機為「環球航空八四〇號班機」，而是「解放陣線，自由阿拉伯巴勒斯坦」。在三架以色列戰機尾隨下，她要求機師在她出生的城市海法上空盤旋，這是她從一九四八年以來首次見到這座城市。最後，她指示機師將飛機降落在大馬士革，機上乘客最終毫髮無傷獲釋。哈立德與同夥被敘利亞當局軟禁四十五天，之後允許他們回到黎巴嫩。他們的任務完全成功，而他們也未因此受到懲罰。

一九六〇年代晚期是巴勒斯坦突擊運動的巔峰期。法塔赫在以色列採取的行動與解放陣線的劫機，使巴勒斯坦問題受到世人的關注，也讓流亡世界各地的巴勒斯坦人產生希望。然而，收容巴勒斯坦難民的阿拉伯國家與巴勒斯坦革命的關係卻急速惡化。其中關係最為緊繃的是黎巴嫩與約旦。

巴勒斯坦游擊隊在黎巴嫩獲得廣大民眾歡迎，左派與穆斯林團體對他們尤其支持，而這兩個團體對於保守馬龍派主導的政治秩序深感不滿。然而，黎巴嫩政府卻把巴勒斯坦運動視為對黎巴嫩主權的直接威脅，認為他們會危及國家安全。當一九六八年以色列突擊隊攻擊貝魯特機場時，黎巴嫩當局試圖嚴厲管制巴勒斯坦人。一九六九年，黎巴嫩安全部隊與巴勒斯坦游擊隊爆發衝突。埃及總統納瑟爾協助調停黎巴嫩政府與巴勒斯坦派系。一九六九年十一月的開羅協議為巴勒斯坦運動在黎巴嫩境內的行動設立準則。這份協議允許巴勒斯坦游擊隊從黎巴嫩境內展開軍事行動，也給予巴勒斯坦派系控制黎巴嫩難民營中三十萬巴勒斯坦人的權力。開羅協議為黎巴嫩政府與巴勒斯坦運動提供脆弱的停戰協定，而這項協定將在往後六年間持續處於緊繃狀態，直到完全決裂為止。

巴勒斯坦運動與約旦王國的關係更是一觸即發。一些巴勒斯坦派系公開主張推翻「反動的」哈希姆王朝，透過社會革命來動員巴勒斯坦與阿拉伯群眾，他們認為這是解放巴勒斯坦必要的第一步。哈拉夫坦承，游擊隊要為雙方關係決裂負部分責任。他寫道：「的確，我們自己的行為並未前後一致。費達因（巴勒斯坦突擊隊）以自己的力量與功勳為傲，經常表現出優越感，有時甚至驕縱自滿，完全不管約旦當地人的感受與利益。更嚴重的是他們對約旦軍方的態度，他們把約旦軍方當成敵人而非可能的盟友。」[50]但所有的巴勒斯坦派系都認為胡笙國王在矇騙他們，他與美國人站在同一陣線，甚至協助以色列人對抗巴勒斯坦人。

到了一九七〇年，約旦人與巴勒斯坦人已到了水火不容的地步。六月，解放陣線挾持美國駐約旦大使館一等祕書做為人質，然後又占領安曼最大的兩家飯店——洲際酒店與費城酒店——挾持超過八十名客人做為人質。胡笙國王派軍隊攻擊安曼難民營的巴勒斯坦據點。戰鬥持續一個星期，之後雙方停戰，人質全數釋放。哈立德對於解放陣線未能繼續戰鬥感到遺憾。她日後回憶說：「我們錯失罷黜胡笙的機會，當時我們擁有民心，也有力量擊敗胡笙四分五裂的軍隊。」[51]

一九七〇年九月，解放陣線再次發動攻擊，他們劫持另一架飛往雅典的班機，要求釋放馬哈茂德．伊薩。自從一九六八年十二月伊薩在雅典攻擊以色列航空班機以來，他一直被監禁在骯髒的希臘監獄裡，被外界遺忘。他希望在希臘獲得公開審訊，讓國際關注巴勒斯坦問題，但都未能實現。解放陣線再次進行大膽而成功的劫機，這次終於登上報紙頭條，逼迫希臘政府釋放伊薩。

伊薩返回約旦，獲得英雄式的歡迎，不到兩個月，他又要進行下一次任務。他要為一場引人注目的解放陣線行動準備跑道，解放陣線要同時劫持三架飛機，然後讓以色列與西方飛機降落在約旦沙漠上。解放陣線希望藉由這種方式登上世界報紙頭版，並且主張巴勒斯坦革命已經主導約旦。這是蓄意挑釁，挑戰了胡笙國王與他的軍隊。伊薩前往約旦首都安曼西邊一處廢棄的機場工作，這個機場名叫道森機場，但為了這次行動改名為「革命機場」。

一九七〇年九月六日，解放陣線突擊隊搭乘從法蘭克福飛往紐約的美國環球航空班機與從蘇黎世飛往紐約的瑞士客機，然後逼迫兩架飛機在約旦降落。

同一天，解放陣線也命令四名突擊隊員劫持以色列客機。以色列航空地勤人員拒絕讓兩名預備劫機者登機，這兩個人於是轉而劫持泛美航空客機。泛美航空機師拒絕將飛機降落在道森機場，他表示跑道太短，無法讓龐大的波音七四七客機降落。他飛往貝魯特，在那裡解放陣線炸彈小組在飛機頭等艙安裝炸藥，然後要求飛機飛往開羅。劫機者告訴乘客與機組人員，飛機降落之後，他們只有八分鐘可以疏散。事實上，飛機著陸才三分鐘，炸藥就引爆了。令人驚訝的是，機上一百七十五名乘客連同機組人員全在飛機爆炸前順利疏散。

另外兩名解放陣線突擊隊員成功搭上從阿姆斯特丹飛往紐約的以色列航空班機。隊長是萊拉・哈立德，她是環球航空八四〇號班機的劫機者。以色列航空從一九六八年遭遇一連串劫機以來就致力於加強安全措施：強化座艙門，在每個航班派駐便衣警察。飛機起飛後不久，哈立德與她的同夥試圖控制班機。他們遭遇以色列空中便衣警察與機組人員的堅決抵抗。雙方開了約十四槍，造成一名以色列空服員重傷，劫機者帕特里克・阿古洛死亡（哈立德宣稱他是在飛機上立刻遭到處決）。哈立德遭到制伏並且解除武裝。機師緊急降落倫敦，將受傷的空服員送醫。英國當局把死亡的阿古洛運下飛機，並且逮捕了哈立德。解放陣線隨即做出回應，於九月九日在巴林劫持一架英國海外航空客機，然後讓飛機降落於「革命機場」與瑞士及環球航空班機會合。

多起劫機事件，加上泛美航空班機在開羅被炸毀，引起了國際媒體的注意。從劫機的角度來看，一九七〇年九月的事件直到二〇〇一年九月才被超越。在約旦的三架飛機仍在解放陣線的控制之下，解放陣線於是提出要求：釋放哈立德、被西德逮捕的三名游擊隊員、被瑞士逮捕的另外三名游擊隊員，以及被以色列逮捕的數量不明的巴勒斯坦人。如果三天內不答應這些要求，那麼所有被劫持的客機——上面總共有三百一十名乘客與機組員——將被摧毀。事實上，解放陣線仍不希望因為殺害人質而遭國際輿論指責，因此開始釋放婦女與孩童。關於人質遭遇的報導成為世界各大報紙的頭版頭條。九月十二日，剩餘的乘客被武裝的解放陣線衛隊帶離飛機，並且送到解放陣線霸占的位於安曼市中心的飯店裡充當人質。炸藥安裝在無人客機上，在一連串驚人的爆炸下，飛機被炸成碎片，這一切全被世界各大新聞媒體的攝影機拍攝下來。

五天後，更具爆炸性的事件發生了，約旦軍方向巴勒斯坦革命宣戰。對胡笙國王與約旦軍方來說，巴勒斯坦派系已經喧賓奪主。卡拉瑪的歡欣鼓舞逐漸轉變成黑色九月（指將巴勒斯坦革命逐出約旦領土的戰爭）。解放陣線從不隱晦推翻哈希姆王室以及把約旦變成解放巴勒斯坦跳板的企圖，解放陣線決定在約旦境內犯下劫機暴行成了最後一根稻草。法塔赫抨擊解放陣線的行動，但約旦人已不再對巴勒斯坦派系做出區分。約旦已沒有巴勒斯坦革命與哈希姆王室共存的空間。

胡笙國王與約旦軍方都對解放陣線公然占據約旦領土進行恐怖活動感到憤怒。當約旦軍隊試圖介入道森機場的劫機事件時，巴勒斯坦游擊隊反而以人質的安全要脅。約旦士兵撤退且避免開火，他們靜待人質危機解決後再採取行動。面對巴勒斯坦人的威脅，這種不作為的決定似乎讓約旦士兵感到顏面無光，軍隊裡開始醞釀反對國王的譁變。有一則廣泛流傳的軼事，據說當胡笙國王檢閱裝甲部隊時，士兵們居然在裝甲車的天線上懸掛女性內衣褲以示抗議。一名坦克指揮官對國王說道，「現在我們成了女人了。」[52]

九月十七日，胡笙下令軍隊採取行動。黑色九月全面開戰。巴勒斯坦游擊隊與約旦陸軍激戰十天，雙方的衝突似乎將延燒到整個區域。在分裂的中東地區，胡笙身為保守派君主國領袖，面臨著「進步派」阿拉伯鄰邦以支持巴勒斯坦人為名出面干預的威脅。胡笙受到六日戰爭後駐紮在約旦境內的伊拉克軍隊的脅迫，此外北方省分也遭受懸掛巴勒斯坦解放軍旗幟的敘利亞坦克入侵。

約旦軍隊因面臨巴勒斯坦人與入侵的敘利亞人的兩面作戰而備多力分，胡笙只好訴諸他與英美兩國的友誼，甚至尋求以色列的援助，保護約旦領空不受外來攻擊。然而西方干預也有引發蘇聯出兵保護中東地區盟友的危險。納瑟爾於是要求其他阿拉伯國家在衝突失控之前出面調停找出解決衝突的辦法。九月二十八日，在納瑟爾的權威下，阿拉法特與胡笙前往開羅解決歧見。根據阿拉伯各國領袖達成的協議，約旦人與巴勒斯坦人同意全面停火。劫機事件剩餘的西方人質分別從解放陣線監禁他們的飯店與房間獲得釋放。英國當局釋放哈立德與其他祕密行動的巴勒斯坦游擊隊員。但已經造成的損害無法修復——即使是納瑟爾也無能為力。估計有三千名巴勒斯坦戰士與平民在黑色九月戰爭中死亡；約旦人也有數百人死傷。十天的戰鬥嚴重破壞了安曼，城市的巴勒斯坦營區化為廢墟。

密集協商期間，埃及總統的健康急遽惡化。一九七〇年九月二十八日，在為胡笙與阿拉法特送行之後，納瑟爾返回家中，因為嚴重心臟病發作，於當天下午五點去世。

開羅廣播電台中斷了平日節目，改成播放《古蘭經》經文的神聖誦念會。經過適當的遲延之後，副總統沙達特宣布了納瑟爾的死訊。海卡爾回憶說：「接下來馬上出現了令人驚奇的景象」。

> 夜裡，民眾紛紛走出家門，前往位於尼羅河畔的廣播電台，他們想搞清楚自己聽到的消息是真是假……起初街上只有三三兩兩的民眾，然後數百人、數千人、數萬人，最後街上滿是黑壓壓的人潮，到處擠得無法動彈。一群婦女在廣播電台外頭嚎啕大哭。她們哭喊：「獅子死了，獅子死了。」哭聲在整個開羅市區迴盪，然後往外傳布到村落，直到傳遍埃及全境為止。當天晚上與往後

的日子，民眾哀悼納瑟爾，充滿沉痛而強烈的悲傷。不久，埃及各地的民眾湧入埃及，直到整座城市容納了一千萬人為止。當局停止火車行駛，因為城裡已經沒有地方容納民眾，糧食也開始短缺。但民眾還是持續湧入，也許搭車、騎驢或步行前來。53

悲傷溢出了埃及邊界，蔓延到整個阿拉伯世界。阿拉伯各大城市開始有群眾上街遊行。納瑟爾是空前絕後的領袖，他體現中東地區阿拉伯民族主義分子的希望與渴求。然而阿拉伯民族主義早在納瑟爾去世前就已消亡殆盡。敘利亞脫離阿拉伯聯合共和國，葉門的阿拉伯內戰，一九六七年的慘敗與巴勒斯坦的完全喪失，這一連串打擊使泛阿拉伯主義的渴望一蹶不振，無法恢復舊觀。黑色九月事件使阿拉伯各國陷入嚴重分裂。唯有納瑟爾能夠克服阿拉伯國家之間逐漸加深的斷層線，納瑟爾死後，這道斷層線將沿著冷戰線擴大，形成美蘇兩大集團對峙的局面。

到了一九七〇年，阿拉伯世界已經明確分裂成幾個追求自身利益的特定國家。一九七〇年後，阿拉伯國家提出幾個更明確的統一方案，但沒有任何一個方案足以撼動參與國自身的完整性，也沒有任何一個方案能存續下來。一九七〇與一九八〇年代的統一方案其實是一種讓阿拉伯政府獲得正當性的公關運作，因為阿拉伯政府知道阿拉伯民族主義依然對他們的民眾具有強烈吸引力。阿拉伯政府持續主張反對猶太復國主義敵人與解放巴勒斯坦故土，但這些共同的阿拉伯主題只是口惠而實不至，各國政府真正在意的是自己的利益。而當中東地區的石油資源開始產生巨大財富並且使阿拉伯世界得以影響全球經濟時，一股新的力量也逐漸掌控中東地區。

注釋

1. 引自 Malcolm Kerr, The Arab Cold War: Gamal ‘Abd al-Nasir and His Rivals, 1958–1970, 3rd ed. (New York: Oxford University Press, 1971), p. 21.
2. Mohamed Heikal, *Nasser: The Cairo Documents* (London: New English Library, 1972), p. 187.
3. Mouloud Feraoun, *Journal 1955–1962* (Paris: Éditions du Seuil, 1962), p. 156.
4. 同前，pp. 151–152.
5. 這則故事是另一名參與過阿爾及爾戰役的婦女佐赫拉・德里夫（Zohra Drif）講述的，見 Danièle Djamila Amrane-Minne, *Des Femmes dans la guerre d'Algérie* [Women in the Algerian War] (Paris: Karthala, 1994), p. 139.
6. Georges Arnaud and Jacques Vergès, *Pour* [For] *Djamila Bouhired* (Paris: Minuit, 1961), p. 10. 賈米拉是埃及導演尤賽夫・夏因（Youssef Chahine）的劇情片主角人物。
7. Amrane-Minne, *Femmes dans la guerre d'Algérie*, pp. 134–135.
8. Alistair Horne, *A Savage War of Peace: Algeria, 1954–1962* (New York: New York Review Books, 2006), p. 151.
9. 在法國，在阿爾及利亞進行拷問的爭議因二〇〇一年保羅・歐薩雷斯將軍（General Paul Aussaresses）有關阿爾及爾戰役回憶錄的出版而重新引起注意，在書中，歐薩雷斯將軍公開坦承拷問施行的程度。這本書的英文版是 *The Battle of the Casbah: Terrorism and Counter-terrorism in Algeria, 1955–1957* (New York: Enigma, 2002).
10. Horne, *Savage War of Peace*, p. 282.
11. Feraoun, *Journal*, p. 274.
12. 同前，pp. 345–346.
13. Amrane-Minne, *Femmes dans la guerre d'Algérie*, pp. 319–320.
14. Anouar Abdel-Malek, *Egypt: Military Society* (New York: Random House, 1968), p. 287.
15. 引自 Laura M. James, *Nasser at War: Arab Images of the Enemy* (Houndmills, UK: Palgrave, 2006), p. 56.
16. 「無疑地，一九五〇年代中期，北方部族……會定期聆聽開羅的廣播。」Paul Dresch, *A History of Modern Yemen*

(Cambridge: Cambridge University Press, 2000), p. 77.
17. 同前，p. 86.
18. 引自 Mohamed Abdel Ghani El-Gamasy, *The October War: Memoirs of Field Marshal El-Gamasy of Egypt* (Cairo: American University in Cairo Press, 1993), p. 18.
19. Heikal, *Cairo Documents*, p. 217.
20. Gamasy, *The October War*, p. 28.
21. Anwar el-Sadat, *In Search of Identity* (London: Collins, 1978), p. 172.
22. Avi Shlaim, *The Iron Wall: Israel and the Arab World* (New York: W. W. Norton, 2000), p. 239.
23. 引自 Gamasy, The October War, p. 53
24. 同前，p. 54.
25. 同前，p. 62.
26. 同前，p. 65.
27. Hussein of Jordan, *My 'War' with Israel* (New York: Peter Owen, 1969), pp. 89–91.
28. Michael B. Oren, *Six Days of War: June 1967 and the Making of the Modern Middle East* (London: Penguin, 2003), p. 178.
29. Hasan Bahgat, 引自 *Oren, Six Days of War*, p. 201.
30. BBC Monitoring Service, 引自同前，p. 209.
31. 同前，p. 226.
32. Sadat, *In Search of Identity*, pp. 175–176.
33. 同前，p. 179.
34. 同前。
35. 關於納瑟爾的外交行動，見 Shlaim, *The Iron Wall*, pp. 117–123；關於胡笙主動與以色列官員協商，見 Avi Shlaim,

36. *The Lion of Jordan: The Life of King Hussein in War and Peace* (London: Allen Lane, 2007), pp. 192–201。
37. 哈拉夫以假名阿布・伊雅德（與艾瑞克・盧洛〔Eric Rouleau〕合作）撰寫回憶錄，*My Home, My Land: A Narrative of the Palestinian Struggle* (New York: Times Books, 1981), pp. 19–23。
38. 引自 Helena Cobban, *The Palestinian Liberation Organisation: People, Power, and Politics* (Cambridge: Cambridge University Press, 1984), p. 33.
39. Leila Khaled, *My People Shall Live* (London: Hodder and Stoughton, 1973), pp. 85, 88.
40. Mahmoud Issa, *Je suis un Fedayin* [I am a Fedayin] (Paris: Stock, 1976), pp. 60–62.
41. 數字出自 Yezid Sayigh, *Armed Struggle and the Search for Peace: The Palestinian National Movement, 1949–1993* (Oxford: Oxford University Press, 1997), pp. 178–179.
42. Khaled, *My People Shall Live*, p. 107.
43. Abu Iyad, *My Home, My Land*, p. 60.
44. Sayigh, *Armed Struggle*, p. 203.
45. Khaled, *My People Shall Live*, p. 112.
46. 同前。
47. 同前，p. 116.
48. 同前，p. 124.
49. 同前，p. 126.
50. 同前，pp. 136–143.
51. Khalaf, *My Home, My Land*, p. 76.
52. Khaled, *My People Shall Live*, p. 174.
53. 引自 Peter Snow and David Phillips, Leila's Hijack War (London: Pan Books, 1970), p. 41.
54. Heikal, *Cairo Documents*, pp. 21–22.

第十二章　石油時代

紛擾的一九七〇年代，阿拉伯世界從這個時期開始受到石油力量的形塑。

自然界並未將石油平均分配給阿拉伯各國。除了伊拉克這個例外，數千年來底格里斯與幼發拉底兩條大河一直支持伊拉克龐大的農業人口，否則一般來說最大的石油蘊藏量往往出現在人煙最稀少的阿拉伯國家：沙烏地阿拉伯、科威特與其他波斯灣國家，以及北非的利比亞與阿爾及利亞。埃及、敘利亞與約旦雖然象徵性出產一些石油，但產量不足以滿足國內需求。

阿拉伯世界最初發現石油是在一九二〇年代晚期與一九三〇年代初期。往後四十年，西方石油公司毫無顧忌地控制阿拉伯石油生產與行銷。石油生產國的統治者愈來愈富有，到了一九五〇與六〇年代，這些統治者開始推動發展計畫，將石油財富的利益分配給貧困的人口。

然而一直要等到一九七〇年代，在各種要素配合下，石油才變成阿拉伯世界的權力來源。全球對石油的依存日漸增加，美國石油產量日趨減少，政治危機及中東對工業世界的石油出口，這幾項因素結合起來，使一九七〇年代石油價格飆升到史無前例的高點。而在這十年間，阿拉伯國家也逐漸從西方石油公司手中奪回石油的控制權，以及伴隨石油而來的權力。

石油比其他商品更能定義現代阿拉伯的財富與權力。但石油代表的是一種虛幻的權力。石油帶來的龐大財富也使一個國家更容易遭受外來威脅。石油財富能夠帶來發展，但也會藉由軍備競賽與宗教衝突而招致毀滅。石油終究未能給阿拉伯國家帶來安全，雖然石油提供利益，卻也招來禍害，在動盪不安的一九七〇年代，石油更是無法為中東地區提供任何保障。

二十世紀初，中東地區石油探勘如火如荼地展開，石油公司與產油國之間的關係也受到特許的約束：政府發行執照給公司進行探勘與開採石油資源，公司則上繳規費給政府。伊朗（一九〇八年）與伊拉克（一九二七年）分別發現達到商業量的石油儲量；一九三一年開始，西方石油公司把重心轉向波斯灣岸的阿拉伯國家。起初，欠缺現金的當地統治者把權利賣給英美公司，由英美公司承擔探勘石油的全部風險與費用。

對於在波斯灣探勘石油的先驅來說，這個風險是非常真實的。有些公司鑽探了好幾年，努力的結果只換來沾滿油汙的破布。不過到了一九三〇年代，石油公司終於成功在阿拉伯半島找到油源。一九三二年，加州標準石油在巴林發現石油。一九三八年，加德士在科威特發現龐大的石油蘊藏量，同年，加州標準石油在沙烏地阿拉伯東部省歷經六年失望探勘後終於首度開採成功。

當公司開採到石油時，他們必須向地主國支付權利金，其餘獲利則歸自己所有。阿拉伯統治者對此並無怨言，因為他們可以坐享其成，憑空獲得石油財富。在海灣國家，石油營收很快就超過國家其他項目收入，而石油公司則須自行承擔巨大的運輸與精煉阿拉伯石油的成本，以提供給全球市場。在阿拉伯半島開採石油是一項極其昂貴的任務，特別是在早期：必須鋪設油管與租用油輪船隊運送石油，必須建造新煉油廠將阿拉伯原油提煉成可以販賣的產品。石油公司在生產（要開採多少石油）與行銷（要在愈來愈競爭的市場訂定價格）石油上享有完全的控制權似乎是相當公平的事，因為石油公司開採石油必須獨自負擔龐大的風險、費用與投入巨大的努力。

然而，到了一九五〇年，產油國對於原本的特許條件愈來愈不滿。現在開採、運輸與提煉的基礎建設都已完成，石油公司已從投資中回收大量利益。沙烏地阿拉伯國家石油公司是四家美國公司組成的企業集團，這四家美國公司分別是埃克森、美孚、雪佛龍與德士古，他們享有獨占沙烏地石油的權利，一九四九年時獲得的利潤是沙烏地政府的三倍。更糟的是，沙烏地阿拉伯國家石油公司繳給美國聯邦政府的稅居然比沙烏地政府獲得的收入多了約四百萬美元，這表示美國政府從沙烏地石油賺的錢超過沙烏地人從自己的石油獲得的利潤。[1]

阿拉伯海灣國家要求更大份額的獲利。畢竟這是他們的石油，也是他們經濟成長主要的財富來源。石油公司已經回收原始成本，而且獲得豐厚的報酬。阿拉伯領袖認為已經到了產油國取得應有利潤份額的時候，不僅是為了規模宏大的發展計畫，也要為未來石油枯竭預做準備。他們的要求已有前例：一九四三年，南美洲的委內瑞拉成功與擁有特許的業者均分石油利潤。阿拉伯國家決心取得相同的石油收入份額。一九五〇年九月，沙烏地阿拉伯與沙烏地阿拉伯國家石油公司協商均分石油利潤，其他阿拉伯產油國紛紛跟進。這樣的比例使石油公司必須繳付大量權利金，而這也意味著雙方願意建立平等的合夥關係。但石油公司堅決反對比均分更為優厚的要求，他們擔心產油國會因此居於優勢。

阿拉伯產油國由於擁有豐富的石油蘊藏量而變得舉足輕重。一九五〇到六〇年代，波斯灣國家超越美國成為世界最大的產油區。從一九四八年到一九七二年，中東石油產出從每日一百一十萬桶增加到一千八百二十萬桶。[2]雖然產油國現在能與石油公司均分利潤，但石油公司仍然主掌包括生產與定價在內的一切事務。早期進行石油探勘的時代，西方石油公司可以名正言順地認為自己比阿拉伯國家更了解石油的地質學、化學與經濟學。但到了一九六〇年代，情勢有了變化。產油國派了最優秀的人才到西方頂尖大學攻讀地質學、石油工程學與管理學。新一代的阿拉伯技術官僚頂著明星大學文憑進入政府工作，他們對於外國石油公司控制國家資源與國家經濟的狀況感到憤憤不平。

阿卜杜拉·圖萊基是阿拉伯最早的一批石油專家。圖萊基一九二〇年生於沙烏地阿拉伯，他在納瑟爾統治下的埃及讀了十二年的書，而且深受阿拉伯民族主義教育影響。他之後在德州大學攻讀化學與地質學，於一九四八年返回沙烏地阿拉伯。一九五五年，他擔任石油與礦業事務局局長，成為沙烏地阿拉伯石油產業的最高級官員。擔任局長之後，圖萊基得以與其他產油國決策者進行接觸。他要求阿拉伯其他石油官員透過集體行動來保護自身的利益。[3]

其他阿拉伯產油國部長絕大多數不願改變現狀。他們面臨石油供給過剩的問題，因為一九五〇年代蘇聯的石油開始湧入市場。如果阿拉伯產油國對石油公司提出過多要求，石油公司可能轉而到別的國家鑽油。畢竟這些主要的石油公司都是全球巨擘，不僅在中東擁有油田，也控制了美洲與非洲的石油礦場。加上產油國最近才向石油公司爭取到石油利潤均分，因此絕大多數都對提出更多要求抱持謹慎的態度。

一九五九年，阿拉伯產油國不再能滿意現狀，英國石油（ＢＰ）做出致命的決定，將公告油價調降百分之十。蘇聯石油的供過於求對國際油價造成實際的壓力，英國石油的決定只是反映市場現實。這個看似合理的決定之所以造成問題，在於英國石油沒有將這項決定事先告知產油國。由於石油公司與產油國的石油收入取決於公告油價，因此英國石油單方面的決定意味著石油公司在未事先徵詢或取得同意下削減了產油國收入，從而影響產油國國家預算。英國石油無意間顯示出石油公司與產油國之間的合夥關係有多麼不對等。

產油國感到憤怒。公告油價調降後，圖萊基發現其他產油國部長開始決定採取集體行動。一九五九年四月，在第一屆阿拉伯石油會議會場外，圖萊基與科威特、伊朗及伊拉克政府代表在開羅市郊馬阿迪的遊艇俱樂部密商。阿拉伯產油國締結「君子協定」，共組委員會捍衛油價與成立國有石油公司。他們的目標是突破與西方石油公司均分利潤的門檻，使收入的分配達到六比四，確保國家主權及於石油資源。

一九六〇年八月，阿拉伯產油國終於下定決心，因為紐澤西州標準石油重蹈英國石油的覆轍，單方面將公告油價調降百分之七。這項舉動惹惱了產油國，就連態度最謹慎的國家也深信，除非產油國控制自己的石油資源，否則阿拉伯人將永遠受制於石油公司。圖萊基前往伊拉克，建議與委內瑞拉達成共識，共同對抗石油公司。沙烏地石油大臣主張成立全球性的卡特爾，保護產油國的權利不受石油公司的獨斷行動侵害。時任伊拉克財政部長的穆罕默德·哈迪德回憶圖萊基來訪時表示：「伊拉克政府歡迎這項提案，並且在巴格達召開產油國會議，各國在會中同意成立組織。」一九六〇年九月十四日，伊朗、伊拉克、科威特、沙烏地阿拉伯與委內瑞拉宣布成立石油輸出國組織（ＯＰＥＣ）。[4]

一九六〇年，北非出現兩個新阿拉伯產油國。阿爾及利亞與利比亞開採的石油分別於一九五六年與一九五九年達到商業貿易規模。較晚成為產油國的優勢在於北非國家可以學習其他波斯灣阿拉伯產油國的經驗，訂定最佳的探勘與出口石油產品的條件。

利比亞首次發現石油時還是個貧困未開發的王國。利比亞被義大利殖民統治到一九四三年，之後因為盟軍占領義大利而轉由英法兩國共管。的黎波里塔尼亞、昔蘭尼加與費贊三個地區合併為利比亞聯合王國，並且在一九五一年獲得獨立。為了答謝強大的薩努西教團領袖薩伊德．穆罕默德．伊德里斯．薩努西（一八八九～一九八三年）在二次大戰期間對抗軸心國，英國給予他利比亞王位。他成為利比亞國王伊德里斯一世，從一九五一年到一九六九年在位期間他親眼看到自己的國家因發現石油而從貧困走向富有。

早在尚未發現石油的探勘階段，利比亞人已經盡可能努力運用他們的石油資源。其他阿拉伯國家將廣大土地的特許給予大石油公司，但伊德里斯國王的政府不這麼做，他們把目標探勘區分割成無數小特許，然後將這些小特許給予個別石油公司。利比亞人認為，獨立公司擁有的其他油源較少，會比在世界各地擁有油源的大公司有較強的誘因在利比亞找出石油並且將石油運往市場。他們的策略成功了。一九六五年，離發現石油才六年的時間，利比亞已經成為蘇聯以外第六大石油出口國，占世界石油出口十分之一。一九六九年，利比亞石油出口已與沙烏地阿拉伯不相上下。[5]

雖然伊德里斯國王治下的利比亞邁向繁榮，但他卻被國內人士抨擊是保守的親西方國王。利比亞軍中一群阿拉伯民族主義軍官以年輕上尉格達費（生於一九四二年）為首，認為國王是英國派來的間諜。他們相信必須推翻國王才能讓利比亞完全獨立，不受外國宰制。一九六九年九月一日清晨，他們發動不流血政變推翻君主制，並且以醫治身體為由將年邁的國王送出國。

早上六點半首度對利比亞全國人民廣播的公報中，格達費宣稱君主制已經廢除，利比亞阿拉伯共和國成立。「利比亞人民！武裝部隊已經推翻令我們作嘔與恐懼的腐敗政權。」他的訊息充滿歷史暗示。

「先是土耳其的支配，而後是義大利的統治，接著是這個反動而腐敗的政權，它是勒索、派系、變節、通敵的溫床，軍隊的一擊，照亮了漫漫長夜。」他向利比亞人民承諾，他將帶來新的時代，「所有人將獲得自由，社會裡的人皆是兄弟，在真主協助下，繁榮與平等將統治全體民眾。」[6]

利比亞的新統治者是納瑟爾的忠誠崇拜者。格達費掌握利比亞的領導權之後隨即晉陞為上校（這是納瑟爾在一九五二年埃及革命時的軍階），然後依循埃及模式成立革命指導會議，監督新利比亞共和國政府。格達費在政變後對海卡爾說道：「告訴納瑟爾總統，我們為他發動這場革命。」[7]

納瑟爾於一九七〇年九月去世，格達費宣稱自己是納瑟爾的意識形態繼承者。因此，反帝國主義與追求阿拉伯統一就成為利比亞外交政策的目標。新成立的利比亞政府推廣阿拉伯語文（外國街道名稱以阿拉伯文拼寫）、恪守伊斯蘭教教義（禁止飲酒、關閉教堂），推動經濟「利比亞化」，也就是以利比亞人民名義沒收外國人資產。英美的軍事基地關閉，所有外國部隊驅逐出境。新利比亞政權以同樣精神看待西方石油公司，認為他們控制石油生產與行銷對利比亞主權與獨立構成最大威脅。

格達費上校向阿拉伯民族主義石油專家圖萊基尋求石油政策建議，圖萊基在一九六二年費薩爾繼任沙烏地王位後失去石油大臣職位，原職改由聰敏的新技術官僚艾哈邁德・扎基・雅瑪尼接任。圖萊基曾於一九六七年表示，「唯有以石油做為主要收入來源的產油國才有權利為他們的主要天然資源訂定公平價格」，這與格達費決心打破石油公司控制阿拉伯產油國的想法不謀而合。[8]一九七〇年，格達費實施一連串政策，主張利比亞對石油收入有完全的主權——這一切都以犧牲石油公司的利益為代價。

一九七〇年一月，格達費召集利比亞二十一家石油公司首腦開會，準備重新協商契約內容。西方石油公司人員不安地坐在椅子上。他們仍然與利比亞的新軍事強人達成協議。管理人員宣稱拒絕改變在利比亞的做法。格達費批評這些石油公司人員而且清楚表明他寧可削減石油產量也不願讓西方公司剝削國家。他警告說：「人類不用石油也過了五千年，為了獲得正當權力，利比亞人當然可以過幾年沒有石油的日子。」在格達費兇惡的眼神下，西方石油人員感到坐立不安。[9]

格達費決定強行實施這個議題並且將自己擬定的價格強加在石油公司上。同年四月，利比亞政府要求史無前例的漲幅，希望每桶油價調漲兩成（零點四三美元），而當時的原油價格是每桶二點二美元。石油大廠埃索（埃克森的歐洲分公司）只願意調漲五美分，而且堅持不讓。埃索與埃克森還有其他的油源，因此無視格達費的威脅。

利比亞人轉而朝較小的獨立公司下手。利比亞石油專家阿里．阿提加回憶說：「利比亞政府懂得利用——而且利用得非常好——獨立公司來調漲油價。」利比亞人謹慎選擇他們的目標。西方石油原本沒沒無聞，卻因為在利比亞沙漠發現石油而成為西方數一數二的大公司。西方石油唯一的問題是在利比亞之外毫無油源，因此只能仰賴利比亞油田來滿足契約需求。利比亞人要求西方石油大幅削減石油產量。當利比亞政府加諸的限制開始生效，西方石油努力尋找其他油源以實現對歐洲客戶的承諾。然而大型石油公司都不願對這個脆弱的獨立公司伸出援手，西方石油的日產量於是在利比亞當局限制下由八十四萬五千桶降到四十六萬五千桶。其他石油公司也遭到削減，但沒有任何公司受創如西方石油如此之深。阿提加表示，「生產的削減造成兩種結果。它使獨立公司接受價格上漲，因為獨立公司沒有其他供應源滿足契約內容，因此從一開始就造成石油供應短缺」，這對油價形成上漲壓力。[10]

利比亞的策略完全成功，格達費這個新政權可以宣稱對石油公司取得勝利。最後，西方石油董事長阿曼德．哈默在一九七〇年九月締結的里程碑交易中被迫接受利比亞的條件。西方石油同意調高利比亞公告油價，調幅是史無前例的三十美分，達到每桶二點五三美元。更重要的是西方石油同意將過半利潤給予利比亞，打破了維持二十年的均分模式。引進的新比例由產油國獲得百分之五十五的利潤，石油公司只取得百分之四十五。這是石油史上第一次，產油國獲得過半數的石油收入。

西方石油的先例適用於所有在利比亞開採石油的公司，而利比亞的先例也被伊朗與其他阿拉伯產油國遵循。一九七一年二月，伊朗、伊拉克與沙烏地阿拉伯簽署德黑蘭協定，主張產油國應取得最低百分之五十五的利潤並且將公告油價再調高零點三五美元。在德黑蘭協定之後，利比亞人與阿爾及利亞人也緊接著進行協商，於一九七一年四月將地中海油價再調高零點九美元。這些協定建立了兩個趨勢：產油國定期調高公告油價與定期調降石油公司利潤份額。這是西方石油大亨時代的終結與阿拉伯石油謝赫時代的開始。

一九七一年是海灣國家最終脫離英國保護邁向完全獨立的一年。停戰諸國在去殖民化與阿拉伯民族主義的騷動時期一直與英國維持特殊的條約關係。巴林與卡達的獨立以及阿拉伯聯合大公國的建立代表大英帝國在中東的終結，大英帝國在波斯灣的統治始於一八二〇年，在維持一個半世紀之後終於結束。

波斯灣謝赫國實際上並非英國殖民地，而是獨立的迷你國家，這些國家與英國的關係受十九世紀條約約束。謝赫國對外關係由英國控制，以換取英國保護不受外來威脅——這些威脅主要來自鄂圖曼帝國，鄂圖曼帝國在十九世紀末企圖將影響力延伸到阿拉伯海灣國家。

一九六八年，還有九個海灣國家受英國保護：從一九四六年起成為英國駐波斯灣政治中心的巴林，此外還有卡達、阿布達比、杜拜、沙迦、拉斯海瑪、烏姆蓋萬、富傑拉與阿吉曼。英國利用在波斯灣的特殊地位為英國公司爭取價值連城的石油特許，特別是在阿布達比與杜拜，並且在全球地位衰退的狀況下仍能在當地施展影響力。海灣國家統治者非常滿意這樣的安排，這使他們以迷你國家的位階能與周圍的強鄰相抗，這些國家如沙烏地阿拉伯與伊朗一直對於他們蘊含豐富石油的土地存有覬覦之心。

開啟波斯灣去殖民化程序的不是停戰諸國的謝赫，而是英國人自己。一九六八年一月，哈羅德·威爾遜的工黨政府宣布將在一九七一年年底完全撤出蘇伊士以東地區，此舉讓海灣國家統治者猝不及防。英國決定撤出波斯灣地區是國內經濟問題造成的。一九六七年十一月，威爾遜為了解決貿易與收支赤字不得不讓英鎊貶值。一旦施行這類撙節政策，政府就沒有理由繼續維持英國在波斯灣的軍事基地。這些經濟憂慮又因為執政工黨的文化而雪上加霜，工黨在英國撤離印度的二十年後，已公開表示不願維持帝國的做法。

謝赫的第一個反應是不讓英國人離去，或者更精確的說法是，他們反對英國人不履行條約義務，亦即保護該地區不受外來侵略。謝赫的確有理由感到憂慮。在此之前沙烏地阿拉伯已經主張擁有石油產量豐富的阿布達比絕大部分地區，而伊朗則宣稱對島國巴林以及一些擁有大型離岸油田的小島具有主權。往後三年，英國運用外交手腕解決各方對海灣地區的領土主張，鼓勵停戰諸國結成聯邦以取得關鍵的領土規模，如此才能在凶險的波斯灣水域生存。

一九七〇年，伊朗國王放棄對巴林擁有主權。巴林統治者伊薩·賓·薩勒曼謝赫退出與其他停戰諸國共建聯邦的討論，於一九七一年八月十四日宣布獨立。半島國家卡達是巴林的鄰邦與宿敵，也緊跟在後於一九七一年九月三日宣布獨立。剩餘的七個國家雖然存有很大的歧見，但這些歧見並非不可克服，隨著英國撤軍期限逼近，六國於一九七一年十一月二十五日達成協議，組成阿拉伯大公國聯邦（日後改為阿拉伯聯合大公國）。

唯一未加入的國家是拉斯海瑪，它為了抗議伊朗占領大小通布島而拒絕加入聯邦。拉斯海瑪希望英國能履行責任，維持對這些爭議島嶼的主權。但英國認為，要維持海灣國家的領土完整需要伊朗的善意，英國希望以拉斯海瑪的兩處小群島為代價，換取聯邦獨立。英國人協調沙迦與伊朗就另一個爭議島嶼阿布穆薩島進行分割，並且將這項讓步視為必要之惡，認為此舉可以阻止國王做出更糟糕的舉動。最後，拉斯海瑪加入了阿拉伯聯合大公國，阿拉伯聯合大公國於一九七一年十二月六日加入阿拉伯聯盟，於十二月九日加入聯合國。

諷刺的是，英國撤離海灣地區反而使英國與最致力追求阿拉伯民族主義與反帝國主義的兩個阿拉伯國家關係緊張。伊拉克為了抗議英國接受伊朗占領阿拉伯領土——阿布穆薩島與通布島——而與英國斷交。利比亞則進一步在十二月七日將英國的石油利益國有化，以懲罰英國將阿拉伯土地交由伊朗統治。西方對阿拉伯石油的依存日增，使西方很容易受到這類懲罰行動的傷害，而阿拉伯人也開始把石油視為獲取政治目的的武器。不久之後，阿拉伯世界便在與以色列及其西方盟邦的衝突中開始考慮部署石油武器。

格達費上校的石油顧問圖萊基早已看出石油在重塑地緣政治上極為有用。一九六七年六月戰爭後過了幾個月，圖萊基與貝魯特的巴解研究中心發表一篇論文，他在文中把阿拉伯石油視為「戰爭武器」。圖萊基主張對石油進行戰略部署來對抗以色列的盟友，並且認為這麼做是合理的，「大家都同意每個國家有權使用一切可能的手段向敵人施壓，而阿拉伯國家剛好擁有一件最強大的經濟武器來對付敵人」。圖萊基宣稱，阿拉伯人擁有的世界已知石油資源不少於百分之五十八點五，而工業世界愈來愈仰賴阿拉伯世界供應能源。在美國、英國、德國、義大利與荷蘭支持阿拉伯人的敵人的狀況下，阿拉伯人為什麼還要繼續供應石油給西方？圖拉基的結論是：「阿拉伯人要求使用石油武器，而每個政府都有責任滿足人民的期望。」[11]

把石油當武器，這種事說的比做的容易。圖萊基比絕大多數人清楚，石油武器在一九六七年六月戰爭中有多麼無用。阿拉伯各國石油部長在六月六日，也就是戰爭爆發當天聚集開會，同意對支持以色列的美國、英國與西德禁運石油。不到四十八小時，沙烏地阿拉伯與利比亞完全停產石油。阿拉伯產出減少六成，對西方市場造成巨大壓力。

然而工業世界卻抵擋住石油武器的首次攻擊。一旦石油進入國際市場，要追蹤石油的路徑幾乎不可能，被禁運的國家可以規避直接販售石油的禁令，轉而透過不受禁運影響的中間國家購買石油。美國與其他非阿拉伯產油國擴大生產彌補缺口，日本部署了巨大的新「超級油輪」船隊將石油運往全球市場。不到一個月，工業國家重新回到供給充足的狀態，阿拉伯產油國的行動失敗而且損失大量收益。一九六七年八月底，戰敗的阿拉伯國家——埃及、敘利亞與約旦——要求他們的產油弟兄重啟生產以協助他們承受戰後重建的可怕負擔。

石油武器不僅證明在一九六七年戰爭中毫無效果，而且在戰後很長一段時間持續損害阿拉伯經濟。阿拉伯石油重返國際市場造成供過於求，油價因而下跌。石油武器產生了反效果，阿拉伯國家蒙受的損失反而遠大於以色列及其西方支持者。但在一九六七年戰敗後，大家對於阿拉伯軍隊缺乏信心，因此仍然認為阿拉伯世界仰賴經濟而非軍事手段更有可能實現反以色列的目標。

一九六七年後的不安對埃及的影響更甚於其他阿拉伯國家。軍隊的慘敗與整個西奈半島的喪失，加上戰後經濟的影響，使埃及面臨龐大的戰後重建費用。蘇伊士運河的封閉與觀光業的崩潰也讓埃及失去兩項最重要的外來收入，埃及的處境因此更加惡化。

與以色列建國後的任何時期相比，一九六七年的戰爭使阿以和談的可能性變得更微乎其微。國際間努力想讓埃及與以色列上談判桌，但敵對的兩國採取的立場卻讓談判難以進行：以色列想以整個西奈半島做為談判籌碼，逼迫埃及締結全面和約，埃及政府則要求先歸還西奈半島，否則絕不進行和談。

對埃及而言，以色列留在西奈半島的時間愈久，國際社會就愈有可能接受以色列占領埃及領土的事實。埃及總統納瑟爾決心阻止以色列人把蘇伊士運河變成兩國的既成國界，於是向以色列不宣而戰，進行一場從一九六九年三月持續到一九七〇年八月的「消耗戰爭」。埃及人使用突擊隊、重砲與空襲來消耗以色列位於蘇伊士運河沿岸據點的兵力。以色列在運河沿岸興建一連串要塞進行反制，並且以現役參謀長哈伊姆．巴列夫將軍之名命名為巴列夫防線，然後深入埃及內陸進行空襲。

消耗戰爭期間，以色列人證明他們的軍隊仍對埃及人具有優勢。埃及人沒有有效的空防，只能任由以色列空軍隨意轟炸開羅市郊與尼羅河三角洲。埃及的阿卜杜．加尼．加瑪希將軍表示：「以色列的目標是要讓埃及民眾遭受沉重的心理壓力，凸顯出埃及領袖的軟弱無能，迫使埃及停止進行消耗戰爭。空襲隱含的訊息是，既然埃及軍隊無法體會繼續戰鬥是無濟於事，那麼空襲或許可以讓埃及民眾直接感受這一點。」[12]

雖然以色列的空襲未能使埃及民眾反對自己的政府，但消耗戰爭對埃及的傷害卻遠大於以色列。納瑟爾逐漸願意接受美國的調停，一九七〇年八月，他同意與以色列停火，這是美國國務卿威廉・羅傑斯原已胎死腹中的和平計畫的一部分。次月，納瑟爾去世，留下待解的以埃僵局。

納瑟爾的繼任者是副總統沙達特。雖然沙達特是自由軍官團運動的創始者之一、參與過一九五二年革命而且是革命指導會議的最初成員，但在國內外似乎很少有人聽過他的名字。他缺乏納瑟爾的領袖氣質與群眾魅力，如果他想繼續掌握權力，他必須有所表現才行。

繼任的沙達特面臨一個不利的國際環境。尼克森政府對埃及的盟友蘇聯推動緩和政策。隨著超級強權關係不再緊繃，阿以衝突這種地區性爭議也不再是莫斯科與華府最關心的問題。蘇聯人與美國人希望接受現狀，在阿以之間追求「不戰不和」的政策，直到兩國提出解決雙方歧見的務實做法為止。沙達特知道現狀對以色列有利。隨著時間一年年過去，國際社會將逐漸接受一九六七年以色列占領阿拉伯領土的現實。

為了打破僵局，沙達特必須率先採取行動。他必須迫使美國人再次介入阿以衝突，要求蘇聯人提供高科技武器給埃及軍方，並且讓以色列人相信埃及確實準備要收復西奈半島。為了實現他的目標，沙達特必須開戰——一場節制但足以實現特定政治目標的戰爭。

沙達特發動戰爭的第一步是在一九七二年七月將二萬一千名蘇聯軍事顧問逐出埃及。這個反常的舉動，目的是為了迫使美蘇重新介入阿以衝突。美國人開始懷疑埃及與蘇聯的關係是不是出了問題，並且評估爭取這個最強大的阿拉伯國家加入西方陣營的可能。埃及可能加入西方陣營的威脅使蘇聯收起對盟邦傲慢自滿的態度。六日戰爭與消耗戰爭後的數年間，沙達特不斷要求蘇聯領導人重新裝備遭受重創的埃及軍隊。但莫斯科總是支吾其詞，拖延運送武器，遲遲不給予能和美國提供給以色列的高科技武器抗衡的精良裝備。沙達特雖然驅逐蘇聯軍事顧問，卻仍謹慎未與蘇聯斷絕關係。沙達特維持與蘇聯的友好條約，繼續延長蘇聯軍隊使用埃及基地的權利，藉此表示兩國的同盟關係不變。沙達特的策略證明極為成功：從一九七二年十二月到一九七三年六月，蘇聯出口給埃及的先進武器數量竟超過前兩年的總和。

沙達特接下來的目標是讓軍隊進行戰爭準備。一九七二年十月二十四日，沙達特在家中與埃及軍事長官會商，他把對以色列開戰的決定告訴他們。他警告這些軍事高層：「我不是在徵詢你們的意見。」將領們感到吃驚。他們相信以色列對戰爭的準備一定比阿拉伯國家來得充分。埃及完全仰賴蘇聯供應先進武器，而在阿以衝突中，蘇聯對盟邦的供應仍然遠不及美國。對將領來說，此時不是討論戰爭的適當時機。與會的加瑪希將軍描述開會的氣氛「極為火爆緊張」，沙達特對於將領們的反對感到憤怒。「會議結束時，沙達特總統顯然對於所有的一切感到不滿——無論是報告、意見還是預測。」[13]但他也不願收回成命。會後，沙達特改組軍方高層，解除心存疑慮者的職務。加瑪希將軍被任命為軍事行動的統帥，負責籌畫這場戰爭。

加瑪希將軍決心不重蹈六日戰爭的覆轍。他自身的經驗告訴他，一九六七年埃及完全是在未做好準備下應戰，而阿拉伯軍隊則是彼此間未能進行協調。對埃及戰爭計畫者來說，第一步是與敘利亞約定雙方同時攻擊以色列。與埃及人想收復西奈半島一樣，敘利亞人也決心收復他們的失土戈蘭高地，一九七三年一月，敘利亞人與埃及人締結祕密協定，統一兩國的軍事指揮權。

第二步，計畫者必須決定哪一天開戰才能對以色列造成最意想不到的突襲。加瑪希與同僚翻查曆書，找到最能理想跨越蘇伊士運河的月夜與潮汐條件。他們考慮猶太人的宗教節日與政治行事曆，找到一個以色列軍民最可能疏於防備的時間。「我們發現贖罪日落在星期六，更重要的是，一年之中只有這天以色列的廣播與電視因為宗教戒律與節日傳統而停播。換句話說，以色列無法利用大眾媒體快速召集後備部隊。」[14]考量所有因素後，加瑪希與其他軍官建議於一九七三年十月六日採取行動。

正當加瑪希將軍讓埃及軍隊做好開戰準備的同時，沙達特前往利雅德說服沙烏地阿拉伯部署一件完全不同的武器：石油。一九七三年八月下旬，沙達特祕密訪問沙烏地阿拉伯向費薩爾國王簡報他的祕密戰爭計畫，並且尋求沙烏地阿拉伯的支持與合作。沙達特需要能說服對方的理由，因為自從一九六七年災難性的經驗之後，沙烏地人就一直反對阿拉伯部署石油武器的要求。

沙達特的運氣不錯，一九七三年時世界對阿拉伯石油的依賴遠高於一九六七年。美國石油產量於一九七〇年達到高峰，之後便逐年下降。沙烏地阿拉伯已經取代德州成為石油產量的調節者，可以輕易藉由增產來彌補全球石油供給的缺口。結果，美國與其他工業強權變得更容易受到石油武器的傷害。阿拉伯分析師估計，一九七三年，美國從阿拉伯世界輸入的石油占國內用油量百分之二十八，日本是百分之四十四，歐洲各國達到百分之七十到七十五。[15]沙烏地國王是個熱忱的阿拉伯民族主義分子，他相信沙烏地阿拉伯可以有效運用石油資源，於是承諾沙達特，如果埃及對以色列開戰，他會支持埃及。據說費薩爾對沙達特表示：「但是要給我們時間。我們不想在一場只維持兩三天然後就停止的戰爭使用石油武器。我們希望看到一場持久到足以動搖世界輿論的戰爭。」[16]戰爭結束，就沒有部署武器的必要，這是沙烏地人從一九六七年學到的教訓。沙烏地國王想確定下一場戰爭能持續到石油武器產生效果為止。

一九七三年十月六日星期六下午兩點多，戰爭爆發，敘利亞與埃及軍隊同時從南北兩方攻擊以色列。儘管埃及盡可能保密，以色列情報單位還是察覺攻擊即將發生，不過他們以為這是一場直到日落時分的有限攻擊。但這場以色列軍隊首次面臨的突襲將是完整動員的兩面作戰。

在猛烈砲擊下——加瑪希宣稱埃及在開戰的幾分鐘內發射了一萬發以上的砲彈——埃及突擊隊員搭乘小艇一波波渡過蘇伊士運河，一邊高喊「真主至大」，一邊猛攻巴列夫防線的沙土要塞。埃及軍隊只遭受輕微傷亡就攻破一般認為牢不可破的以色列據點。記者海卡爾回憶說：「二點五分，第一份戰報開始傳回十號中心（中央指揮部）。總統沙達特與（總司令）艾哈邁德．易司馬儀聽了之後感到震驚。他們好像在觀看一場訓練演習：『任務完成……任務完成。』事情順利得令人不敢相信。」17

當巴列夫要塞的以色列士兵以及正在遵守贖罪日戒律的守軍響起警報並且宣布面對敵軍優勢兵力據點難以防守時，以色列指揮官同樣感到無法置信。敘利亞坦克穿過以色列據點深入戈蘭高地。埃及與敘利亞空軍深入以色列內部攻擊重要軍事據點。

當以色列空軍匆忙升空，戰機卻在抵達前線時遭蘇聯製SA－6飛彈攔截。以色列不再像一九六七年戰爭那樣擁有空中優勢，開戰後幾個小時內，以色列在埃及前線上空失去二十七架戰機，以色列於是被迫將戰機活動範圍限制在運河區後方的二十四公里處。以色列派出坦克前去解救巴列夫防線的守軍，卻遭遇類似的震撼，他們碰上配備蘇聯線導向反坦克飛彈的埃及步兵，數十輛以色列裝甲車遭到擊毀。

在以色列陸空軍遭到箝制下，埃及軍事工程師設置高壓水泵，以水柱沖垮巴列夫防線的沙土要塞，讓埃及軍隊突破以色列防線進入西奈半島。運河上搭起浮橋供埃及軍隊與裝甲車輛跨越到東岸的西奈。

開戰後第一天，已經有八萬名埃及士兵穿過巴列夫防線，深入西奈半島四公里（約二點五英里）。

在北部戰線，敘利亞部隊突破以色列位於戈蘭高地的防線，有計畫地攻向提比里亞湖，重創以色列坦克部隊與空軍。開戰後幾個小時，憑藉突襲的優勢，主動權完全掌握在埃及與敘利亞手中，以色列人只能慌忙因應這場建國以來最大的威脅。

以色列軍隊重新集結並且發動攻勢。在四十八小時內，召集並且部署後備軍人，堅守西奈半島上的據點，然後集中全力攻擊戈蘭高地，希望先擊敗敘利亞，再回頭對付數量較龐大的埃及陸軍。為了反制，伊拉克、沙烏地與約旦步兵與裝甲部隊被派往敘利亞戈蘭高地抵抗以色列的反擊。以色列與阿拉伯各國在這場阿以衝突以來最猛烈的戰鬥中遭受嚴重傷亡，儲備的武器彈藥也消耗殆盡。

開戰後一個星期，雙方都需要重新補給。[18]十月十日，蘇聯開始空運武器給敘利亞與埃及，十月十四日，美國也祕密空運武器軍火給以色列。在裝備了新型美式坦克與火砲之後，以色列成功反擊，到了十月十六日，以色列已經擊潰敘利亞戰線，並且在蘇伊士運河西岸包圍了埃及部隊。隨著以色列軍隊鞏固對阿拉伯對手的優勢，軍事情勢也在雙方持續消耗下陷入僵局。

就在此時，阿拉伯國家決定部署石油武器。十月十六日，阿拉伯各國石油部長聚集於科威特。他們因為埃及與敘利亞在戰爭之初取得勝利而產生新的自信與自豪。產油國領袖也因為工業世界仰賴他們的石油而受到激勵。這表示一旦阿拉伯人調漲油價，就能對支持以色列的工業國家施予立即懲罰。

在科威特開會第一天，阿拉伯各國石油部長不預先告知已無力量的西方石油公司，甚至連通電話也不打，就直接將油價調漲百分之十七。「我等這一刻已經很久了，」沙烏地石油大臣艾哈邁德．扎基．雅瑪尼謝赫對代表們說道：「這個時刻終於來了。我們是我們自己商品的主人。」[19]油價調漲立即衝擊石油市場，引發廣泛恐慌。開會第一天結束時，石油商已經將每桶公告油價調漲到五點一一美元，比一九七三年六月的二點九〇美元增加七成以上。

油價飆升只是引起世界關注的第一步。第二天，阿拉伯各國石油部長發表公報，宣布一連串減產與禁運措施，迫使工業強權修改對阿以衝突的政策。「所有阿拉伯石油出口國必須立刻以九月石油生產量為基準減少至少百分之五的產量，之後每月維持相同比率減產，直到以色列軍隊完全撤離一九六七年六月戰爭期間占領的所有阿拉伯領土以及巴勒斯坦人的正當權利獲得恢復為止。」[20]

阿拉伯各國石油部長向友好國家保證，他們不會受這些措施影響。石油部長解釋說，只有「證明向以色列敵人提供士氣與物質援助的國家，才會遭受嚴厲而累進的阿拉伯石油減少或甚至完全停止供應」。美國與荷蘭由於與以色列的傳統友誼，因此受到完全禁運的威脅，「直到美國、荷蘭或其他主動支持以色列侵略者的政府改變立場並且轉而支持世界各國的共識，終止以色列占領阿拉伯土地與完全恢復巴勒斯坦人的正當權利為止。」

阿拉伯國家證明他們在戰場與石油市場上的實力後便開啟外交管道。就在阿拉伯產油國發表公報的同一天，沙烏地阿拉伯、科威特、摩洛哥與阿爾及利亞外交部長在白宮與美國總統尼克森及國務卿季辛吉會面。阿拉伯部長發現美國政府願意遵守聯合國安理會第二四二號決議，也就是要求以色列撤出一九六七年六月占領的阿拉伯領土以換取阿以和平。阿爾及利亞外交部長首先詢問為什麼決議一直未獲履行。「季辛吉很坦白地說，原因出在以色列具有完全的軍事優勢。他又說，再加上弱者不願意協商。阿拉伯人一直很弱，但現在他們變強了。阿拉伯人取得任何人包括他們自己都不敢相信的成果。」[21]對阿拉伯人，美國人似乎只知道武裝實力。

尼克森政府發現自己處於一個極為困難的立場。美國希望不犧牲以色列的安全來安撫阿拉伯世界。

這種思維無法光從美國忠於猶太國來解釋。從冷戰角度來看，美國人決心要讓裝備美式武器的以色列勝過裝備蘇聯武器的阿拉伯人。當以色列因武器不足轉而向美國提出緊急要求時，尼克森總統馬上在十月十八日通過立法，提供猶太國價值二十二億美元的武器。

美國公然支持以色列進行戰爭惹惱了阿拉伯世界。阿拉伯產油國一個接一個對美國實施石油禁運。阿拉伯石油產出減少了百分之二十五，油價飆漲，到了一九七三年十二月達到每桶最高價十一點六五美元。六個月的時間，油價增加為原來的四倍，不僅攪亂了西方經濟，也傷害了消費者。當石油儲備逐漸減少，用路人開始面臨加油站的大排長龍與稀少油源的配給。

西方政府承受民眾要求終止石油禁運的巨大壓力，而解決石油危機的唯一辦法就是解決阿以衝突。沙達特已經完成他的戰略目標，迫使美國重新介入地區外交。由於埃及軍隊仍然占領蘇伊士運河東岸，因此國際社會不存在接受蘇伊士運河是以埃兩國既成疆界的問題。埃及領導人正等待適當時機結束這場戰爭並且鞏固到手的果實。

戰爭持續愈久，對沙達特的軍事處境愈不利。到了十月第三個星期，以色列已經採取攻勢，兵鋒深入阿拉伯領土，離開羅不到一百公里，離大馬士革更只有三十多公里。這些戰果是用巨大代價換來的，以色列死亡二千八百人，受傷八千八百人——相對於以色列人口，這個傷亡比例已高於八千五百名阿拉伯人戰死與將近二萬名阿拉伯人受傷。[22]

以色列的反擊使超級強權的關係再度緊繃。當以色列威脅圍困蘇伊士運河西岸的埃及第三軍團時，蘇聯總理列昂尼德．布里茲涅夫寫了一封信給美國總統尼克森，希望雙方共同在外交上採取行動。布里茲涅夫警告說，如果美國不願合作，那麼蘇聯可能被迫單方面介入以保護盟友埃及。由於紅軍與蘇聯海軍進入警戒狀態，美國情報單位擔心蘇聯可能對衝突區進行核子威懾。美國安全官員的反應是讓美軍進入古巴飛彈危機以來首次的高度核子警戒狀態。經過數小時劍拔弩張的狀態，兩大超級強權同意合作尋求外交手段結束十月戰爭。

埃及與以色列也急於結束這場傷亡慘重的武裝衝突。經過十六天的激戰，雙方已經準備好放下武器，十月二十二日，在聯合國安理會協調下，雙方進行協商。同一天，安理會通過第三三八號決議，再次確認之前第二四二號決議要求召開和平會議與透過土地換取和平解決阿以歧見。十二月，聯合國在日內瓦召開國際會議，試圖解決以色列於一九六七年占領的阿拉伯領土爭議，做為公平與永久解決阿以衝突的第一步。

一九七三年十二月二十一日，聯合國祕書長寇特．華德翰召開會議。在美蘇支持下，以色列、埃及與約旦派代表出席這次會議。敘利亞總統哈菲茲．阿薩德因為大會無法保證能歸還所有領土給阿拉伯國家，因此拒絕出席。會中也沒有巴勒斯坦代表。以色列否決不讓巴解組織參加，而約旦也不希望出現另一個對手爭搶被占領的西岸代表權。

日內瓦會議最後未能達成結論。阿拉伯代表在會前並未做好協調工作，他們在會上的發言充分顯示阿拉伯內部的不合。埃及主張約旦河西岸是巴勒斯坦領土，這與約旦的協商立場相左。約旦認為埃及是為了約旦未參與一九七三年戰爭而有意刁難。約旦外交大臣薩米爾．里法伊要求以色列從所有占領的阿拉伯領土撤離，包括東耶路撒冷。以色列外交部長阿巴．埃班堅持以色列不會回到一九六七年疆界，並且宣稱耶路撒冷是以色列不可分割的首都。會議唯一重要的成果是以埃共組軍事工作小組，負責協商西奈半島的以埃兩軍停戰。

會議失敗後，美國國務卿季辛吉密集穿梭各國進行外交斡旋，試圖促成以色列與阿拉伯鄰邦簽訂停火協議。一九七四年一月十八日，以埃簽訂停火協議，一九七四年五月，以敘也同意停火。根據協議，埃及收回蘇伊士運河東岸，但以埃在西奈半島上的國界設有聯合國控制的緩衝區。敘利亞也收回一九六七年六月喪失的部分戈蘭高地，聯合國同樣在戈蘭高地的以敘邊界劃定緩衝區。隨著戰爭結束而外交談判全面展開，阿拉伯產油國宣布目標達成，並於一九七四年三月十八日解除石油禁運。

然而並不是所有阿拉伯分析家都認為一九七三年事件是一場全面勝利。海卡爾認為埃及與阿拉伯產油國不僅讓步太多，也讓步太早。石油禁運是為了實現特定的政治目標，也就是要求以色列完全撤出一九六七年六月占領的所有阿拉伯領土，但阿拉伯各國卻在目標未完全實現之前就解除禁運。海卡爾的結論是：「唯一的好處是，世人看到阿拉伯人能夠團結一致集體行動，而且懂得以石油做為政治武器，儘管方式笨拙。」[23]

儘管如此，阿拉伯世界在一九七三年確實獲得重大成果。阿拉伯國家的紀律嚴明與目標一致令國際社會刮目相看，也讓超級強權正視阿拉伯世界。從經濟層面來說，一九七三年事件使阿拉伯完全獨立於西方石油公司。雅瑪尼認為，阿拉伯產油國從此可以控制自己的商品，並且從石油危機中賺進大量財富。石油在一九七三年以前每桶價格不超過三美元，但在一九七〇年代大部分時間裡一直穩定維持在十一到十三美元之間。如果西方漫畫家把石油謝赫描繪成長著鷹鉤鼻利用石油來勒贖世界的貪婪者，那麼西方商人則是馬上聚集到這個看似擁有無盡資源的新興市場。即使是西方石油公司也從石油危機中獲取暴利，因為他們擁有的石油因為油價飆漲而增值。然而一九七三年十月事件也對決定西方公司與阿拉伯產油國關係的石油特許給予致命一擊。科威特與沙烏地阿拉伯追隨伊拉克與利比亞的腳步為國有石油產業收購西方石油公司資產，一九七六年，西方公司控制阿拉伯石油的時代終於落幕。

十月戰爭也是一場外交勝仗。沙達特成功運用戰爭打破與以色列的僵局。協調作戰的阿拉伯軍隊證明對以色列造成很大的威脅，而這場戰爭也讓美蘇之間的關係極度緊張。國際社會現在把解決阿以衝突視為首要之務，並且試圖透過外交手段以聯合國安理會第二四二號與第三三八號決議為基礎來加以處理。

沙達特一九七三年的大膽行動確保埃及的利益，但也讓巴勒斯坦建國運動陷入悲慘的險境。雖然聯合國決議支持中東地區所有國家領土完整，卻未提及沒有國家的巴勒斯坦人，只承諾「要公正解決難民問題」。巴勒斯坦解放組織做為巴勒斯坦人的流亡政府，此時面臨嚴峻的選擇：採取新的外交手段，還是眼睜睜看著約旦與埃及透過全面性的和約取得西岸與加薩走廊，巴勒斯坦人從此再也沒有希望獨立建國。

一架直升機急速劃破黎明前的陰暗，沿著東河飛往位於曼哈頓的聯合國總部。一九七四年十一月十三日清晨四點，直升機降落，焦急的安全人員急忙護送巴解主席阿拉法特進入聯合國大樓的安全套房。利用夜色在無預警下抵達，阿拉法特得以避免搭車穿過數千名抗議群眾的尷尬場面。同一天稍晚，群眾聚集在聯合國廣場抗議阿拉法特露面，他們手持抗議標語，上面寫著「巴解是國際殺人犯」與「聯合國成為恐怖主義論壇」。阿拉法特也因為可能遭受刺殺而受到保護。

阿拉法特訪問聯合國使巴勒斯坦這一年的政治活動來到高潮。蘇聯、東方集團國家、不結盟運動國家與阿拉伯世界共同推動邀請巴解主席到聯合國開啟「巴勒斯坦問題」辯論。這是阿拉法特向國際社會表達巴勒斯坦建國的機會。

阿拉法特訪問聯合國也使阿拉法特從游擊隊領袖轉變成政治家，但阿拉法特自己對於這項轉變並未做好準備。他曾問巴勒斯坦民族議會外交關係委員會主席哈立德·哈桑：「為什麼你不去？」哈桑立即拒絕這項建議，他堅持只有阿拉法特才能為巴勒斯坦建國運動發言。「你是我們的主席。你是我們的象徵。你是巴勒斯坦先生。沒有你就沒戲唱了。」[24]

但在一九七四年，這場戲卻出現戲劇性的變化。

十月戰爭後，游擊隊領袖阿拉法特做了戰略性的決定，他要放棄以往的武裝鬥爭與恐攻戰術，改以兩國方案解決以巴衝突。二十五年來，巴勒斯坦民族運動幾乎一致支持解放具歷史意義的全巴勒斯坦地區以及毀滅以色列國。十月戰爭後，阿拉法特認識到已經成立二十五年的猶太國是中東地區的軍事強權，除了獲得美國全力支持，也取得幾乎所有國際社會成員的承認。以色列會一直留在這裡。

在戰後外交中，阿拉法特正確預測到，阿拉伯鄰邦終將接受以色列存在的現實，並且在美蘇支持下根據第二四二號決議與以色列議和。巴勒斯坦人將被推到一旁。一九八〇年代，阿拉法特問一名英國記者：「第二四二號決議給了巴勒斯坦人什麼？給難民一些賠償，或許，我說只是或許，會有少數難民可以返回家鄉巴勒斯坦。其他呢？什麼都沒有。我們就這樣被打發了。我們巴勒斯坦人再度成為一個國家的可能性，甚至擁有一小塊自己的家園，這樣的機會也失去了。完了。以後不會再有巴勒斯坦人。故事終了。」[25]

阿拉法特的解決方式是建立一個領土包括加薩走廊與西岸的迷你小國。然而，即使阿拉法特想讓巴勒斯坦人建立一個迷你小國，眼前仍有一些障礙必須克服。

第一個障礙是巴勒斯坦輿論。阿拉法特知道他必須說服巴勒斯坦人放棄一九四八年喪失的百分之七十八的巴勒斯坦土地。阿拉法特解釋說：「當一個民族主張必須恢復百分之百的土地時，領導人實在很難告訴他們：『不，你們只能拿回三成。』」[26]

然而，就連阿拉法特主張的三成土地也未能獲得普遍認同。加薩走廊從一九四八年後就在埃及政府的掌握之中，一九六七年六月戰爭後被以色列占領，約旦河西岸則於一九五〇年被約旦哈希姆王朝正式併吞。埃及人無意合併加薩走廊，但約旦國王胡笙卻決心收復西岸與東耶路撒冷的阿拉伯區，耶路撒冷是伊斯蘭教的第三大聖城。阿拉法特必須從胡笙國王手中奪回西岸。

巴解組織裡的強硬派不願讓步承認以色列，這表示阿拉法特必須克服他們的反對才能主張兩國方案。解放巴勒斯坦民主陣線與解放巴勒斯坦人民陣線過去採取惡名昭彰的劫機行動導致一九七〇年約旦的黑色九月戰爭，這兩個團體依然主張以武裝鬥爭解放巴勒斯坦。如果阿拉法特公開向以色列妥協以換取巴勒斯坦有限的國家地位，好戰的巴勒斯坦派系很可能會要他的命。

最後，阿拉法特必須克服國際間對巴解組織及其領導人的厭惡。只摧毀飛機而不傷害人質的「人道」恐怖主義已經過去。到了一九七四年，巴解組織已經對歐洲與以色列平民犯下一連串令人髮指的罪行：一九六九年十一月，以色列航空雅典辦事處的攻擊事件造成一名孩童喪生與三十一人受傷；一九七二年二月，瑞士航空客機在半空中因炸彈引爆失事，機上四十七人全數罹難；以及臭名遠播的一九七二年慕尼黑奧運會攻擊事件，造成十一名以色列運動員死亡。以色列及其西方支持者視巴解為恐怖組織，拒絕與巴解領導人會面；阿拉法特必須讓西方決策者相信，巴解將放棄暴力，改以外交手段爭取巴勒斯坦自決。

一九七四年，阿拉法特為自己設定了難以達成的目標：讓巴勒斯坦人支持兩國方案，防堵巴解內部的強硬派，反駁胡笙國王對西岸的領土主張，以及獲得國際承認，這一切要在一年內完成實非易事。

面對既有的限制，阿拉法特必須謹慎行事，而且必須爭取群眾支持改變政策。他不能公開主張兩國方案，因為此舉意味著放棄武裝鬥爭，而武裝鬥爭卻受到巴勒斯坦人的廣泛支持。協商兩國方案表示在一定程度上承認以色列，然而絕大多數巴勒斯坦人都不承認以色列。阿拉法特於是換個方式，他發表一項新政策，首先發布於一九七四年二月的工作報告上，內容提到要從「猶太復國主義者奪來的土地上建立國家權威」。

其次，他的新政策必須獲得巴勒斯坦民族議會，也就是流亡國會的支持。一九七四年六月，巴勒斯坦民族議會在開羅召開，阿拉法特提出十點政綱，要求由巴解組織擔負起「國家權威」的角色。然而，為了獲得巴解強硬派支持，政綱再次肯定武裝鬥爭與民族自決權利，而且排除承認以色列的可能。巴勒斯坦民族議會採納阿拉法特的政綱，巴勒斯坦人知道改變已勢不可免。然而，其他各國仍視巴解為從事武裝鬥爭的游擊隊組織。

如果巴解想被承認為流亡政府，那麼它必須向國際社會展現出新面貌。一九七三年，阿拉法特任命薩依德·漢瑪米擔任巴解駐倫敦代表。漢瑪米出生於海岸城市雅法，一九四八年，他與家人被逐出巴勒斯坦，之後在敘利亞長大，並於大馬士革大學取得英國文學學位。漢瑪米既是忠實的巴勒斯坦民族主義分子，在政治上也是溫和派，他在倫敦與記者及決策者建立了良好關係。

一九七三年十一月，漢瑪米在倫敦《泰晤士報》發表文章，提出以兩國方案解決以巴衝突。他寫道：「許多巴勒斯坦人相信，加薩走廊與西岸的巴勒斯坦國……是和平方案的必要部分。」他是第一位提出這類提案的巴解代表。「對於一個遭受誤解的民族來說，這絕非易事，為了達成讓各方（包括以色列）滿意的和平方案，我們必須踏出和解的第一步。」《泰晤士報》主編在文章末尾做了注記，強調漢瑪米「與巴解主席阿拉法特先生關係十分密切」，因此漢瑪米公開做出這樣的陳述顯然「深富意義」。[27]透過他的倫敦代表，阿拉法特成功開啟了管道，不只通往西方，也通往以色列。

以色列記者與和平運動者烏里．阿布內里讀到漢瑪米的文章，內心為之一震。阿布內里在託管時期遷居巴勒斯坦，在一九三〇年代晚期加入伊爾貢，當時他還只是青少年。日後，對於那些批評他為巴勒斯坦「恐怖分子」說話的人，阿布內里索性要他們閉嘴，他說：「你們沒有資格跟我談恐怖主義，因為我曾經是恐怖分子。」阿布內里在一九四八年戰爭中負傷，然後以無黨無派的身分三次當選以色列議會議員。雖然阿布內里是個熱忱的猶太復國主義者，但早在阿拉伯世界支持兩國方案之前，他就已經贊成這個想法。比金曾在議會辯論時嘲弄阿布內里，他問道：「阿拉伯人阿布內里到哪兒去了？」[28]讀了漢瑪米的文章之後，阿布內里立即發現巴勒斯坦陣營有個與他意見相同的人。

一九七三年十二月，漢瑪米在《泰晤士報》上發表第二篇文章，這一次他要求以色列與巴勒斯坦相互承認。「以色列的猶太人與巴勒斯坦的阿拉伯人應該彼此承認對方是一個民族，因此享有一個民族應有的一切權利。巴勒斯坦獲得承認之後，接下來就是建國，並且成為聯合國獨立且擁有完整資格的成員。」[29]從第二篇文章中，阿布內里認為漢瑪米的觀點肯定反映出巴解內部政策有意識的變化。外交人員一次失言還能保住工作，但不斷犯錯絕對會捲鋪蓋走路。漢瑪米一定是在阿拉法特授意下提出以色列與巴勒斯坦相互承認的觀點。

阿布內里決定與漢瑪米接觸。一九七三年十二月，阿布內里參加日內瓦和平會議，他與《泰晤士報》的記者見面，並且要求安排讓他與這名巴解代表接觸。這次見面對兩人來說都有很大的風險。一九七〇年代初瀰漫著一股恐怖暴力氣氛，巴勒斯坦強硬派與以色列祕勤局都會主動暗殺敵方人員。漢瑪米與阿布內里願意冒險見面，因為他們相信兩國方案是和平解決阿以衝突的辦法。

一九七四年一月二十七日，兩人在阿布內里的倫敦飯店房間裡首次見面，漢瑪米提出他的觀點。阿布內里將這些觀點摘要如下：

> 存在巴勒斯坦人與以色列人兩個民族。
>
> 他不喜歡以色列人在巴勒斯坦建國。他反對猶太復國主義。但他接受以色列人建國的事實。既然以色列人已經建國，以色列人擁有民族自決權利，就像巴勒斯坦人擁有民族自決權利一樣。目前，唯一務實的做法是允許兩個民族各自擁有自己的國家。
>
> 他不喜歡拉賓，也了解以色列人沒有必要喜歡阿拉法特。每個民族都必須接受其他民族選擇的領袖。
>
> 我們必須談和，但不需要任何一個超級強權介入。和平必須由這個地區的人民自己決定。[30]

阿布內里向漢瑪米強調，以色列是猶太公民組成的民主國家，要改變以色列政府的政策，就必須改變以色列的輿論。他日後回憶自己對漢瑪米說道：「靠說話、聲明、外交詞令是不可能改變輿論的。要改變輿論只能靠戲劇性事件的衝擊，它可以直接訴諸每個人的內心，大家可以從電視看到、從廣播聽到、從報紙頭條看到發生的事件。」[31]

當時，無論是阿拉法特還是漢瑪米只能在西方報紙發表兩國方案，在贏取以色列輿論上完全無能為力。而就當時的氣氛來說，兩國方案代表的政策轉變，其激進程度連巴解領袖都不敢加以公開提倡。阿布內里與巴解倫敦代表的會面依然受到最嚴格的保密，但漢瑪米的溫和訊息無疑促成了阿拉法特受邀到聯合國演說。透過在《泰晤士報》發表的文章，漢瑪米向西方世界顯示，巴解已經準備好與以色列進行協商。阿拉法特的演說也許能帶來機會，產生阿布內里認為可以迫使以色列轉變的「戲劇性事件」。

阿拉法特在一九七四年獲得的第二項重大突破來自阿拉伯內部。在拉巴特阿拉伯領袖高峰會上，阿拉法特擊敗宿敵約旦國王胡笙，確保阿拉伯各國承認巴解是巴勒斯坦人唯一合法代表。一九七四年十月二十九日，阿拉伯各國領袖會議無異議支持巴解並且確認巴勒斯坦人有權在巴解領導下於「任何解放的巴勒斯坦土地」上建立「國家權威」。這項決議嚴重打擊胡笙國王代表巴勒斯坦人與約旦主權及於西岸的主張。阿拉法特離開拉巴特時，巴解做為流亡政府的地位已經大大鞏固。

拉巴特勝利的十五天後，阿拉法特抵達聯合國，爭取國際社會支持巴勒斯坦自決。麗娜．塔巴拉是黎巴嫩外交人員，有一半的巴勒斯坦血統，她擔任阿拉法特隨員，將阿拉法特的演說翻譯成英文與法文。這個戲劇性的時刻深深震撼了她。塔巴拉回憶說：「我跟在阿拉法特身後穿過玻璃建築物大門，阿拉法特獲得了國家元首的禮遇，只有一些小細節有不同。這是巴勒斯坦反抗運動的高峰，也是我這一生最棒的時刻。」看到阿拉法特走上演講台，大會所有成員全部起立熱烈鼓掌，塔巴拉的內心不由得

「以擁有巴勒斯坦人的血統自豪」。[32]

阿拉法特發表了漫長的演說——總計一〇一分鐘。哈桑日後回憶說：「實際上這都是委員會的工作。草稿、草稿與更多的草稿。當我們覺得已經完成得差不多時，我們找來最著名的詩人作結。」[33]這是一場振奮人心的演說，是對正義的訴求，但最終這場演說針對的是巴勒斯坦聽眾與支持巴勒斯坦革命鬥爭的人。這場演說用意不在於影響以色列民眾與迫使以色列政府改變政策。阿拉法特並未獲得自身陣營的充分支持，很多人不贊成與以色列和解。而以色列人則是連聽都不聽：以色列代表杯葛阿拉法特的演說，抗議巴解主席出現在聯合國大會上。

阿拉法特並未強調漢瑪米的兩國方案，而是重提他長久以來抱持的「革命夢想」，要在整個巴勒斯坦建立「一個民主國家，基督徒、猶太人與穆斯林都能生活在正義、平等、博愛與進步裡」。對以色列人與他們的美國支持者來說，這席話聽起來依然是老調重彈，也就是要摧毀猶太國。更糟的是，他並未利用聯合國的講台向以色列人伸出和解之手，反而在演說末尾語帶威脅。「今日，我來到這裡，手裡帶了橄欖枝與自由戰士的槍。別讓橄欖枝從我手中掉落。我再重複一次：別讓橄欖枝從我手中掉落。」*34

阿拉法特離開大廳時再次獲得聽眾起立鼓掌。巴解主席為巴勒斯坦人爭取正義與國家的呼聲獲得國際社會的廣泛支持。阿拉法特更需要的是支持者而非大膽的動作。就在兩年後，當麗娜・塔巴拉下次再見到阿拉法特時，這位巴解主席正在黎巴嫩內戰中為自己的政治生命而戰。

一九七四年，巴勒斯坦運動獲得如此豐碩的成果。巴勒斯坦民族議會外交關係委員會主席哈桑宣稱一九七四年是「如此重要的一年」，巴解領袖「開始致力於與以色列和解」。但是，在阿拉法特於聯合國演說後，以巴協商沒有任何進展。漢瑪米與阿布內里持續在倫敦密會，漢瑪米向阿拉法特簡報而阿布內里定期與拉賓見面，藉此讓雙方領袖了解最新的對話內容。哈桑深信，「漢瑪米工作的重要性再怎麼強調也不為過。如果以色列拉賓政府能夠回應我們透過漢瑪米釋放的訊息，那麼可能在數年內就能獲得公正的和平。」[35]但阿拉法特不敢對以色列做出任何讓步，拉賓也不想做出任何可能鼓勵巴勒斯坦建國的事，因為巴勒斯坦建國是他最不想看到的結果。

一九七四年後，隨著巴勒斯坦人與以色列人堅持自己的立場，漢瑪米與阿布內里也面臨自身陣營極端主義分子的威脅。一九七五年十二月，一名瘋狂的以色列人持刀在阿布內里特拉維夫自宅附近攻擊他，阿布內里身受重傷。一九七八年一月，漢瑪米在倫敦辦事處遭拒絕承認以色列的巴勒斯坦阿布．尼達爾團體槍擊身亡，理由是他與以色列人來往。槍手朝漢瑪米的頭部開了一槍，對他吐口水，罵他叛徒，然後消失在倫敦街頭。[36]

以色列人與巴勒斯坦人的和平機會之窗就此關閉。一九七五年四月十三日，基督教民兵在貝魯特市郊的艾因．倫瑪內埋伏攻擊一輛載著巴勒斯坦人的巴士，殺死車上二十八名乘客。這起事件引爆持續十五年以上的內戰，這場內戰不僅毀了黎巴嫩，也讓巴勒斯坦運動走上滅絕邊緣。

當黎巴嫩人口平衡出現變化時，黎巴嫩的政治穩定也承受愈來愈大的壓力。法國人盡可能從敘利亞託管地分出最大的一塊區域，讓信仰基督教的受保護者能在這個地區建立的國家裡占多數。然而，黎巴

＊在古羅馬時代詩作、早期基督教經典中，橄欖枝即象徵和平。

嫩的穆斯林社群（包括德魯茲派、順尼派與什葉派）的出生率很高，到了一九五〇年代，他們的人口數量開始超過基督徒（包括居支配地位的馬龍派，以及希臘正教徒、亞美尼亞人、新教徒與一些較小的教派）。一九三二年人口普查是最後一次正式的人口統計，基督徒人數比穆斯林略多一點；直到今日，黎巴嫩依然沒有精確的人口數字。

一九四三年，黎巴嫩獨立，穆斯林願意把政治支配權交給基督徒，條件是基督徒必須讓黎巴嫩整合到阿拉伯世界，並且與法國這個前殖民強權與保護者保持距離。他們在一九四三年國家協定締結的權力分配方式採取宗教社群分權主義制度，政府的最高職位分別由黎巴嫩的幾個社群擔任——舉例來說，馬龍派的總統、順尼派的總理與什葉派的議長。國會席次則以六比五的比例分配給基督徒與穆斯林，基督徒略占優勢。

這個權力分配協定首先在一九五八年內戰遭受挑戰。一九五八年九月，美軍的介入與改革派總統富阿德．謝哈布的勝選，使黎巴嫩恢復現狀並且讓宗教社群分權主義制度又持續十年。一九六〇年代晚期，巴勒斯坦革命降臨在黎巴嫩土地上，再次觸發對宗教社群分權主義制度的攻擊。

巴勒斯坦人明顯破壞了黎巴嫩的政治與人口平衡。已登記的巴勒斯坦難民人數從一九五〇年的十二萬七千六百人增加到一九七五年的十九萬七千人，不過一九七五年真正的巴勒斯坦人口應該接近三十五萬人。[37]巴勒斯坦難民幾乎全是穆斯林。雖然巴勒斯坦人從未融入黎巴嫩人口或獲得公民身分，但他們出現在黎巴嫩土地上意味著黎巴嫩穆斯林人口大量增加。這些難民原本在政治上屬於沉默的一群，直到一九六九年，埃及總統納瑟爾與黎巴嫩政府協商，讓巴勒斯坦游擊隊從黎巴嫩境內攻擊以色列北部，從此打破平靜的現狀。黑色九月後，巴勒斯坦民兵被逐出約旦，黎巴嫩成為巴解的行動中心。巴勒斯坦難民營愈來愈軍事化，在政治上也愈來愈好戰。他們開始挑戰黎巴嫩政府的主權，因此遭指控巴勒斯坦革命是要在黎巴嫩境內建立國中之國。

許多黎巴嫩人公然指責一九七五年內戰是巴勒斯坦人引起的。前總統卡彌爾・夏穆恩在一九七〇年代中期仍是最具影響力的馬龍派領袖，對他來說，這場衝突絕非內戰：「從一開始這就是一場黎巴嫩人與巴勒斯坦人的戰爭」，他認為黎巴嫩穆斯林利用這場戰爭「奪取整個黎巴嫩的最高統治權」。[38]夏穆恩過度簡化事實。黎巴嫩人內部早已存在極大歧見，因此在這場重新定義黎巴嫩政治的衝突中，巴勒斯坦人扮演的不過是觸媒的角色。

一九七〇年代初期，穆斯林、德魯茲派、泛阿拉伯人與包括一些基督徒在內的左翼組織共組政治聯盟，稱為國家運動（National Movement）。他們想推翻已經過時的宗教社群分權主義制度，代之以一人一票的世俗民主制度。這個聯盟的領袖是德魯茲派領導人卡瑪爾・詹布拉特。一九一七生於家族根據地莫塔拉，詹布拉特在巴黎以及貝魯特耶穌會大學攻讀法律與哲學，之後於一九四六年進入黎巴嫩國會，當時他才二十九歲。他主張，「唯有世俗、進步、擺脫宗教社群分權主義的黎巴嫩，才有存續的可能。」[39]對於批評者來說，詹布拉特主張世俗的黎巴嫩無異於主張穆斯林多數統治——到了一九七〇年代中期，估計黎巴嫩穆斯林的人口已經超過基督徒，達到五十五比四十五的比例——以及終結黎巴嫩做為中東基督教國家的地位。

詹布拉特認為，巴勒斯坦人在這場基本上屬於黎巴嫩內戰的衝突中只是一個導因。他表示：「如果黎巴嫩人還沒有準備好要引爆，那麼這枚炸彈就不可能爆炸。」夏穆恩與詹布拉特的想法南轅北轍。馬龍派領袖夏穆恩致力維護國家協定的權力分配原則，以此維持黎巴嫩基督徒的特權地位。詹布拉特與國家運動要求建立以公民擁有平等權利為基礎的新秩序，這顯然對居於黎巴嫩人口多數的穆斯林有利。歸根究柢這是一場統治黎巴嫩的權力鬥爭，雙方都認為自己占據道德制高點。當時有人形容夏穆恩與詹布拉特是「各自支持者的理想模範，各自反對者的洪水猛獸」，他們「彼此嫌惡與輕視，雙方各執一詞，堅持己見」。[40]

一九七五年春天，維持現狀的一方與支持社會革命的一方終於正面衝突。三月，南部城市賽達的穆斯林漁民為抗議新的漁業壟斷破壞他們的生計而發動罷工。壟斷的財團經營者是夏穆恩與其他馬龍派成員，他們使原本單純的工業行動爭議演變成教派問題。漁民發起抗爭，卻遭到馬龍派指揮的黎巴嫩軍隊鎮壓。國家運動指控軍隊干預是馬龍派以軍隊保護其派系大企業的手段。三月六日，軍隊對示威民眾開火，殺死了左翼納瑟爾主義政黨的順尼派穆斯林領袖馬魯夫．薩德。薩德的死引發賽達群眾暴亂，在暴動中，巴勒斯坦突擊隊加入左翼黎巴嫩民兵共同對抗黎巴嫩陸軍。

衝突從賽達蔓延到貝魯特，四月十三日星期日，有一車槍手無故攻擊剛離開教堂的馬龍派領袖皮埃爾．傑馬耶勒。傑馬耶勒是右翼馬龍派長槍黨創始人，長槍黨是黎巴嫩最大的民兵組織，估計有一萬五千名武裝成員。槍手殺死了三人，包括一名傑馬耶勒的貼身保鑣。憤怒的長槍黨員決心報復，同一天，當一輛載著巴勒斯坦人的巴士行經基督徒郊區艾因．倫瑪內時，長槍黨員進行伏擊，殺死了車上二十八個人。當大屠殺的消息傳開，黎巴嫩人馬上意會到暴力的突然升高將帶來戰爭。第二天，沒人外出工作，學校停課，街道一片冷清，貝魯特人焦急地在家裡打聽消息，他們閱讀報紙、聆聽廣播，並且在遠方傳來斷斷續續的槍聲中打電話給外界告知當地消息。

內戰爆發時，麗娜．塔巴拉在貝魯特工作。一九七四年在聯合國協助阿拉法特翻譯演說後，塔巴拉返回黎巴嫩外交部上班。從各方面來說，塔巴拉是典型富裕且具國際觀的黎巴嫩人：受過良好教育；能說流利的英語、法語與阿拉伯語；嫁給一名建築師；住在貝魯特鬧區最高級的社區。戰爭爆發時，她三十四歲，有兩個女兒，分別是二歲與四歲。

塔巴拉的紅色頭髮與藍色眼睛很容易被誤認為是基督徒，但實際上她是混合巴勒斯坦與黎巴嫩血統的穆斯林。她對於自己的混血兒身分感到自豪，在戰爭爆發後幾個月，儘管看到周遭社會分裂成兩大陣營，但她還是拒絕選邊站。要維持中立並不容易。從一開始，黎巴嫩內戰便充斥著教派謀殺與殘暴的循環復仇。

五月三十一日，民兵之間的戰鬥持續了七個星期，貝魯特這城市目擊了首樁教派屠殺，無武裝的平民僅因為宗教信仰就遭到殺害。一個朋友打電話給塔巴拉，警告她穆斯林在西貝魯特巴舒拉區圍捕基督徒。塔巴拉的朋友叫道：「有街壘與檢查哨……基督徒必須低下身子。他們被拖進了墓園。」當天，貝魯特有十名基督徒被處決。報紙稱為黑色星期五。更糟的還在後頭。[41]

一九七五年夏天，貝魯特人過著不尋常的正常生活，城市居民已經適應戰爭帶來的不便。最受歡迎的廣播節目定期向聽眾更新安全路線與危險區域。播音員用令人安心的語調宣布：「親愛的聽眾，我們建議各位避開這個區域，選擇其他替代路線。」當衝突在一九七五年夏天逐漸惡化，並且一直持續到秋天時，他的語氣也變得愈來愈急迫。「各位聽眾晚安。今天是十月二十日星期日，想必大家都度過了美好時光吧？現在各位必須盡快返家，愈快愈好！」[42]廣播發布的警報表示貝魯特市中心將爆發新的戰役，敵對民兵為了爭奪最高建築物而開打，一旦能奪取制高點，就能觀察並且轟炸敵軍。穆爾大樓未完成的骨架可以俯瞰貝魯特商業中心，這裡成為順尼派左翼穆拉比屯民兵的據點。高聳的假日酒店位於貝魯特飯店區中心，這棟建築物被馬龍派長槍黨民兵奪取。

在整晚的交戰中，兩棟大樓互射飛彈與砲彈，造成周邊地區嚴重破壞。一九七五年十月，國家運動的部隊——塔巴拉稱他們是「伊斯蘭進步派」——包圍了飯店區，困住了馬龍派部隊。這些基督教民兵被夏穆恩解救，夏穆恩是內政部長，他從黎巴嫩軍隊裡撥出兩千名士兵圍住飯店區，做為敵對雙方的緩衝。十一月，雙方停火，但大家對戰爭結束不抱任何幻想。

十二月，街壘再度出現，又有無辜民眾遭到殺害。四名長槍黨員遭到綁架，之後屍體被人發現。馬龍派民兵進行報復，殺死三、四百名平民，從身分證顯示這些人都是穆斯林。穆斯林民兵也如法炮製，殺死數百名基督徒。這天稱為黑色星期六。對塔巴拉來說，她在這天終於做出選擇。「基督徒與穆斯林之間的鴻溝難以忽視，黑色星期六發生的事實在太嚴重了。」此後，塔巴拉加入穆斯林陣營。「我感受到自己的內心播下仇恨的種子與充斥報復的渴望。此刻的我希望穆拉比屯或任何人可以將我們承受的一切加倍地報復給長槍黨。」[43]

到了一九七六年初，其他強權開始主動介入黎巴嫩內戰。連續幾個月的激烈戰鬥耗損大量槍砲彈藥、吉普車與制服、火箭與大砲，這些軍火所費不貲。黎巴嫩民兵向武器充裕的鄰邦尋求軍火。石油榮景使中東軍火貿易大增，黎巴嫩鄰邦利用黎巴嫩內戰日趨嚴重的機會，透過武裝黎巴嫩民兵來擴大對黎巴嫩的影響力。

長久以來，蘇聯與美國一直提供武器系統給中東地區盟友。其他國家也很快進入這個有利可圖的市場，歐洲生產商與美國人競相出售重武器給親西方的「溫和派」阿拉伯國家。舉例來說，沙烏地阿拉伯的國防支出從一九六八年的一億七千一百萬美元增加到一九七八年的一百三十億美元以上。[44]當地區強權試圖左右黎巴嫩政局時，便供應多餘的武器給交戰的黎巴嫩民兵。塔巴拉表示，有傳言提到沙烏地阿拉伯支持基督教民兵，「利雅德政權傾向支持伊斯蘭教的敵人，因為他們擔心共產黨可能接管黎巴嫩。」[45]馬龍派也從以色列人手中取得武器軍火以支持他們對抗巴勒斯坦民兵。左傾的國家運動則從蘇聯與伊拉克及利比亞等蘇聯衛星國取得武器。黎巴嫩內戰逐漸捲入冷戰、阿以衝突與阿拉伯世界革命及保守政權的鬥爭之中。

一九七六年，黎巴嫩戰爭逐漸演變成種族滅絕衝突，屠殺帶來報復性的屠殺。一九七六年一月，基督教軍隊攻擊穆斯林貧民窟卡朗提納，殺死數百人，而且使用推土機把貧民窟從地圖上抹去。國家運動與巴勒斯坦軍隊為了報復圍攻夏穆恩的據點達穆爾，這是一座位於貝魯特南方的重要基督教沿海城鎮。一月二十日，當達穆爾被巴勒斯坦人與穆斯林民兵攻陷時，有五百名馬龍派民眾被殺。五個月後，馬龍派軍隊圍攻位於塔爾．扎塔爾地處基督徒社區當中的孤立巴勒斯坦難民營。難民營的三萬名居民在遭受五十三天無情的暴力對待後才投降，在這段期間，難民沒有醫療、飲水與足夠的糧食補給。這場圍攻沒有可靠的傷亡數字，估計塔爾．扎塔爾有三千人死亡。[46]從一九七五年四月戰爭爆發到一九七六年十月停戰為止，總計大約三萬人死亡，近七萬人受傷，就總人口三百二十五萬人來說，這是相當大的數字。[47]

一九七六年十月，黎巴嫩內戰第一階段結束，這次停火是一場政治危機所導致的。一九七六年三月，黎巴嫩國會通過對共和國總統蘇萊曼．弗朗吉亞的不信任投票，要求他辭職。當弗朗吉亞拒絕時，詹布拉特威脅發動全面戰爭，而反對的陸軍部隊也開始砲轟位於貝魯特市郊的總統府。敘利亞總統哈菲茲・阿薩德派軍隊到黎巴嫩保護弗朗吉亞與確保停火。

黎巴嫩國會在敘利亞保護下再度集會，並且同意提早選舉解決政治僵局。黎巴嫩總統由國會議員選舉產生（至今仍是如此），一九七六年五月，國會議員投票選舉新領導人。有兩名候選人——埃利亞斯・薩爾基斯，他獲得保守派基督徒與馬龍派民兵支持；雷蒙・艾德，他是改革派與國家運動屬意的人選。令黎巴嫩穆斯林勢力震驚的是，敘利亞的阿薩德居然全力支持薩爾基斯並且確保他獲得勝選。這是個關鍵的轉捩點，敘利亞從此開始直接介入黎巴嫩政治，並且部署軍隊於貝魯特與黎巴嫩全境戰略要地，藉此確保影響力及於整個國家。

敘利亞人支持薩爾基斯，意味著他們反對詹布拉特的國家運動與巴勒斯坦人。敘利亞人立場一百八十度的轉變令人震驚，因為他們長久以來一直支持泛阿拉伯主義與巴勒斯坦建國。然而此時他們卻轉而支持親西方反阿拉伯主義的馬龍派。當塔巴拉看到貝魯特機場的敘利亞軍隊「使用蘇聯製地對地火箭砲，並且在蘇聯協助下砲轟巴勒斯坦難民營與穆斯林進步派占領的貝魯特地區時，她認為現實的處境十分清楚。」[48]她很快發現，敘利亞人支持馬龍派是利用馬龍派做為工具，使敘利亞擴大對黎巴嫩的支配。

敘利亞干預黎巴嫩引發其他阿拉伯國家的擔憂，它們不希望看到大馬士革利用黎巴嫩衝突併吞這個曾經繁榮一時的鄰邦。沙烏地阿拉伯國王哈立德（統治期間一九七五～一九八二年）召開阿拉伯領袖小型高峰會，與會者有黎巴嫩總統薩爾基斯、巴解主席阿拉法特以及科威特、埃及與敘利亞代表。

一九七六年十月十八日，阿拉伯領袖宣布對黎巴嫩的計畫，要求所有武裝分子停戰並且在十天內簽訂永久停火協議。阿拉伯國家將組織一支三萬人的和平部隊交由黎巴嫩總統指揮。阿拉伯維和部隊有權解除作戰人員的武裝並且要求所有違反停火協議的人繳械。利雅德高峰會要求巴解尊重黎巴嫩主權，並且撤退到一九六九年開羅協定分配給巴勒斯坦戰士的地區。高峰會決議結論主張黎巴嫩各黨派應進行政治對話以取得全國和解。

儘管憂心敘利亞的意圖，利雅德決議卻未降低大馬士革對黎巴嫩的掌握。由於其他阿拉伯國家不願派出一定數量的部隊前往黎巴嫩，敘利亞陸軍於是成為阿拉伯多國部隊的主力：三萬名派往黎巴嫩維和的阿拉伯部隊中，竟有二萬六千五百人是敘利亞部隊。沙烏地阿拉伯、蘇丹與利比亞派出的象徵性特遣部隊在黎巴嫩沒待多久就把任務完全交給敘利亞人。十一月中旬，大約有六千名敘利亞部隊占領貝魯特，之後又增派了二百輛坦克。利雅德高峰會不過是用來正當化敘利亞占領黎巴嫩的手段。

雖然薩爾基斯總統呼籲黎巴嫩人「以愛與兄弟之情」迎接敘利亞人，但穆斯林與進步派政黨卻存有很大的疑慮。詹布拉特在回憶錄裡記錄他與阿薩德的談話。「我懇求你撤離派駐黎巴嫩的軍隊。你可以進行政治干預、調解與仲裁……但我必須奉勸你，絕不要採取軍事手段。我們不想成為衛星國。」[49]塔巴拉對於貝魯特到處都是敘利亞軍隊感到驚恐，但更讓她氣惱的是：「幾乎每個人都對現狀感到滿意。」

利雅德高峰會後，開戰以來的第五十六次停火生效。如果黎巴嫩人希望敘利亞的占領可以為近兩年的戰亂帶來和平，那麼他們很快就要失望了。就在敘利亞人進入貝魯特不久，塔巴拉目睹首樁汽車炸彈案，而這類事件將成為黎巴嫩常見的暴力事件。塔巴拉描述在她眼前發生的大屠殺：「在看不到的地方依然可以聽見人們大聲哭喊與嚎叫。小心，一輛安放詭雷的車子，也許還有另一輛，某人呼喊著。過去幾天，這類攻擊增加了，但沒有人知道是誰幹的。許多重傷的人躺在路上。」塔巴拉回想自己看到「敘利亞營造的黎巴嫩平靜外貌粉碎時，內心不禁產生幸災樂禍的感受。」[50]她與家人看夠了血腥與毀滅。他們把貝魯特留給敘利亞人，然後跟著數十萬名黎巴嫩人流亡國外。

但是對國際社會而言，黎巴嫩的衝突已經解決——至少暫時如此。全球媒體的焦點已經從戰火摧殘的黎巴嫩轉移到耶路撒冷，一九七七年十一月二十日星期日，埃及總統沙達特將在耶路撒冷的以色列議會發表演說，提議結束阿以衝突。

一九七七年一月，沙達特在上埃及亞斯文度假時接受黎巴嫩記者訪問。此時市中心升起一道濃煙，打斷記者的提問。記者說道：「總統先生，您後頭發生了怪事。」沙達特轉頭一看，亞斯文已經起火，暴民正經過橫跨尼羅河的橋樑朝他的住處走來。他才剛下令資金短缺的埃及政府停止對麵包與其他主食進行補貼。埃及窮人眼見無法維生，於是在全國各地發起麵包暴動，造成一百七十一人死亡與數百人受傷，之後補貼恢復，社會才恢復平靜。[51]

沙達特後頭的確發生了怪事。埃及民眾因為沙達特於十月戰爭中在蘇伊士運河打了勝仗而稱他是「渡河英雄」，此時卻對這位總統失去信心。沙達特不像納瑟爾那樣擁有領導力與群眾魅力。他必須實現繁榮的承諾，否則就要面臨被罷黜的危險。沙達特逐漸相信，埃及只能透過美國支持以及與以色列談和才能獲得繁榮。

一九七三年戰爭後，沙達特運用埃及可觀的軍事表現與阿拉伯石油武器的成功部署確保美國支持，使以色列撤離部分西奈半島。美國國務卿季辛吉進行慣用的穿梭外交，在開羅與耶路撒冷之間頻繁進行協商之旅，促成兩國簽訂西奈停戰協定（一九七四年一月與一九七五年九月），以色列將蘇伊士運河與部分西奈油田歸還給埃及。

收回蘇伊士運河是沙達特的重大成就，首先，他做到納瑟爾未能做到的事，確保運河不會成為以埃的既有疆界，其次，運河可以讓資金短缺的埃及取得重要收入。在美國協助下，埃及人清除運河中一九六七年阿以戰爭炸沉的船隻殘骸。一九七五年六月五日，沙達特重啟這條國際船運的戰略水道。首批開出運河的船隻是「黃色船隊」的十四艘船，這批國際輪船因為一九六七年戰爭困在大苦湖八年，因船上覆蓋黃土得名。雖然埃及歡慶這些成果，但西奈協定還是讓以色列繼續控制絕大部分西奈半島（六日戰爭以色列占領的埃及領土），而埃及國庫依然吃力地維持收支平衡。

沙達特迫切需要新資金挹注國庫，為了鞏固地位，他不惜與阿拉伯鄰邦為敵。一九七七年夏天，為了增加埃及的收入，沙達特企圖奪取利比亞油田。當時估計，利比亞每年石油收入約五十億美元，就人口只占埃及一小部分的利比亞來說，這是相當大的收入，而保護油田的利比亞軍隊同樣只占埃及軍隊的一小部分。在瘋狂的機會主義驅使下，沙達特把蘇聯運送武器給富裕的鄰邦當做入侵的藉口，彷彿利比亞的軍火庫能夠威脅埃及的安全。

七月十六日，沙達特抽調西奈半島以色列防線上的軍隊，命令他們攻擊西部沙漠的利比亞人。埃及空軍轟炸利比亞基地，為入侵利比亞的陸軍提供空中掩護。資深分析家海卡爾回憶說：「行動一開始就清楚看出沙達特的計算錯誤。無論是埃及民眾還是埃及軍方都認為攻擊阿拉伯鄰邦而與敵人以色列停戰毫無道理。」

埃及對利比亞的攻擊持續九天。埃及民眾漠不關心，華府則公開反對埃及無故開戰。美國駐開羅大使清楚表明華府反對入侵利比亞，沙達特被迫停戰。七月二十五日，埃及軍隊撤出利比亞，結束這場衝突。海卡爾認為：「一月的糧食暴動與笨拙的對外冒險……導致沙達特在一九七七年年中認定埃及必須與以色列協商新的關係。」[52]如果沙達特無法增加收入，他將再次面臨糧食暴動。他無法從其他阿拉伯國家取得資金——無論是勸說還是強迫。然而，若能成為第一個與以色列締和的國家，埃及將可吸引龐大的美國發展援助與外國的投資。然而鑑於阿拉伯各國對以色列採取不妥協的態度，埃及的策略顯然帶有極高的風險。但沙達特過去曾經冒過很大的險，而且成功了。

與以色列締和是最難克服的障礙。一九七七年五月，比金率領利庫德黨贏得勝利，中止從以色列建國以來工黨持續壟斷政權的局面。在比金領導下，利庫德黨致力建立猶太屯墾區以維持以色列在一九六七年六月戰爭占領的阿拉伯領土。很難想像有比這位支持大以色列的前恐怖分子更難妥協的協商對象。但是，最早提出接觸的卻是比金，他透過摩洛哥國王哈桑二世與羅馬尼亞總統尼古拉．希奧塞古把和解的訊息傳遞給埃及總統。希奧塞古說服沙達特，他表示「工黨執政比金在野時要簽訂和約是不可能的，但現在角色調換，締和的事大有可為」，因為工黨不太可能反對與埃及談和。[53]

沙達特返回埃及之後，開始認真考慮這件難以想像的事：與以色列人直接協商，締結阿以和約。沙達特在十月戰爭證明埃及在軍事上的領導地位，現在他將率先締結和約來確保埃及在阿拉伯世界的領袖位子。他在一九七二年首次提出對以色列開戰時，將領們紛紛表示反對，這次他知道自己提出和平計畫，政治人物也一定會抗拒。沙達特需要重組他的政治團隊，引進一些比較不會抗拒改變的新血。他選擇一名完全屬於政治圈外的人物協助擬定和平計畫。

布特羅斯・布特羅斯－蓋里（生於一九二二年）是開羅大學政治學教授。他的祖父曾在埃及君主時期擔任首相，叔父擔任過外交大臣。身為土地貴族，布特羅斯－蓋里家族的農業地產在一九五二年革命後新政府的土地改革中被沒收充公。

在清一色屬於穆斯林的國家裡，布特羅斯－蓋里卻是科普特基督徒*，他的妻子則是顯赫的埃及猶太家族。這樣的家世背景在一九五二年革命後使布特羅斯－蓋里被排除在埃及政壇之外，但當沙達特決定與以色列協商和平時，這樣的背景又使他獲得推薦進入政府服務。一九七七年十月二十五日，這位日後將成為聯合國祕書長的布特羅斯－蓋里教授驚訝得知，在這次內閣改組中，自己竟然被任命為國務部長。

進入政府後不久，布特羅斯－蓋里出席十一月九日沙達特在人民大會的演說，沙達特在演說中首度暗示他有意與以色列談和。沙達特對議員們表示：「我隨時準備好前往世界的盡頭，如果這麼做可以保護任何一個埃及青年、士兵或軍官不被殺死或傷害。」提到以色列人時，沙達特又說：「我已經準備好前往他們的國家，即使去以色列議會與他們對談也無可厚非。」

布特羅斯－蓋里回憶在底下聆聽沙達特演說的巴解主席阿拉法特「率先對他的話鼓掌叫好。阿拉法特、我的同事與我都沒聽出總統話裡的意思。」大家都沒有想到沙達特真的打算近期內前往以色列。[54]一個星期後，當副總統胡斯尼・穆巴拉克要求草擬一份演說概要，「讓總統下星期日前往以色列演說」時，布特羅斯－蓋里才了解沙達特話裡的真意。布特羅里－蓋里對於自己「處於歷史事件的核心」深感

---

*科普特基督徒（Coptic Christian），科普特人為西元一世紀開始信奉基督教的埃及人後裔，為埃及的少數族群。

興奮。

如沙達特預期的，許多政治人物反對他的計畫。外交部長易司馬儀・法赫米與外交事務國務大臣穆罕默德・里雅德因不願陪同沙達特到耶路撒冷而雙雙辭職。在沙達特排定出發的前兩天，布特羅斯－蓋里被任命為代理外交部長並且受邀加入總統代表團前往耶路撒冷。他的朋友警告他別去。布特羅斯－蓋里回憶說：「空氣中充滿恐懼的氣氛。阿拉伯新聞媒體很惡毒。他們寫道，沒有穆斯林願意陪沙達特前往，所以選擇基督徒布特羅斯－蓋里，他還有個猶太妻子。」[55]這位新任代理外交部長卻「深受這場不尋常變化的吸引」，這場變化可能粉碎一九六七年喀土木高峰會定下的禁忌：所有阿拉伯國家一致採取以下立場，不承認猶太國，不與以色列官方協商，阿拉伯國家與以色列絕不談和。

埃及總統計畫一宣布，馬上惹惱阿拉伯各國領袖，之後才想到爭取他們的支持。為了避免與敘利亞決裂，沙達特飛往大馬士革向阿薩德總統簡報訪問以色列的計畫。阿薩德馬上提醒沙達特阿拉伯各國的共同立場。阿薩德對他說：「安瓦爾兄弟，你總是那麼急躁。我了解你的不耐，但請了解你不能去耶路撒冷。這是背叛。埃及人民無法忍受。阿拉伯民族絕不會原諒你。」[56]

但沙達特未因此打退堂鼓，十一月十九日，他與布特羅斯－蓋里登上專機，飛行四十五分鐘後抵達特拉維夫。布特羅斯－蓋里驚訝地叫道：「想不到距離這麼短！以色列對我來說就像外太空一樣陌生。」[57]經過這麼多年的戰爭與不和，埃及人民彷彿第一次把以色列當成真實的國家。他們的感受很複雜。資深埃及記者海卡爾描述沙達特在盧德機場走下飛機那一刻：「當攝影機拍攝他走下階梯時，數百萬埃及人的罪惡感隨即被參與感取代。無論對錯，沙達特在政治與實踐上表現的勇氣無庸置疑。他抵達阿拉伯人禁止進入的領土，吸引許多埃及人的目光也震驚阿拉伯世界其他國家。」[58]

第二天，一九七七年十一月二十日星期日，埃及總統沙達特在以色列議會以阿拉伯語演說（令布特羅斯－蓋里懊惱的是，他努力準備的英文講稿並未派上用場）。這正是阿布內里一直要求巴解做出的大膽動作——這個經過計算後做出的動作可以讓以色列民眾相信，阿拉伯人當中也有願意談和的對象。沙達特對電視攝影機說道：「讓我從這個講台對以色列人民提出我的請求。我要向你們傳達埃及人民的和平訊息。一個讓以色列每個男人、女人與孩子感到保障、安全與和平的訊息。」沙達特越過以色列的立法者，直接訴諸以色列的選民，要他們「鼓勵你們的領袖爭取和平」。

沙達特繼續向以色列議會內外的聽眾說道：「讓我們彼此坦誠，否則我們如何以正義來取得永久和平？」沙達特針對永久和平明確提出他的看法，他認為必須公正解決巴勒斯坦問題。他責怪他的東道主，「在這個世界上，沒有人可以接受以色列宣傳的口號，你們對巴勒斯坦人視若無睹，甚至質疑他們的存在。」他又說，和平不可能與占領其他國家的土地相容。他要求歸還一九六七年占領的所有阿拉伯土地，包括東耶路撒冷。若能如此，以色列將可獲得所有阿拉伯鄰邦的完全接受與承認。沙達特強調：「我們是真實而衷心地追求和平，我們也會真實而衷心地歡迎你們與我們共同和平而安全地生活。」

沙達特訪問耶路撒冷證明是一場極其成功的外交行動，它首次讓以色列與阿拉伯鄰邦認真開啟和平進程。然而，通往和平的道路往往是漫長、艱鉅而充滿危險。埃及人與以色列人帶著非常不同的期待走上談判桌。沙達特希望帶領其他阿拉伯世界與以色列締和，條件是以色列要從一九六七年占領的所有領土撤軍以及巴勒斯坦人在東耶路撒冷、西岸與加薩走廊建國。比金無意讓步，他在以色列議會回應沙達特時損害了沙達特在阿拉伯世界的信譽，他表示：「沙達特總統知道，**他在來耶路撒冷之前就已經從我們口中得知**，對於我們與我們鄰邦之間的永久邊界，我們的立場與他不同。」[59]在隨後的協商中，比金宣布願意歸還大部分西奈半島給埃及與大部分戈蘭高地給敘利亞以換取雙方關係正常化，但斷然拒絕對巴勒斯坦人做出任何讓步。

以色列對於阿以全面和平設下太多限制，無法吸引廣大阿拉伯世界的參與。比金有意保留猶太屯墾區，而且基於戰略理由必須保留部分已占領的敘利亞與埃及領土。以色列人願意做出的最大讓步是讓巴勒斯坦人在加薩走廊與西岸擁有一定程度的自治，對於西岸，比金一貫地以聖經的名稱猶地亞與撒馬利亞稱呼。比金拒絕與巴解組織見面，因此巴勒斯坦獨立或建國乃至於以色列歸還部分耶路撒冷都是不可能的事，以色列議會還宣稱耶路撒冷是猶太國永久不可分割的首都（這項主張迄今未獲得國際承認）。

在提出大膽的和平主張後，沙達特發現自己陷入阿拉伯與以色列均不願妥協的僵局中。阿拉伯領袖不願追隨埃及的領導，比金總理也未提供足夠的誘因讓他們這麼做。比金深信與埃及談和對以色列有戰略利益，因為除了埃及，沒有任何阿拉伯國家可以對猶太國構成真正的威脅。比金把與其他阿拉伯國家談和排在第二順位，不願做出任何讓步吸引這些國家認真進行協商。沙達特只能單獨與以色列談判，因而招致廣大阿拉伯人民的敵意。

美國總統卡特盡一切努力維持遭受各方指責的以埃和平協商。一九七八年九月，卡特在總統度假地馬里蘭州大衛營召開雙邊會談。布特羅斯－蓋里再次在埃及代表團名單中。與沙達特飛往大衛營途中，布特羅斯－蓋里聆聽埃及總統的賽局計畫，內心感到擔憂。沙達特天真地相信自己可以讓美國輿論支持埃及的協商立場，卡特總統會站在他這一邊，迫使以色列對沙達特的條件做出必要讓步。布特羅斯－蓋里認為事情沒那麼簡單。「我擔心美國人不會向以色列施壓，真正讓步的反而是沙達特。」[60]

沙達特的想法並非完全錯誤。埃及的立場獲得美國廣泛支持，卡特總統確實盡最大努力迫使比金總理讓步。經過十三天痛苦的協商與二十二次草擬和約，卡特總統終於成功讓兩國達成協議。比金同意從西奈半島全境撤軍（他原本計畫要在那裡度過他的退休生活），但沙達特也被迫做出讓步。重要的是，這項協議並未確保巴勒斯坦人的自決權利。其中的綱要內容給予約旦河西岸與加薩走廊五年的轉換期，以色列撤軍，在巴勒斯坦領土舉行自由選舉選出自治政府。然而，協議並未決定被占領的巴勒斯坦領土的最終地位，而是將此事交由未來的埃及、以色列、約旦與巴勒斯坦領土民選代表進行協商。一旦以色列未能實現這些承諾，協議也未規定罰則。

新任埃及外交部長穆罕默德·易卜拉辛·卡米爾辭職抗議沙達特背棄巴勒斯坦人的權利。但沙達特不受威脅，他於一九七八年九月十七日前往華府，在白宮正式儀式下簽訂「締結和約綱要」。

阿拉伯世界對於沙達特不顧阿拉伯各國獨自與以色列締和感到震驚。一九七八年十一月，阿拉伯各國領袖在巴格達召開高峰會解決這個危機。產油國保證以十年為期，每年提供埃及五十億美元的石油，以抵銷沙達特與以色列締和可能獲得的物質誘因。他們也威脅，如果沙達特與以色列締和，埃及將被逐出阿拉伯聯盟，而聯盟總部也將從開羅遷往突尼斯。

但沙達特已無轉圜餘地，他不理會阿拉伯各國的威脅。經過六個月更進一步的協商，一九七九年三月二十六日，卡特、比金與沙達特回到白宮草坪簽署最後的以埃和約。與以色列打了五年仗後，這個阿拉伯世界最強大的國家終於放棄武力。少了埃及，其他阿拉伯國家不可能勝過以色列軍隊。巴勒斯坦人與其他阿拉伯國家必須藉由協商實現他們的建國與領土訴求。阿拉伯國家不可能有足夠的影響力迫使頑強的以色列歸還土地，阿拉伯國家也無法原諒埃及為了收復自己的領土而背叛他們犧牲他們的利益。其他阿拉伯國家認為，若能集體行動，阿拉伯人應該可以取得更好的和平條件。

一九七九年三月和約簽署後，阿拉伯國家立即實現他們的威脅，與埃及切斷關係。埃及將花費二十年的時間才得以完全回到阿拉伯陣營。沙達特假裝不在乎，但一向對於埃及領導阿拉伯事務感到自豪的埃及民眾，此時對於國家遭到孤立感到不安。一九七九年，他們沮喪地看著開羅鬧區阿拉伯聯盟總部與各國使館降下阿拉伯各國國旗，一九八〇年二月，以色列與埃及建立外交關係，他們也同樣沮喪地看著以色列駐開羅新使館升起大衛星旗。

埃及人並不是厭惡與以色列締和，他們只是不希望因此與阿拉伯世界決裂。埃及與以色列現在建立了和平關係，但兩國民眾並未因此欣喜若狂。

到了一九七〇年代晚期，阿以和平進程逐漸被現代中東史上最重大的一起事件所掩蓋。伊朗雖然不屬於阿拉伯世界，但伊斯蘭革命的衝擊卻震撼整個阿拉伯中東地區。

一九七九年一月，美國支持的伊朗國王被伊斯蘭教士發起的人民革命推翻。伊斯蘭革命是冷戰時期最重大的一起事件，它深刻改變中東的權力平衡，美國因此喪失影響中東的柱石。伊朗革命也對油價造成重大衝擊。在革命騷動中，石油產量居世界第二位的伊朗幾乎完全停止生產。國王倒台引發的恐慌，使全球市場在十年間經歷第二次石油危機。油價幾乎飆漲到原來的三倍，從每桶十三美元上漲到三十四美元。

當全球消費者深受其害時，產油國卻迎來新的榮景。沙烏地阿拉伯是世界最大石油出口國，也是石油蘊藏量最多的國家。它的石油收入從一九七〇年的十二億美元，增加到一九七三年到一九七四年石油禁運巔峰的二百二十五億美元。伊朗革命引發第二次石油危機，沙烏地的石油收入在一九七九年躍升到七百億美元，整個一九七〇年代幾乎增加六倍。其他阿拉伯產油國，包括利比亞、科威特、卡達與阿拉伯聯合大公國都享有類似的成長率。沙烏地阿拉伯實行阿拉伯世界最具野心的公共支出計畫，從一九七〇年投入開發的二十五億美元，增加到一九八〇年的五百七十億美元。[61]

不過沙烏地阿拉伯與其他產油國一樣，缺乏人力來實現自身的發展目標，因此不得不從其他阿拉伯世界招募勞工。埃及是最主要的勞工出口國，不過突尼西亞、約旦、黎巴嫩、敘利亞與葉門乃至於無國家的巴勒斯坦人，全都是阿拉伯勞力遷徙的重要來源。一九七〇年代，產油國阿拉伯移工數量從一九七〇年的六十八萬人，增加到一九七三年石油禁運後的一百三十萬人，到了一九八〇年估計已達到三百萬人。這些阿拉伯勞動移民為自己的國家經濟做出重大貢獻。產油國的埃及工人一九七〇年匯回國內的資金有一千萬美元，一九七四年是一億八千九百萬美元，一九八〇年估計達到二十億美元，十年間足足增加二百倍。

埃及社會學家薩達・埃辛・易卜拉辛指出石油蘊藏量豐富的國家與蘊藏量貧乏的國家之間的勞動與資本交換產生了「新阿拉伯社會秩序」。在政治深刻分裂的時期，阿拉伯人在經濟層面加深彼此的依存關係。新秩序具有的彈性使其足以因應阿拉伯國家之間的敵對：一九七七年夏天，當埃及與利比亞交戰時，利比亞並未為了報復而驅逐四十萬埃及工人。甚至當沙達特背棄阿拉伯各國與以色列締和時，這類務實考量依然占了上風；在大衛營協定後的數年間，產油國對埃及人力的需求也有增無減。易卜拉辛的結論是，到了一九七〇年代末期，石油使阿拉伯世界更緊密地連結，其程度遠超過阿拉伯現代歷史中任何一個時期。[62]

伊朗革命的衝擊比石油市場更深入。中東統治最久的專制政體，在中東最強大的武裝力量與美國的充分支持下仍不免崩潰，這讓阿拉伯政治人物如坐針氈。緊張的阿拉伯統治者開始對國內的伊斯蘭政黨存有戒心。布特羅斯－蓋里日後回憶他曾問一名埃及記者，「伊朗革命有沒有可能蔓延到埃及？」記者向他保證，「伊朗革命這種疾病不會傳到埃及來。」[63]他認為，伊朗是什葉派國家，但埃及與其他阿拉伯國家絕大多數是順尼派穆斯林。而埃及又因為另一個伊斯蘭國家的隔絕而避免受到伊朗傳染，這個國家就是沙烏地阿拉伯王國。事件的發展隨即證明這名記者是錯的。往後十年，伊斯蘭政治將挑戰阿拉伯世界每個政治領導階層——從沙烏地阿拉伯開始。

伊斯蘭對沙烏地王國的挑戰始於一九七九年十一月二十日，當時一個名不見經傳自稱是阿拉伯半島穆斯林革命分子運動的組織占領了伊斯蘭教的神經中樞麥加大清真寺。運動領袖要求淨化伊斯蘭教、拒絕西方價值與讓國家從他認為既虛偽又腐敗的沙烏德王室解放。僵局持續兩個多星期，一千名叛軍以伊斯蘭教聖地為要脅。沙烏地不得不派遣國家衛隊進行鎮壓。官方數字表示有數十人死亡，但非官方的觀察者則認為有數百人被殺。運動領袖被捕並且連同其他六十三名追隨者一起遭到處決，這些人許多來自埃及、葉門、科威特與其他阿拉伯國家。

當大清真寺被圍之時，沙烏地阿拉伯什葉派團體也於十一月二十七日在東部省發起暴動示威，他們手持伊朗革命精神領袖阿亞圖拉．何梅尼的肖像，散布傳單宣揚推翻「專制的」沙烏德政權。備多力分的沙烏地國家衛隊花了三天鎮壓這些親伊朗的示威民眾，造成數十人死傷。[64]

突然間，就連最富有最強大的產油國在面對興起的伊斯蘭政治力量時也顯得脆弱。阿拉伯世界的新世代正在崛起，他們不再相信阿拉伯民族主義的說詞。他們對政治領袖感到幻滅，認為阿拉伯的國王與總統將他們的宮殿建築在腐敗上，將個人的權力凌駕在阿拉伯人的福祉上。他們不喜歡蘇聯的共產主義或無神論。他們相信美國代表新的帝國強權，對阿拉伯國家實行分而治之的策略，而且將以色列的利益置於巴勒斯坦人的權利之上。他們從伊朗革命學到的是，所有敵人聯手都無法擊倒伊斯蘭教。若能團結在伊斯蘭永恆真理下，穆斯林可以推翻專制政體與抵抗超級強權。阿拉伯世界正進入伊斯蘭力量激起的政治與社會變革的新時代。

注釋

1. Daniel Yergin, *The Prize: The Epic Quest for Oil, Money, and Power* (New York: Free Press, 1991), p. 446.
2. 同前，p. 500.
3. 例子見圖萊基對阿拉伯油管的主張：*Naql al-batrul al-'arabi* [Transport of Arab petroleum] (Cairo: League of Arab States, Institute of Arab Studies, 1961), pp. 114–122.
4. Muhammad Hadid, *Mudhakkirati: al-sira' min ajli al-dimuqtratiyya fi 'l- Iraq* [My memoirs: The struggle for democracy in Iraq] (London: Saqi, 2006), p. 428; Yergin, *The Prize*, pp. 518–523.
5. Yergin, *The Prize*, pp. 528–529.
6. 引自 Mirella Bianco, *Gadhafi : Voice from the Desert* (London: Longman, 1975), pp. 67–68.
7. Mohammed Heikal, *The Road to Ramadan* (London: Collins, 1975), p. 70.
8. Abdullah al-Turayqi, *Al-bitrul al-'Arabi: Silah fi'l-ma'raka* [Arab petroleum: A weapon in the battle] (Beirut: PLO Research Center, 1967), p. 48.
9. Jonathan Bearman, *Qadhafi's Libya* (London: Zed, 1986), p. 81; Frank C. Waddams, *The Libyan Oil Industry* (London: Croom Helm, 1980), p. 230; Yergin, *The Prize*, p. 578.

10. Ali A. Attiga, *The Arabs and the Oil Crisis, 1973–1986* (Kuwait: OAPEC, 1987), pp. 9–11.
11. Al-Turayqi, *al-Bitrul al-'Arabi*, pp. 7, 68.
12. Mohamed Abdel Ghani El-Gamasy, *The October War: Memoirs of Field Marshal El-Gamasy of Egypt* (Cairo: American University in Cairo Press, 1993), p. 114.
13. 同前，pp. 149–151.
14. 同前，pp. 180–181.
15. Riad N. El-Rayyes and Dunia Nahas, eds., *The October War: Documents, Personalities, Analyses, and Maps* (Beirut: An-Nahar, 1973), p. 63.
16. 引自 Yergin, The Prize, p. 597. 哈立德・哈桑（Khalid al-Hasan）向艾倫・哈特（Alan Hart）重述了相同的故事：「費薩爾說：『條件是你要打一場長期戰爭，而不是兩三天就停火。你打的戰爭必須不短於三個月。』」Alan Hart, Arafat: Terrorist or Peacemaker? (London: Sidgwick and Jackson, 1984), p. 370.
17. Heikal, *The Road to Ramadan*, p. 40.
18. 加瑪希宣稱，十月六日擊落二十七架以色列飛機，十月七日擊落四十八架，總計開戰前兩天就擊落七十五架以色列飛機：p. 234。他估計，十月六日以色列損失超過一百二十輛坦克，十月七日是一百七十輛：pp. 217, 233。比對整個戰爭的官方數字，這些數字似乎是可信的，官方紀錄提到以色列總共損失一百零三架飛機與八百四十輛坦克，阿拉伯損失三百二十九架飛機與二千五百五十四輛坦克。Avi Shlaim, *The Iron Wall: Israel and the Arab World* (New York: W. W. Norton, 2000), p. 321.
19. 引自 Yergin, *The Prize*, pp. 601–606.
20. El-Rayyes and Nahas, *The October War*, pp. 71–73.
21. Heikal, *Road to Ramadan*, p. 234.
22. 以色列官方數字，引自 Shlaim, *Iron Wall*, p. 321.
23. Heikal, *Road to Ramadan*, p. 275.

24. 引自 Hart, *Arafat*, p. 411.
25. 同前，p. 383.
26. 同前，p. 379.
27. Uri Avnery, *My Friend, the Enemy* (London: Zed, 1986), p. 35.
28. 同前，p. 52.
29. 同前，p. 36.
30. 同前，p. 43.
31. 同前，p. 44.
32. Lina Mikdadi Tabbara, *Survival in Beirut* (London: Onyx Press, 1979), pp. 3–4, 116.
33. Hart, *Arafat*, p. 411.
34. 阿拉法特演說全文重印於 Walter Laqueur and Barry Rubin, eds., *The Israel-Arab Reader: A Documentary History of the Middle East Conflict* (New York: Penguin, 1985).
35. Hart, *Arafat*, p. 392.
36. Patrick Seale, *Abu Nidal: A Gun for Hire* (London: Arrow, 1993), pp. 162–163.
37. 聯合國救濟工作署的已登記難民數量統計。救濟工作署提到，登記是自願的，已登記難民不是精確的人口數字，會比真實數字來得少。Robert Fisk 認為一九七五年時是三十萬人，見 *Pity the Nation: Lebanon at War* (Oxford: Oxford University Press, 1990), p. 73. 難民統計數字見聯合國救濟工作署網站，http://www.un.org/unrwa/publications/index.html。
38. Camille Chamoun, *Crise au Liban* [Crisis in Lebanon] (Beirut: 1977), pp. 5–8.
39. Kamal Joumblatt, *I Speak for Lebanon* (London: Zed Press, 1982), pp. 46, 47.
40. Tabbara, *Survival in Beirut*, p. 25.
41. 同前，p. 19.

42. 同前，pp. 20, 29.
43. 同前，pp. 53–54.
44. Saad Eddin Ibrahim, 'Oil, Migration, and the New Arab Social Order,' in Malcolm Kerr and El Sayed Yasin, eds., *Rich and Poor States in the Middle East* (Boulder, CO: Westview Press, 1982), p. 55.
45. Tabbara, *Survival in Beirut*, p. 66.
46. Walid Khalidi, *Conflict and Violence in Lebanon: Confrontation in the Middle East* (Cambridge, MA: Harvard University Press, 1979), pp. 60–62.
47. 同前，p. 104.
48. Tabbara, *Survival in Beirut*, p. 114.
49. Jumblatt, *I Speak for Lebanon*, p. 19.
50. Tabbara, *Survival in Beirut*, p. 178.
51. 麵包暴動發生於一九七七年一月十八日到十九日。Mohamed Heikal, *Secret Channels: The Inside Story of Arab-Israeli Peace Negotiations* (London: Harper Collins, 1996), p. 245.
52. 同前，p. 247–248. 利比亞對這次攻擊的看法，Bearman, *Qadhafi's Libya*, pp. 170–171.
53. Heikal, *Secret Channels*, pp. 252–254. 沙達特在回憶錄裡也有類似的說法：見 Anwar el-Sadat, *In Search of Identity* (London: Collins, 1978), p. 306.
54. Boutros Boutros-Ghali, *Egypt's Road to Jerusalem* (New York: Random House, 1997), pp. 11–12.
55. 同前，p. 16.
56. Heikal, *Secret Channels*, p. 259.
57. Boutros-Ghali, *Egypt's Road to Jerusalem*, p. 17.
58. Heikal, *Secret Channels*, p. 262.
59. Doc. 74, 比金總理在以色列議會的發言，一九七七年十一月二十日，見 Israel's Foreign Relations: Selected Documents,

vols. 4–5: 1977 1979，公布於以色列外交部網站，www.mfa.gov.il/MFA/Foreign+Relations/Israels+Foreign+Relations+since+1947/1977–1979/。粗體部分為本書作者所加。

60. Boutros-Ghali, *Egypt's Road to Jerusalem*, pp. 134–135.
61. 統計數字出自 Saad Eddin Ibrahim, 'Oil, Migration, and the New Arab Social Order,' pp. 53, 55.
62. 同前，pp. 62–65.
63. Boutros-Ghali, *Egypt's Road to Jerusalem*, pp. 181–182, 189.
64. Alexei Vassiliev, *The History of Saudi Arabia* (London: Saqi, 2000), pp. 395–396.

第十三章　伊斯蘭力量

十月六日是一九七三年戰爭的週年紀念日，也是埃及的國定假日，埃及軍方每年都會在這天舉辦閱兵典禮。開羅閱兵場後方有一座戲劇性的建築物，這是沙達特總統為了紀念十月戰爭陣亡將士興建的現代金字塔。這座紀念碑也是埃及無名將士的陵寢。

軍人節閱兵儀式慶祝沙達特總統成為蘇伊士運河的「渡河英雄」，這是他擔任總統期間聲勢最高的時刻。軍人節閱兵儀式也紀念埃及在一九七三年率領阿拉伯世界對抗以色列時的軍事領袖地位，但在埃及單獨與猶太國簽訂和約，嚴重破壞自身的地位之後，一切便改觀了。

沙達特盡一切努力讓民眾的焦點集中在軍人節閱兵上，他自己則將在埃及與國際新聞媒體關注下親自參加這項典禮。至少在這一天，沙達特可以把埃及遭到孤立的事實拋諸腦後：簽訂大衛營協定之後，其他阿拉伯國家與埃及斷絕關係，阿拉伯聯盟也把總部從開羅遷到突尼斯。但阿拉伯國家的做法只是讓埃及政府更堅決慶祝一九七三年戰爭的成就，這是埃及的國家榮譽。

一九八一年十月六日，身著軍禮服的沙達特在華麗閱兵台上就座，身旁是他的內閣成員、教士、外國貴賓與軍事高層官員。一列列坦克、裝甲運兵車與飛彈發射器從金字塔形紀念碑與閱兵台之間魚貫而過。空軍戰機排成緊密隊形呼嘯飛過頭頂，後頭尾隨著七彩煙霧。新聞播報員說道：「接下來通過的是砲兵部隊。」此時無光澤的棕褐色卡車拖著榴彈砲接近閱兵台。

其中一輛卡車猛地轉彎然後停住。一名士兵跳下駕駛座，朝閱兵台投擲數枚手榴彈，他的三名同夥則從平板卡車的後方朝大批觀禮賓客開火。這些叛變士兵完全起到奇襲的效果，他們有三十秒的時間未遭受任何抵抗，恣意進行屠殺，而且很可能一開頭的幾槍就擊斃沙達特。

叛黨領袖跑到閱兵台前，對著已經俯臥在地的總統沙達特近距離射擊，直到一名總統侍衛終於開槍擊傷他為止。刺客對著閱兵台混亂的人群喊道：「我是哈立德．伊斯蘭布里。我殺了法老，我不怕死。」[1]

沙達特遇刺的狀況透過電視轉播傳送到各地，震撼全世界。一個沒沒無聞的伊斯蘭主義者，幾乎完全憑著自己的力量刺殺了阿拉伯世界最強大的國家的總統。伊斯蘭革命的前景不再只局限於伊朗，在阿拉伯世界內部已經出現挑戰世俗政府的伊斯蘭運動。

當哈立德．伊斯蘭布里大喊「我殺了法老」時，他是在指責沙達特成了一名世俗統治者，把人的法律置於宗教之上。伊斯蘭主義者有一個共通信念，他們相信穆斯林社會的統治必須合乎「真主律法」、源自《古蘭經》的伊斯蘭律法、先知穆罕默德的智慧與伊斯蘭神學家的法律體系（統稱伊斯蘭教法）。他們把世俗政府視為敵人，把統治者稱為「法老」。與希伯來聖經一樣，《古蘭經》對於古埃及法老有很多批評，《古蘭經》把法老描述成把人類法律置於上帝十誡之上的專制帝王。在《古蘭經》中，至少有七十九句經文是在指責法老。更極端的伊斯蘭主義者支持以暴力對抗統治今日阿拉伯世界的法老，認為這是推翻世俗政府建立伊斯蘭國家的必要手段。哈立德・伊斯蘭布里便屬於這類極端分子，他相信，只要宣稱這位死去的總統是法老，就可以讓刺殺沙達特的行為正當化。

除了伊斯蘭主義者外，還有一些人也對沙達特頗有微詞。一九八一年十月十日是沙達特下葬的日子，世界各國領袖都來參加這場國葬，但阿拉伯各國卻幾乎未派代表前來。出席葬禮的領袖包括尼克森、福特與卡特三名美國總統，他們都曾與沙達特密切合作。以色列總理比金因為簽訂以埃和約而與沙達特共同獲得一九七八年諾貝爾和平獎，他也率領陣容龐大的代表團出席葬禮。在阿拉伯聯盟成員中，只有蘇丹、阿曼與索馬利亞派代表參加。

更讓人吃驚的是，在葬禮上很少看到埃及重要人物出席。資深記者與政治分析家海卡爾向來對沙達特不滿（在沙達特遇刺前一個月，海卡爾在一場搜捕反對分子的行動中被捕並且被關進牢裡），他在回顧時提到：「西方哀悼他，認為他是英雄與有遠見的政治家，但你很難從他的同胞中找到願意悼念他的人。」[2]

不過，無論是批評者或崇拜者都對沙達特最後安息的地方感到滿意。對於「渡河英雄」的崇拜者來說，沙達特埋葬在一九七三年戰爭紀念碑是最適當的，這裡剛好面對著閱兵台，也就是沙達特遭到槍擊的地方。沙達特的伊斯蘭敵人也感到滿意，因為他們認為法老本來應該葬在金字塔的陰影之下。

伊斯蘭主義者殺死埃及總統，但缺乏資源與計畫推翻埃及政府。副總統穆巴拉克在事件發生時很快被送離閱兵場，只受一點輕傷，在宣布沙達特死訊後隨即就任總統。埃及安全部隊搜捕數百名嫌犯，據說對許多人進行拷問。

六個月後，一九八二年四月，五名被告被求處死刑，罪名是刺殺沙達特：哈立德・伊斯蘭布里與三名共犯，還有他們的意識形態導師，一個名叫阿卜杜．薩拉姆．法拉吉的電工，他曾寫過一篇短文，支持以吉哈德對抗「非伊斯蘭」（即世俗之意）阿拉伯統治者。死刑使這些沙達特刺客成為殉道者，往後整個一九八〇年代，伊斯蘭主義團體持續以暴力對抗埃及政府，他們想推翻世俗的埃及民族主義阿拉伯共和國，建立埃及伊斯蘭共和國。

今日整個阿拉伯世界的公共生活充斥著伊斯蘭教，我們因此很容易忘記在一九八一年時整個中東是如何世俗化。除了大部分保守的阿拉伯海灣國家，其他阿拉伯國家民眾傾向穿著西方服飾而非傳統服裝。許多人在公開場合喝酒，完全無視伊斯蘭禁令。男性與女性自由在公共與工作場所來往，愈來愈多女性接受高等教育與進入職場工作。對一些人來說，現代的自由標誌著阿拉伯進步的巔峰。另一些人則對這些發展感到不安，他們擔心快速變遷會讓阿拉伯世界放棄自身的文化與價值。

伊斯蘭教與現代性的辯論在阿拉伯世界有著悠久歷史。一九二八年，哈桑．班納創立穆斯林兄弟會，旨在對抗西方勢力與防止埃及的伊斯蘭價值遭到侵蝕。往後數十年，穆斯林兄弟會面臨愈來愈嚴重的壓迫，先是一九四八年十二月遭埃及君主禁止，之後又於一九五四年遭納瑟爾政權取締。一九五〇與六〇年代，伊斯蘭政治活動在阿拉伯世界被迫轉入地下，伊斯蘭價值也遭到世俗國家貶抑，世俗國家要不是從蘇聯社會主義獲得啟發，就是從西方自由市場民主制度獲得鼓舞。然而，壓制只是更堅定了穆斯林兄弟會的意志，他們決心反抗世俗主義與提倡他們認為的伊斯蘭價值。

一九六〇年代，穆斯林兄弟會出現了激進的新潮流，這股潮流是由一名具領袖魅力的埃及思想家賽義德．庫特布帶動的。庫特布是二十世紀最具影響力的伊斯蘭改革者。一九〇六年，庫特布在上埃及一個村落裡誕生，一九二〇年代，他前往開羅就讀師範學院，畢業之後在教育部擔任教師與督學。他在一九三〇與一九四〇年代以作家與評論者的身分活躍於文藝圈。

一九四八年，庫特布獲得政府兩年獎學金前往美國深造。他在北科羅拉多大學師範學院取得教育學碩士，期間也曾在華府與加州史丹福攻讀。雖然他從東到西橫貫整個美國，但他不像典型留美學生那樣對美國產生一定情感。一九五一年，庫特布在伊斯蘭主義雜誌發表他的反思〈我所看見的美國〉。他指責在美國看到的物質主義與精神價值的闕如，他也對美國社會道德散漫與毫無限制的競爭感到吃驚。美國教會的邪惡尤其令他震驚。他寫道：「絕大多數教會都有讓兩性加入的俱樂部，每個牧師都努力為自己的教會吸引更多的信眾，尤其不同教派之間競爭十分激烈。」庫特布認為這種爭取信眾的行為，比較適合劇場經理去做，精神領袖這麼做很不得體。

庫特布在文章中講述一則故事，有一晚，他參加教會禮拜，之後則是舞蹈時間。他很驚訝地發現牧師居然讓教堂大廳洋溢著「浪漫與熱情」。牧師甚至選了一張挑逗人心的唱片來助興。庫特布對歌曲的描述——「一首著名的美國歌曲〈但寶貝，外頭很冷〉」——充分顯示他與美國流行文化的隔閡。「這首歌的內容是一男一女晚上約會回家後的對話。男孩帶女孩回到自己的家，然後不讓她離開。她懇求讓她回家，因為時間已經不早了，她的媽媽在等她，然而每一次她提出理由，男孩都會回一句：但寶貝，外頭很冷！」[3]庫特布顯然覺得這首歌不入流，但他更驚訝的是，宗教人員竟然選擇這首不得體的歌做為教區年輕民眾跳舞的曲子。這與清真寺的社會角色相隔甚遠，在清真寺，男女是分離的，而且服裝與行為必須端莊。

庫特布回到埃及，決心扭轉國人對美國體現的現代價值的盲目順從。他表示：「美國擁有偉大的物質成就，但恐怕人民的素質跟不上這些成就。我想隨著生命巨輪不斷轉動，時間大書翻到最後一頁，美國將對道德的價值無所增益，然而唯有道德才能讓人不同於世間之物，或者說，讓人異於禽獸。」[4]庫特布不想改變美國；他要做的是保護埃及與整個伊斯蘭世界免於他在美國看到的道德淪喪。

庫特布從美國返國後不久，一九五三年，他加入了穆斯林兄弟會。由於庫特布有出版背景，因此負責主掌兄弟會的新聞與出版單位。這位充滿熱忱的伊斯蘭主義者發表的挑動人心的文章獲得廣泛回響。埃及一九五二年革命後，庫特布與自由軍官團建立了良好關係。據說納瑟爾曾邀請庫特布草擬新官方政黨解放連線的黨章。納瑟爾這麼做可能不是基於對這名伊斯蘭主義改革者的推崇，而是經過計算之後決定利用庫特布對新官方政黨的支持，將所有政黨全部吸收到解放連線，其中當然也包括穆斯林兄弟會。

新政權對穆斯林兄弟會的善意是短暫的。一九五四年十月，一名兄弟會成員行刺納瑟爾未遂，當局大舉搜捕兄弟會，庫特布也被逮捕。與其他穆斯林兄弟會一樣，庫特布宣稱自己被捕之後遭受可怕的拷問與訊問。庫特布被以顛覆罪起訴，被判十五年重勞役。

在獄中，庫特布仍持續鼓勵其他伊斯蘭主義者。健康狀況不佳使他經常待在醫院，他在住院期間寫下二十世紀關於伊斯蘭教與政治最具影響力的作品《里程碑》，其中包括對《古蘭經》的激進評釋以及對真實伊斯蘭社會的熱切呼喚。

《里程碑》是庫特布思想的精華，他在書中針對西方物質主義的破產與世俗阿拉伯民族主義的威權體制提出自己的看法。他認為，現代的社會與政治制度是人為的，因此不免出現失靈。這些制度非但未能開啟科學與知識的新時代，反而喪失神的指引，致使人類陷入「賈希利亞」（jahiliyya）。賈希利亞一詞尤其可以在伊斯蘭教找到共鳴，因為賈希利亞指的是伊斯蘭教傳布前的黑暗時代。庫特布認為，二十世紀的賈希利亞「表現在宣稱人類有權利創造價值，能對集體行為的準則進行立法，能自由選擇生活方式，而完全無視真主的誡命」。庫特布言下之意，二十世紀科學與科技的非凡進展並未帶領人類進入現代；相反地，離棄真主的永恆信息反而讓社會回到七世紀。庫特布相信，不僅阿拉伯世界如此，非伊斯蘭的西方也是如此。他認為，這樣的結果將造成暴政。阿拉伯政權並未帶給人民自由與人權，而是壓迫與拷問，這是庫特布親身體會的痛苦經驗。

庫特布認為，伊斯蘭教是真主對人類秩序的完美陳述，是通往人類自由的唯一道路，是真實的解放神學。由此延伸，唯一有效具正當性的法律是真主的律法，而真主的律法就記載於伊斯蘭教法中。他相信，必須要有一名穆斯林先驅使伊斯蘭教重新扮演「人類領袖的角色」。這名先驅要以「傳道與說服的方式傳布改革的觀念與信仰」，而且要以「實際的力量與吉哈德來廢除賈希利亞制度的組織與權威，因為這些組織與權威阻礙人去改革觀念和信仰，使他們服侍人類君主而非萬能的天主」。庫特布寫書指引先驅領導伊斯蘭價值的復興，透過伊斯蘭價值的復興，穆斯林將再次獲得個人自由與世界領袖地位。[5]

庫特布訊息的力量在於簡潔與直接。他指出問題，也就是賈希利亞，然後明確表示伊斯蘭教可以解決這個問題，而伊斯蘭教揭櫫的價值又是許多阿拉伯穆斯林耳熟能詳的。他的批判不僅適用於帝國主義強權，也適用於專制的阿拉伯政權，他的回應是充滿希望的訊息，相信穆斯林具有優越性：

> 情況改變了，穆斯林失去外在力量，遭到征服；但穆斯林內心並未忘記自己是最優越的。如果他還是個信仰者，那麼他會居於優越的地位審視自己的征服者。他仍堅信這只是暫時的狀況，不久就會

過去，信仰將會反轉整個局勢，沒有人可以逃脫。即使死亡是他的命運，他也不會低頭。人都會死，但對他來說，死亡代表殉道。他將走向花園（即天堂），而他的征服者將走向烈焰（即地獄）。6

無論庫特布對西方帝國主義強權再怎麼不認同，他的首要目標仍是阿拉伯世界的專制政權，尤其是納瑟爾政府。在解釋《古蘭經》「掘坑的人們」這段經文時，庫特布幾乎毫不掩飾地諷喻穆斯林兄弟會與自由軍官團之間的關係。在《古蘭經》的故事中，信仰者因信仰而被判火刑，暴君們聚集圍觀這群正義的受害者被活活燒死。《古蘭經》（85:1-16）描述說：「願掘坑的人們，被棄絕。」（馬堅譯本）庫特布評釋說，這些迫害者是一群「傲慢、惡意、可恥與墮落之人」，他們從殉道者的痛苦中尋歡取樂。庫特布寫道：「當這群正義信仰者，不分男女老幼，全被丟入火裡時，他們從兇殘中得到的愉悅也達到巔峰，眼睛看著血肉，嘴裡發出瘋狂歡快的叫聲。」《古蘭經》的故事裡沒有這段生動的敘述，或許這是來自庫特布自己的經驗，或者是其他穆斯林兄弟會成員的經驗。庫特布在結論中說道，「信仰者及其敵人的鬥爭」，本質上是「信仰之間的鬥爭，可能是非信仰或信仰，也可能是賈希利亞與伊斯蘭教」。庫特布的訊息很清楚：埃及政府與他的伊斯蘭國願景是水火不容的。只有一個能存在。

庫特布於一九六四年出獄，《里程碑》也於同年出版。他的地位因獄中作品而更為提高，他很快就重新聯絡上轉入地下的穆斯林兄弟會同志。但庫特布肯定知道自己的一舉一動都受到納瑟爾祕密警察的監視。這位伊斯蘭主義作者因為提出激進的新思想而聞名整個穆斯林世界，無論他在國內還是海外，都成了埃及政府的眼中釘。

庫特布的追隨者也跟庫特布本人一樣遭受同樣的監視與風險。庫特布最具影響力的一個門徒是扎伊納布·加扎里（一九一七～二〇〇五），她是伊斯蘭主義婦女運動的先驅。加扎里才二十歲就建立了穆斯林婦女協會。她的活動獲得穆斯林兄弟會創立者哈桑·班納的注意，班納試圖說服她參加自己才剛創立的穆斯林姊妹會。雖然這兩個伊斯蘭主義婦女運動各自遵循自己的路線，但加扎里從此成為哈桑·班納忠實的追隨者。

一九五〇年代，加扎里結識囚禁獄中的庫特布的姊妹，庫特布給了她尚未出版的《里程碑》草稿。加扎里閱讀之後深受激勵，決心成為庫特布宣言中設想的先驅角色，推動埃及社會擁抱伊斯蘭律法。正如先知穆罕默德在麥加待了十三年後遷往麥地那，庫特布的追隨者也給自己十三年將整個埃及社會轉變成理想的伊斯蘭社會。加扎里寫道：「對埃及男女老幼進行十三年伊斯蘭訓練後，我們將徹底調查整個國家。如果調查顯示至少有百分之七十五的追隨者相信伊斯蘭教是完整的生活方式而且深信應該建立伊斯蘭國家，那麼我們就會號召建立這樣的國家。」如果民調顯示不到百分之七十五，那麼加扎里與她的夥伴將會再努力十三年來改變埃及社會。[7] 長遠來看，他們的目標不外乎推翻自由軍官團政權，代之以真正的伊斯蘭國家。納瑟爾及其政府決心在加扎里一夥人站穩腳跟之前除去伊斯蘭威脅。

在經過十年的囚禁後，埃及當局於一九六四年年底釋放庫特布。加扎里與其他支持者慶祝庫特布獲釋，並且在埃及警察監視下頻頻與他會面。許多人認為庫特布獲釋只是讓當局能夠搜捕到其他的伊斯蘭主義者。一九六五年八月，在短短八個月的自由後，庫特布再度入獄，這次一同被捕的還有加扎里與所有夥伴。這些人被指控陰謀刺殺納瑟爾總統與推翻埃及政府。雖然他們的長期目標顯然是以伊斯蘭制度取代埃及政府，但被告們矢口否認他們陰謀殺害總統。

加扎里被關了六年，她日後敘述在獄中的慘狀，生動描述伊斯蘭主義者無分男女遭受納瑟爾政府拷問的恐怖。她入獄第一天就目睹暴力。「我簡直無法相信我的眼睛，也無法接受這樣非人的待遇，我靜靜地看著穆斯林兄弟會成員被吊在半空中，全身赤裸遭受嚴酷鞭打。有些人則被惡犬啃咬身體。其他的人則面向牆壁等著遭受酷刑。」8

加扎里也不能倖免於難，她遭受鞭打、毆打、狗咬、單獨監禁、剝奪睡眠與持續的死亡威脅，但她始終未供出庫特布與其他穆斯林兄弟會領袖涉入這場聲稱的陰謀。當兩名剛被逮捕的年輕女性獲准關到加扎里的囚室時，已經受刑十八天的加扎里無法用言語形容在這裡遭受的恐怖，於是向她們朗誦《古蘭經》「掘坑的人們」這段經文。聽到這段經文後，其中一名女子哽咽地哭了，另一名女子則不可置信地問道：「這也會發生在女人身上嗎？」9

一九六六年四月，庫特布與追隨者的審判開始。總計四十三名伊斯蘭主義者，其中包括庫特布與加扎里，全因叛國罪被起訴。檢察官以庫特布的作品做為證據，指控庫特布提倡以暴力顛覆埃及政府。一九六六年八月，庫特布與另外兩名被告被判有罪處以死刑。加扎里被判處二十五年重勞役。

埃及當局處決庫特布，不僅使庫特布成為伊斯蘭主義運動的殉道者，也證明庫特布著作的真知灼見，他的作品在他死後變得更具影響力。他對《古蘭經》的評釋，他的《里程碑》以及政治行動憲章重新出版通行到整個穆斯林世界。一九六〇年與七〇年代出現的新世代受到庫特布提倡的伊斯蘭復興與正義的激勵。這些新成員於是開始投入實現這個願景，他們使用各種可能的方式，除了和平，也包括暴力手段。

一九六〇年代，伊斯蘭主義的挑戰從埃及蔓延到敘利亞。穆斯林兄弟會的影響以及庫特布對世俗政府的激進批判，共同掀起了革命的伊斯蘭運動，目標是推翻敘利亞的禁衛隊共和國。這場衝突使敘利亞瀕臨內戰，並且奪走數萬條人命，整個爭端的巔峰是發生在敘利亞城鎮哈馬的野蠻屠殺。

穆斯塔法·希拔伊（一九一五～一九六四）出生於霍姆斯，是穆斯林兄弟會敘利亞分會的創始人。一九三〇年代，他在埃及念書，在當地受到哈桑·班納的影響。回到敘利亞之後，希拔伊糾集幾個穆斯林青年團體共同在敘利亞組成穆斯林兄弟會。希拔伊運用穆斯林兄弟會的網絡在一九四三年選舉中贏得敘利亞國會席次。從那時起，敘利亞穆斯林兄弟會的勢力便受到政治菁英注意，但在一九四〇與五〇年代，敘利亞逐漸世俗化，阿拉伯民族主義政治論述居於主流，穆斯林兄弟會的力量仍不足以影響整個潮流。

一九六三年，當敘利亞復興黨掌權時，穆斯林兄弟會開始採取攻勢。復興黨的政治立場是絕對世俗化，嚴格要求政教分離。他們這麼做是理所當然，因為復興黨成員信仰的教派十分多元。敘利亞人口大多數是順尼派穆斯林（占了七成人口），復興黨除了世俗順尼派穆斯林外，也吸引許多基督徒成員加入，此外還獲得阿拉維派的大力支持。阿拉維派是什葉派穆斯林的分支，也是敘利亞最大的少數族群，占敘利亞人口百分之十二。阿拉維派多年來被占多數的順尼派邊緣化，到了一九六〇年代時，阿拉維派已經藉由軍隊與復興黨而在敘利亞政壇取得新的重要地位。

復興黨傾向於世俗甚至無神論立場，因此引發穆斯林兄弟會的反對，後者自稱是敘利亞的「道德多數」。穆斯林兄弟會認為阿拉維派位居政治高位是對敘利亞順尼派穆斯林文化的威脅，決心在必要時刻以暴力手段推翻政府。

一九六〇年代中期，兄弟會在哈馬與北部城市阿勒坡組織地下抵抗運動。伊斯蘭主義者開始儲備武器與從敘利亞各地高中與大學招募新兵。哈馬一名最具領袖魅力的伊瑪目（清真寺中率眾禮拜者）馬爾萬．哈迪德謝赫招募特別多的學生加入伊斯蘭地下運動。對許多年輕伊斯蘭主義者來說，哈迪德是啟蒙者，也是伊斯蘭行動主義的模範。[10]

一九七〇年十一月十六日，敘利亞復興黨空軍總司令哈菲茲．阿薩德將軍政變奪權，伊斯蘭主義地下運動與敘利亞政府的對峙開始浮上檯面。阿薩德身為阿拉維派少數社群成員，是敘利亞首位非順尼派穆斯林領袖。他一開始任職時努力安撫順尼派穆斯林，但毫無效果。一九七三年制定新憲，憲法首次未明訂敘利亞總統必須是穆斯林，此舉再次引發政教分離的爭議。憲法在順尼派穆斯林根據地哈馬引發暴力示威。一九七六年四月，阿薩德決定干預黎巴嫩內戰，支持馬龍派基督徒對抗進步派穆斯林軍隊與巴勒斯坦運動，這項做法引發更嚴重的伊斯蘭主義暴力行動。

阿薩德對黎巴嫩戰爭的干預，讓占敘利亞人口絕大多數的穆斯林十分憂心。一九七〇年阿薩德掌權後，順尼派覺得自己遭到阿拉維派主掌的政府排擠，心生不滿的順尼派懷疑新政權正在進行「少數聯盟」，敘利亞執政的阿拉維派與黎巴嫩馬龍派共同打壓占兩國人口多數的順尼派。隨著政府與順尼派社群的緊張逐漸升高，阿薩德下令鎮壓敘利亞穆斯林兄弟會。一九七六年，當局逮捕哈馬的激進派伊瑪目馬爾萬．哈迪德謝赫。這名伊斯蘭主義招募者立即絕食抗議，他於一九七六年六月去世。當局堅稱哈迪德是因為絕食而死，但伊斯蘭主義者指控政府殺害哈迪德並表示要為他復仇。

敘利亞伊斯蘭主義者花了三年時間才準備好對阿薩德政權進行報復攻擊。一九七九年六月，伊斯蘭主義游擊隊攻擊阿勒坡軍事學院，這所學校的學生絕大多數來自阿拉維派社群——三百二十位軍校生中有二百六十位是阿拉維派。恐怖分子殺害八十三名軍校生，全是少數的阿拉維派。

這場攻擊行動造成穆斯林兄弟會與哈菲茲·阿薩德政權的全面開戰，這場戰爭將持續兩年半的時間，使敘利亞陷入恐怖主義與反恐怖主義的循環拉鋸之中。

敘利亞穆斯林兄弟會深信他們的宗旨出於正義，因此拒絕與阿薩德政權協商或妥協。一九七九年中葉，穆斯林兄弟會在敘利亞各城鎮散發的傳單上寫著：「基於伊斯蘭原則，我們拒絕一切形式的專制主義，我們不尋求以另一個法老取代現在的法老。」[11]他們的措詞與埃及伊斯蘭主義好戰分子相呼應，而後者也對哈馬穆斯林兄弟會反叛敘利亞法老給予道德上的支持。

由於毫無妥協空間，以總統的弟弟里法特·阿薩德為首的敘利亞政府強硬派毫不客氣地以武力鎮壓伊斯蘭叛軍。一九八〇年三月，敘利亞突擊隊搭乘直升機突襲阿勒坡與拉塔基亞之間的一處叛軍村落，並且對整個村施行戒嚴。根據官方統計，這場行動殺死兩百多名村民。

順利鎮壓鄉村地區之後，敘利亞政府士氣大振，於是派遣二萬五千名部隊攻打阿勒坡，前一年屠殺軍校生的景象再度重現。士兵在支持伊斯蘭主義叛軍的區域挨家挨戶搜查，一共逮捕了八千多名嫌犯。里法特·阿薩德從坦克砲塔上警告市民，他準備一天處決一千人，直到把這座城市的穆斯林兄弟會清除乾淨為止。

一九八〇年六月二十六日，穆斯林兄弟會進行反擊，試圖刺殺阿薩德總統。好戰分子利用總統接見來訪的非洲貴賓時以手榴彈與機關槍進行攻擊。阿薩德總統有侍衛充當人肉盾牌，在重重保護下逃過一劫。第二天，里法特．阿薩德派突擊隊前往惡名昭彰的塔德穆爾監獄，這裡監禁了穆斯林兄弟會成員，這些隊員來此進行可怕的報復行動。

年輕的阿拉維派突擊隊員伊薩．易卜拉辛．法雅德永遠無法忘記他的第一項任務，他奉命前往塔德穆爾屠殺手無寸鐵的囚犯。清晨六點半，直升機將敘利亞士兵運至監獄。突擊隊總共約七十人，分成七個排，每個排負責不同的區域。法雅德與其他隊員就位後開始行動。「他們為我們打開各區的大門。我們六、七個人進去，殺死裡面所有的人，總計約六、七十個人。我自己可能幹掉了十五個人。」牢房裡迴盪著機關槍開火的聲音與垂死者「真主至大」的喊聲。法雅德對於受害者毫無憐憫之心。他陰沉地回想著，「肯定有五百五十多名穆斯林兄弟會混蛋被殺。」其他參與者則估算有七百到一千一百名穆斯林兄弟會成員死在牢裡。手無寸鐵的犯人拚命抵抗突擊隊員，在近身戰鬥中造成一名隊員死亡兩名隊員受傷。突擊隊員完成任務後必須從手到腳洗去身上的血汙。[12]

殺光塔德穆爾監獄所有兄弟會成員後，阿薩德開始立法清除敘利亞社會中的兄弟會成員。一九八〇年七月七日，敘利亞政府通過立法，使加入兄弟會的人判刑可達到死刑。然而伊斯蘭主義反對運動毫不畏懼，他們連續行刺好幾名重要敘利亞官員，其中包括阿薩德總統的個人朋友。

一九八一年四月，敘利亞政府派兵進入穆斯林兄弟會根據地哈馬進行報復。哈馬是敘利亞第四大城，當時人口約十八萬，從一九六〇年代以來一直是伊斯蘭主義反對派中心。當軍隊抵達時，市民未做抵抗，他們以為這次跟過去一樣只是搜捕，突擊隊會把他們監禁起來進行盤問恐嚇，然後將他們釋放。但他們錯了。

敘利亞軍隊決定對哈馬居民殺雞儆猴，無差別地殺害孩子與成人。一名目擊者向西方記者描述這場屠殺：「我走了幾步，看到一堆屍體，然後是另一堆。我想應該有十到十五堆。我走過這些屍體，一堆接著一堆。我凝視著他們，不敢相信自己的眼睛……每一堆大約有十五、二十五、三十具屍體。他們的臉孔完全不可辨識……有不同年紀的屍體，有十四歲上下的，有穿著睡衣的，有穿著當地長袍的，有穿著拖鞋的，也有打赤腳的。」[13]估計這次攻擊造成的死亡人數在一百五十到數百人之間。兩年來政府軍與伊斯蘭主義者的交戰已造成二千五百人以上死亡。

穆斯林兄弟會也回敬敘利亞軍方對哈馬的屠殺，對敘利亞重要城鎮的無辜平民進行恐怖攻擊。伊斯蘭主義者把戰場從北部城鎮阿勒坡、拉塔基亞與哈馬轉移到首都大馬士革。同年八月到十一月，穆斯林兄弟會一連串的炸彈攻擊，震撼了敘利亞首都，其中十一月二十九日在市中心引爆的巨大汽車炸彈造成二百人死亡數百人受傷——這是阿拉伯世界到當時為止遭遇的最大一起單一炸彈傷亡事件。

一九八一年十月，沙達特遇刺身亡，適逢阿薩德總統生日，敘利亞伊斯蘭主義者散發傳單威脅要讓他遭遇相同命運。阿薩德授權弟弟里法特對穆斯林兄弟會根據地哈馬進行滅絕戰爭，想一口氣消滅兄弟會。

一九八二年二月二日清晨，敘利亞政府攻擊穆斯林兄弟會據點哈馬。武裝直升機把突擊隊員送到城外山丘。哈馬居民在一九八一年四月遭受政府軍屠殺之後已提高警覺，伊斯蘭主義者聽到直升機來襲便立刻採取行動。穆斯林兄弟會高喊「真主至大」，然後投入反政府的武裝鬥爭中。他們透過城市清真寺平日用來呼告做禮拜的擴音器號召居民進行吉哈德，也就是聖戰。穆斯林兄弟會領袖要求市民一舉推翻「異教徒」阿薩德政權。

破曉時分，第一波士兵撤退，伊斯蘭主義戰士發動攻擊，殺死哈馬的政府官員與復興黨成員。初期的成功使叛軍產生勝利的幻想。因為在第一波突擊士兵後頭還有數萬名士兵，以及坦克與飛機助陣。這是一場政府軍絕不能輸的戰爭，而叛軍缺乏勝利的條件。

第一個星期，穆斯林兄弟會努力擊退敘利亞陸軍的攻擊。但政府軍的優勢火力造成慘重傷亡，坦克與大砲夷平了街區，將守軍埋葬在瓦礫堆中。當哈馬終於陷落時，政府幹員對倖存者進行血腥屠殺，只要稍有支持穆斯林兄弟會的嫌疑，就會遭到逮捕、拷問與恣意殺害。《紐約時報》通訊記者湯馬斯．佛里曼在戰爭結束後兩個月進入哈馬，發現市區完全被推土機與壓路機夷平。人命的損失更是可怕。佛里曼提到：「幾乎所有哈馬的穆斯林領袖，從謝赫、老師到清真寺守門人，在爭奪城市的戰爭中存活下來後卻免不了遭受清算；大多數反政府聯盟領袖也遭受相同的命運。」[14]

時至今日，還是無法確知一九八二年二月哈馬死了多少人。記者與分析家估計死亡人數在一萬到兩萬之間，但里法特卻宣稱殺死了三萬八千人。阿薩德兄弟希望全世界知道他們已經擊敗對手，而且給予敘利亞穆斯林兄弟會致命的一擊，使其永遠無法再起。

現在，伊斯蘭主義者與法老之間的衝突已較以往更加危險。埃及當局對伊斯蘭主義反對者進行廣泛拷問與選擇性的處決，而敘利亞政權則是進行集體性的滅絕。要推翻這麼強大的對手，伊斯蘭主義者需要更扎實的訓練、更周詳的計畫與更精實的紀律。

伊斯蘭主義者在敘利亞與埃及的經驗顯示阿拉伯國家太強大，光靠暗殺或顛覆不可能推翻。黎巴嫩內戰經驗讓伊斯蘭主義政黨有機會提倡他們的伊斯蘭社會願景。阿富汗在一九七九年蘇聯入侵後也呈現不同的選擇。在這兩個例子裡，伊斯蘭主義政黨將他們的鬥爭搬上國際舞台，把戰爭範圍擴大為與地區和全球超級強權對抗，如以色列、美國與蘇聯。一開始是個別國家的內戰，逐步演變成全球性的安全議題。

一九八三年十月二十三日星期日早上，兩枚幾乎同時引爆的炸彈震撼了貝魯特地基。短短幾秒鐘就有三百多人喪命：二百四十一名美軍，五十八名法國傘兵，六名黎巴嫩平民與兩名自殺炸彈客。這是美國海軍陸戰隊自硫磺島戰役以來單日最大的死亡數字，也是法國自阿爾及利亞戰爭以來單日最多的傷亡，而這兩名自殺炸彈客則轉變了黎巴嫩的衝突。

炸彈客開著裝了數噸高爆炸藥的卡車接近目標。其中一輛前往位於貝魯特國際機場的美國海軍陸戰隊軍營，那是一棟混凝土建築，卡車於早上六點二十分通過入口。他加足馬力撞破金屬大門。受驚的哨兵甚至沒有時間裝填子彈來阻止他。一名生還者看著卡車急速通過。在爆炸後，他只記得「那個人開車經過時臉上還帶著微笑」。[15]這名駕駛員顯然很高興自己開進美軍營區，他無疑相信自己的壯烈成仁可以為自己開啟天堂之門。

爆炸的威力非常強大，硬生生把建築物從地基截斷；整棟建築物就像紙牌屋一樣倒塌。殘破建物的地下室是海軍陸戰隊的軍火庫，此時因為高熱而引發第二次爆炸，建築物遭受劇烈搖晃。

而在北方五公里處，另一名自殺炸彈客開著卡車進入一棟高聳建築物的地下停車場，這棟建築物是法國傘兵總部。他引爆炸藥，夷平建築物，殺死五十八名法國士兵。記者羅伯特·費斯克在爆炸後不久趕抵現場，他無法想像爆炸的威力何以如此強大。「我跑到正在冒煙的爆炸坑上頭，這個坑洞深達六公尺，寬十二公尺。坑洞旁是瓦礫堆，層層疊疊像個醜惡的三明治，這就是原本的九層樓建築物……**炸彈將這棟九層樓建築物炸飛到了空中，足足移動了六公尺。整棟建築物彷彿被空運過去一樣。這個坑洞就是原先建築物的所在地。**這是怎麼做到的？」[16]

即使在已飽受戰爭蹂躪的貝魯特，一九八三年十月二十三日攻擊造成的破壞依然令人震撼。這起恐怖行動也顯示出史無前例且令人極為憂慮的計畫與紀律。今日，我們會說這起事件帶有蓋達組織的行動特徵，但比蓋達組織首次發動恐攻早了十年。

沒有人清楚知道誰該為這起駐貝魯特美國海軍陸戰隊與法國傘兵攻擊事件負責，但主要嫌犯可能是一個難以捉摸的新團體，這個團體自稱是伊斯蘭聖戰組織。伊斯蘭聖戰組織最初的活動發生在一九八二年七月，他們綁架了貝魯特美國大學代理校長同時也是美國學術界人士大衛．多吉。他們也宣稱要為一九八三年四月在貝魯特鬧區的巨大汽車炸彈爆炸案負責，這起事件炸燬了美國大使館的翼樓，造成六十三人死亡與一百多人受傷。

激進新力量加入了黎巴嫩內戰。伊斯蘭聖戰組織自稱是黎巴嫩什葉派組織，與伊朗密切合作。在一通打給外國新聞社的匿名電話裡，伊斯蘭聖戰組織宣稱七月的美國大使館爆炸案是「伊朗革命對抗世界各地帝國主義勢力的一環」。看起來，伊朗在黎巴嫩有些危險的朋友。伊斯蘭聖戰組織發言人又說：「我們將繼續打擊黎巴嫩的帝國主義勢力，包括多國部隊。」十月爆炸案之後，伊斯蘭聖戰組織再度宣稱他們要為這起事件負責。他們堅稱：「我們是真主的士兵，我們欣然赴死。我們不是伊朗人，不是敘利亞人，也不是巴勒斯坦人。我們是黎巴嫩穆斯林，遵守《古蘭經》的戒律。」[17]

從一九七七年敘利亞干預到一九八三年自殺炸彈爆炸案這六年間，黎巴嫩衝突變得極其複雜。雖然起初是一場發生在一九七五年的黎巴嫩派系間的內戰，再加上巴勒斯坦人的干預，但到了一九八三年，這場戰爭已經成為地區性的戰爭，敘利亞、以色列、歐洲與美國均直接捲入其中，此外還有更多國家間接介入，例如伊拉克、利比亞、沙烏地阿拉伯與蘇聯，這些國家不僅提供資金援助不同的民兵，也提供他們武器。

這場戰爭也改變黎巴嫩各社群的權力平衡。敘利亞軍隊做為阿拉伯聯盟維和部隊，於一九七六年進入黎巴嫩。敘利亞軍隊首先協助被圍困的馬龍派基督徒，阻止詹布拉特率領的左翼穆斯林派系獲得勝利。敘利亞唯恐失去在黎巴嫩的支配地位，因此果斷阻止任何一個團體在黎巴嫩內戰中取得明確的勝利。這導致敘利亞經常改變結盟的對象。敘利亞軍隊一擊敗左翼穆斯林民兵，就馬上撕毀與馬龍派的盟約，轉而支持黎巴嫩新興力量什葉派穆斯林社群。

什葉派長久以來一直受到政治菁英排擠，直到黎巴嫩內戰開打，什葉派才成為黎巴嫩的特定政治社群。到了一九七〇年代，就人口而言，什葉派已成為黎巴嫩最大的社群，不過他們在國內各教派中仍然最為貧困，政治權利也最少。傳統上，黎巴嫩什葉派社群的中心位於黎巴嫩最貧窮的地區：南黎巴嫩與北部的貝卡谷地。但之後什葉派逐漸離開相對貧困的鄉村地區，來到貝魯特南方的貧民窟尋找工作機會。

一九六〇與七〇年代，許多黎巴嫩什葉派受到吸引加入承諾進行社會改革的世俗政黨，如復興黨、黎巴嫩共產黨與敘利亞社會民族黨。直到一九七〇年代，一名擁有黎巴嫩血統深具領袖魅力的伊朗教士穆薩·薩德爾號召什葉派組成特定的共同體政黨，名叫被剝奪者運動，並且開始與其他左翼政黨爭奪黎巴嫩什葉派的效忠。一九七五年內戰爆發，被剝奪者運動成立自己的民兵，名叫「希望」（Amal）。

黎巴嫩內戰的第一階段，「希望」支持詹布拉特領導的左翼穆斯林政黨國家運動。但穆薩・薩德爾很快就對詹布拉特的領導感到幻滅，他指控這名德魯茲派領袖把什葉派當成砲灰——用薩德爾的話說，「與基督徒戰鬥，直到什葉派剩下最後一人。」[18]「希望」與巴勒斯坦運動也出現緊張，巴勒斯坦運動從一九六九年起就以南黎巴嫩做為攻擊以色列的基地。什葉派社群不僅因為巴勒斯坦從南部進行挑釁導致以色列報復性反擊而遭受傷害，什葉派社群也痛恨巴勒斯坦人對南黎巴嫩的控制。

一九七六年，「希望」脫離詹布拉特聯盟與巴勒斯坦運動，轉而支持敘利亞人，「希望」的追隨者認為唯有敘利亞才能抵銷南部的巴勒斯坦人勢力。這是敘利亞與黎巴嫩什葉派建立永久聯盟的開始，這個聯盟一直持續至今。

一九七九年伊朗革命與伊斯蘭共和國的建立，改變了黎巴嫩什葉派政治活動。數世紀以來，黎巴嫩什葉派一直與伊朗有著共同的宗教與文化紐帶關係。薩達爾自己就是一個有黎巴嫩血統的伊朗人，他倡導的政治活動在各方面都與伊朗的伊斯蘭革命分子同調。

薩德爾未能活著見到伊朗革命成功。一九七八年，他在利比亞旅行時失蹤，一般相信他可能在當地遭到謀殺。一九七九年革命激勵了南黎巴嫩的什葉派，使他們在領袖失蹤的關鍵時刻得以產生新的領導人凝聚人心。在貝魯特南部貧民區與巴勒貝克的羅馬廢墟，何梅尼的肖像旁掛著薩德爾的肖像。伊朗人盡其所能地激勵黎巴嫩什葉派的熱情，這是他們早期出口革命的做法之一，此外伊朗人也將影響力伸向什葉派阿拉伯文化的傳統中心，如伊拉克南部、沙烏地阿拉伯東部省、巴林與黎巴嫩。透過這個網絡，伊朗可以向對手與敵人施壓，特別是美國、以色列與伊拉克。

一九七九年伊斯蘭革命後，美國與伊朗的關係急遽惡化。新伊朗政府不信任美國，因為美國過去支持國王穆罕默德．李查．巴勒維。當美國政府允許被罷黜的國王（他罹患末期癌症）到美國接受醫療時，一群伊朗大學生於一九七九年十一月四日衝入美國駐德黑蘭大使館，挾持五十二名美國外交人員做為人質。美國總統卡特凍結伊朗資產，對伊斯蘭共和國實施經濟與政治制裁，甚至發動一場胎死腹中的軍事解救任務來化解人質危機，但都不見成效。美國政府在無計可施與遭受羞辱的狀況下讓外交人員被挾持了四百四十四天。卡特遭受有計畫的打擊，人質危機使他競選連任失敗，而在一九八一年一月雷根宣誓就職後，美國外交人員也獲得釋放。釋放人質並未讓伊朗政府與雷根政府修好，而人質危機也嚴重傷害美伊關係，至今無法恢復正常。新伊朗政權抨擊美國是大撒旦與所有穆斯林的敵人。雷根與之後的美國政府都把伊斯蘭共和國視為流氓國家，而且想盡辦法要孤立伊朗與推翻伊朗政府。

一九八〇年爆發的兩伊戰爭讓伊斯蘭共和國與美國更加敵對，也為黎巴嫩帶來悲慘的後果。一九七八年，海珊擔任伊拉克總統，他於一九八〇年九月二十二日無預警入侵北部鄰邦。海珊想利用革命伊朗內部的政治動亂及其因人質危機陷入國際孤立之時，攻取兩國之間有爭議的水道以及伊朗境內蘊藏量豐富的油田。兩伊戰爭是現代中東歷史上迄今為止最大的一次衝突，戰爭持續八年（一九八〇～一九八八年），估計造成五十萬到一百萬人死亡，使用的戰術讓人聯想到世界大戰——壕溝戰、毒氣戰與化學武器，還有對城市中心進行空襲與火箭攻擊。

伊朗人花了兩年時間將伊拉克人逐出國土，然後轉守為攻。當戰局對伊朗有利時，美國決定公開支持伊拉克，完全無視伊拉克與蘇聯有著緊密關係。雷根政府從一九八二年開始提供武器、情報與經濟援助給海珊進行對伊朗的戰爭。這加深了伊朗對美國的敵意，伊朗只要一有機會就會打擊美國在中東地區的利益。不久，黎巴嫩就成為伊朗與美國對峙的競技場。

伊朗在黎巴嫩有兩個盟友：什葉派社群與敘利亞。伊朗與敘利亞結盟從許多方面來看都是違反直覺的。敘利亞完全是個阿拉伯民族主義世俗政府，而且與國內的伊斯蘭運動進行激烈鬥爭，這樣的國家不可能成為伊朗這個非阿拉伯伊斯蘭共和國的盟友。這兩個國家走在一起是基於實際利益，主要是兩國都和伊拉克、以色列與美國敵對。

一九七〇年代，伊拉克與敘利亞激烈爭搶阿拉伯世界的領袖地位。這兩個國家都是一黨制國家，由不同派別的阿拉伯民族主義復興黨統治。結果，阿拉伯復興主義反而使伊拉克與敘利亞無法一致行動或形成共同的目標。這兩個阿拉伯復興主義國家歧見太深，導致敘利亞脫離其他阿拉伯國家，轉而支持與伊拉克作戰的伊朗。做為交換，伊朗提供敘利亞武器與經濟援助，以及和以色列作戰的援軍。敘利亞與伊朗結盟也構成三角關係，將敘利亞、伊朗與黎巴嫩什葉派社群結合起來。啟動這個致命三角關係的觸媒則是一九八二年夏天以色列入侵黎巴嫩。

一九八二年以色列入侵黎巴嫩為黎巴嫩衝突開啟新階段。暴力與毀滅達到史無前例的程度。入侵黎巴嫩使以色列公然介入黎巴嫩衝突並且捲入派系政治之中。以色列人將留在黎巴嫩十八年以上的時間，並對兩國造成不可磨滅的影響。

以色列入侵黎巴嫩是由一起在英國領土上發生的攻擊事件引發的。一九八二年六月三日，阿布·尼達爾恐怖團體——該組織曾於一九七八年謀殺巴解駐倫敦外交官薩依德·漢瑪米——試圖在倫敦飯店外行刺以色列大使施洛摩．阿爾戈夫。雖然阿布．尼達爾是激烈反對阿拉法特與巴解的叛亂團體，而且巴解已經遵守與以色列的停火協議達一年之久，以色列政府還是以行刺未遂做為對黎巴嫩的巴解開戰的理由。

以色列總理比金與他的鷹派國防部長艾里爾．夏隆將軍構思了重塑中東的野心計畫，打算將巴解與敘利亞逐出黎巴嫩。比金相信黎巴嫩基督徒是猶太國理所當然的盟友，從一九七七年比金掌權以來，利庫德黨政府就與右翼馬龍派長槍黨發展出愈來愈公開的同盟關係（可想而知這層關係必然對敘利亞與馬龍派的關係造成負面影響）。[19]長槍黨民兵到以色列接受訓練，以色列則提供基督教戰士價值超過一億美元的武器、軍火與制服。

比金相信以色列可以與黎巴嫩訂定和約，前提是巴解與敘利亞被逐出黎巴嫩，以及長槍黨創始人皮埃爾．傑馬耶勒之子巴希爾能當上黎巴嫩總統。與埃及議和之後又與黎巴嫩議和將可孤立敘利亞，使以色列騰出手來併吞一九六七年戰爭後一直占領的西岸巴勒斯坦領土。基於戰略與意識形態考量，利庫德黨政府決心將西岸——他們一貫以聖經地名猶地亞與撒馬利亞稱呼西岸——併入現代的以色列國。然而，儘管以色列政府想取得西岸領土，他們卻不想接收西岸居民。夏隆的解決辦法是把巴勒斯坦人趕出西岸，鼓勵他們推翻胡笙國王與接管約旦來實現建國夢想，因為約旦的人口已有六成是巴勒斯坦人。夏隆喜歡把這個方案稱為「約旦選項」。[20]

這些充滿野心的計畫不僅要藉由軍事手段達成，仔細思考會發現還要冷酷地無視人命損失。第一步是摧毀黎巴嫩的巴解勢力，利庫德黨政府以倫敦刺殺未遂事件做為開戰的理由。第二天，一九八二年六月四日，以色列戰機與戰艦開始對南黎巴嫩與西貝魯特進行殘忍轟炸。六月六日，以色列地面部隊越過黎巴嫩邊界展開名為「加利利和平行動」的戰役。聯合國統計數字指出，接下來十星期，以色列入侵造成超過一萬七千名黎巴嫩與巴勒斯坦人死亡，三萬人受傷，其中絕大多數是平民。

以色列軍隊全力進攻黎巴嫩。黎巴嫩城鎮遭受海空轟炸，以色列陸軍則快速通過南黎巴嫩進圍貝魯特，巴解總部就位在貝魯特南郊的法哈尼。貝魯特居民成了以色列、巴勒斯坦人與敘利亞人三方衝突下無助的受害者。以色列特別把目標放在巴解領導階層上，希望透過斬首行動來殺死阿拉法特與高層人員。阿拉法特不得不每天更換住所以避免遭到殺害。只要據傳是他躲藏的建築物，不久就會被以色列飛機轟炸。

麗娜·塔巴拉曾於一九七四年阿拉法特在聯合國大會上演說時從旁協助，她與家人待在貝魯特西部的穆斯林區，僥倖在黎巴嫩內戰的第一階段存活下來。然而她卻未能保住婚姻，她恢復舊姓，改稱麗娜·米達迪。一九八二年圍城期間，她住在西貝魯特，親眼看到阿拉法特才剛離開某棟公寓幾分鐘，那棟建築物就被夷為平地。「我注意到那棟建築物原來坐落的地方，就在公園後頭……我跑到現場。八層樓的大樓就這樣消失了。眾人慌亂地四處奔走，婦女哭喊著孩子的名字。」[21] 根據米達迪的說法，阿拉法特躲藏的那棟被摧毀的大樓，奪走了二百五十條人命。阿拉法特底下一名指揮官表示，這次攻擊讓阿拉法特悲痛不已。阿拉法特問道：「這些孩子犯了什麼罪，要被埋在瓦礫堆裡？他們唯一的錯誤就是住在我造訪幾次的建築物裡。」此後，阿拉法特都睡在車內，遠離有建築物的地方。[22]

圍城持續十個星期，經歷言語無法形容的猛攻。生還者表示，一天之內會遭受數百次攻擊。沒有安全的避難所，沒有地方可以躲避。傷亡人數攀升到數萬人，國際社會向以色列施壓，要求停止圍攻貝魯特。一九八二年八月，戰況達到最激烈的程度。八月十二日，以色列連續十二小時空襲，在西貝魯特投

圖一

一九六九年，年輕的格達費上尉發動軍事政變，推翻利比亞君主制度，建立全新的「群眾共和國」。一九七〇年，他取得石油產業，主張由政府控制石油資源的生產、定價與獲利。其他阿拉伯石油生產者追隨他的領導，擴充他們的全球經濟力。

圖二

一九七三年十月六日下午，埃及軍隊越過蘇伊士運河，將巴列夫防線巨大沙土要塞裡的以色列守軍擊潰。埃及人在猶太人的贖罪日發動進攻，打得以色列人措手不及，在攻勢發起的幾分鐘內，埃及人已經在他們於一九六七年六月戰爭中喪失的西奈領土升起國旗。這是雙方開戰二十年來，阿拉伯世界首次對猶太國贏得勝利。

圖三

經過一個星期的激烈戰鬥，以色列人重新集結並且對敘利亞與埃及發動攻勢。他們利用埃及人於十月六日用水泵打穿的沙土防禦工事渡過蘇伊士運河，圍困了運河西岸的埃及部隊。戰爭最後形成軍事僵局，埃及總統沙達特藉此獲得了政治利益。

圖四

一九七三年十月戰爭如火如荼之際，阿拉伯產油國以石油做為武器，重創了世界經濟。美國由於支持以色列進行戰爭，因此遭遇阿拉伯全面石油禁運。一九七三年十二月，美國國務卿季辛吉在巡迴阿拉伯各國首都時與沙烏地國王費薩爾會談，他希望沙烏地阿拉伯能解除對美國的石油禁運，但未獲成功。一九七四年三月，阿拉伯產油國終於解除石油禁運。

圖五

一九七四年十一月十三日，巴勒斯坦解放組織主席亞西爾·阿拉法特受邀前往聯合國大會發表演說並且獲得元首級的禮遇。以色列代表離開前排座位以示抗議。他對著大廳裡擠滿的人群說道：「今日，我來到這裡，手裡帶了橄欖枝與自由戰士的槍。別讓橄欖枝從我手中掉落。我再重複一次：別讓橄欖枝從我手中掉落。」

圖六

一九七五年到一九七六年的激烈內戰使貝魯特整個市區成了瓦礫堆。然而這只是第一階段，在往後十五年的衝突中，貝魯特沒有任何一個區域可以倖免於難。

圖七

一九八一年十月六日，埃及總統沙達特遇刺身亡。沙達特特意穿上正式軍禮服參加十月六日的閱兵典禮，這個儀式是為了慶祝一九七三年戰爭，而這場戰爭也是他擔任總統期間的最大成就。沙達特由於脫離阿拉伯國家行列逕自與以色列媾和而遭到孤立，因此這場一九七九年後的年度閱兵對他而言意義重大。一九八一年十月六日，這位埃及總統搭乘敞篷車參加他人生最後一場閱兵典禮。

圖八

一輛拖著榴彈砲的卡車突然脫離行列，中斷了軍事閱兵原有的轟隆聲，一群武裝士兵對著閱兵台開火。沙達特總統幾乎當場斃命。行兇者是一名伊斯蘭主義者，名叫伊斯蘭布里。他叫道：「我殺了法老，我不怕死。」

圖九

一九八二年七月，以色列包圍西貝魯特，企圖將巴解戰士趕出黎巴嫩首都，此舉為戰火蹂躪的貝魯特帶來史無前例的破壞。以色列直到八月才解除包圍，美國總統雷根介入調停讓巴解戰鬥人員在美國、法國與義大利維和部隊監督下撤離。

圖十

一九八二年八月二十二日，巴勒斯坦戰士坐上卡車前往距離不遠的貝魯特港，他們在那裡上船前往流亡地。巴解從一九七〇年到一九七一年被逐出約旦後，就以貝魯特做為武裝反抗以色列的中心。巴解戰士宣稱他們在以色列圍城戰取得勝利，他們撤離貝魯特時還帶著巴勒斯坦旗幟、阿拉法特肖像與武器。

圖十一

一九四八年戰爭後的巴勒斯坦難民依然住在難民營裡，經常受到黎巴嫩基督教民兵的攻擊，基督教民兵認為巴勒斯坦人要為黎巴嫩內戰種種極端暴行負責。外國軍隊撤出黎巴嫩與一九八二年九月馬龍派總統巴希爾・傑馬耶勒遇刺身亡後，基督教民兵在以色列衛兵放行下進入巴勒斯坦難民營，屠殺薩布拉與夏提拉手無寸鐵的平民。

圖十二

薩布拉與夏提拉的暴行迫使美國、法國與義大利部隊返回黎巴嫩。三國士兵以維和部隊的身分進入黎巴嫩，卻發現自己捲入支持黎巴嫩總統阿敏．傑馬耶勒政府的戰鬥。一九八三年十月二十三日，兩枚幾乎同時引爆的炸彈夷平了法國與美國營區，當場炸死二百四十一名美國官兵與五十八名法國傘兵。照片中，美國海軍陸戰隊在貝魯特國際機場附近的美軍總部瓦礫堆中進行搜救。

圖十三

一九八〇年代，黎巴嫩的什葉派成為新的力量。他們與一九八三年法軍與美軍總部爆炸案有關，同時也牽涉一連串對駐黎巴嫩以色列軍隊的攻擊事件。一九八五年，一個由伊朗支持名叫真主黨的新組織出現。真主黨民兵使以色列難以堅守南黎巴嫩的據點，導致以色列於二〇〇〇年單方面撤軍。照片中，一九八九年阿舒拉節（Ashura），西貝魯特一群教士率領真主黨成員紀念侯賽因．伊本．阿里伊瑪目。

圖十四

一九九〇年伊拉克入侵科威特，卻在一九九一年遭沙漠風暴海灣戰爭擊退。在遭受慘烈空襲後，地面戰前夕，伊拉克軍隊炸毀科威特七百座油井，想藉由環境與經濟戰對抗科威特及其支持者。

圖十五

伊拉克軍隊為了在地面戰開打前撤離，不惜徵用卡車與汽車逃離科威特。從科威特往北通往伊拉克有一條八十號公路，數千輛車子在這條毫無掩蔽的公路上被美軍戰機摧毀。這條公路因此被稱為「死亡公路」，不成比例的殺戮引來國際譴責，美國老布希總統在各方壓力下，於一九九一年二月二十八日宣布結束沙漠風暴戰爭。

圖十六

突尼斯抗議者高舉布瓦吉吉的海報，他的自焚激勵突尼西亞的革命運動，引爆二〇一一年阿拉伯之春。海報上用阿拉伯文寫著：「尊嚴與自由的殉道者。」

圖十七

開羅市中心解放廣場成為埃及民眾示威要求推翻穆巴拉克政權的中心，也成為二〇一一年全球抗議運動的醒目象徵。一名占領華爾街運動活動分子解釋說：「阿拉伯之春啟發了這個戰術。占領公共空間，愈久愈好。」

圖十八

利比亞反對運動聚集在昔日君主時期旗幟之下，他們花了八個月的時間推翻格達費上校的政府。

下數千噸炸彈。估計有八百棟民宅被毀，五百人喪生。在華府，雷根總統致電比金總理說服他停止戰爭。米達迪諷刺地說：「雷根總統，你為什麼不早點打電話？」[23]

在美國的壓力下，比金決定讓步，雷根政府居中調解讓以色列人與巴勒斯坦人簽署一份複雜的停火協定。巴解的戰鬥人員從海路撤離貝魯特，美國、法國與義大利組成的多國部隊部署在以色列人撤離的據點。

停戰計畫第一階段進行得十分順利。法軍於八月二十一日抵達，控制了貝魯特國際機場。第二天，首批巴解部隊開始從貝魯特海港撤離。離開的巴勒斯坦人的安全問題引發許多關注。許多黎巴嫩人愈來愈敵視巴勒斯坦運動，他們指責巴解先是引發內戰，而後又挑釁以色列，造成以色列於一九七八年與一九八二年入侵。然而，當擁有一半巴勒斯坦血統的麗娜・米達迪前往集合點向這群巴勒斯坦男人道別時，她發現許多西貝魯特市民也做了相同的事。「婦女從已經沒有窗框的窗戶向外丟擲米粒，從已經半毀的陽台揮手。當卡車經過時，許多人都哭了。巴勒斯坦人已經在市立體育場向他們的孩子、妻子與父母道別。」[24]

離開的巴勒斯坦戰士將散布在幾個阿拉伯國家，如葉門、伊拉克、阿爾及利亞與突尼西亞，巴解將在這些地方建立新的總部。被逐出貝魯特之後，巴解從此不再是一支號令統一的戰鬥部隊。阿拉法特是最後一個離開的人，時間是八月三十日，他離開之後，貝魯特圍城已實際告終。整個過程進展十分順利，國際部隊原本計畫部署三十天，最後卻提早十天離開，他們相信自己已圓滿達成任務。最後一支法國特遣隊於九月十三日離開黎巴嫩。

撤退的巴勒斯坦戰士留下他們的父母、妻子與子女。留在當地的巴勒斯坦民眾完全處於不設防狀態。多國部隊的主要任務之一就是確保巴勒斯坦作戰人員家人的安全，他們在一個對他們充滿敵意的國家裡很容易受到傷害。當這些部隊撤離時，沒有人留下來保護巴勒斯坦難民營面對眾多敵人。

就在巴解撤離黎巴嫩時，黎巴嫩國會排定於八月二十三日開會選舉新總統。由於內戰的關係，一九七二年以來就沒有舉行過國會選舉。九十九名國會議員死了七名，剩下九十二名，而其中又只有四十五名在黎巴嫩。只有一名候選人宣布競選總統：以色列的盟友，右翼馬龍派長槍黨的巴希爾．傑馬耶勒。黎巴嫩的民主體制成了有名無實。然而，對於不想再面臨戰爭而且務實的黎巴嫩人來說，傑馬耶勒是個能凝聚共識的人選。他與以色列和西方的關係也許可為黎巴嫩人爭取到急需的和平。當傑馬耶勒確定當選時，黎巴嫩全國衷心地慶祝。

巴希爾．傑馬耶勒的總統生涯是短暫的，黎巴嫩的和平也是如此。九月十四日，一枚炸彈摧毀了東貝魯特長槍黨總部，殺死了傑馬耶勒。沒有證據顯示巴勒斯坦人參與這場暗殺；事實上，兩天後，一個名叫哈比卜．夏爾圖尼的年輕馬龍派成員被捕，他坦承犯下罪行。夏爾圖尼立場傾向於大馬士革敘利亞社會主義民族黨，他抨擊傑馬耶勒與以色列來往是叛國。然而，長槍黨民兵經歷七年內戰，對於巴勒斯坦人的仇恨無以復加，他們因此把領袖遇刺的帳算在巴勒斯坦人頭上。

如果美國、法國與義大利多國部隊能留守直到三十天託管期結束，那麼他們應該可以為這些手無寸鐵的巴勒斯坦難民提供必要保護。但實際上，巴勒斯坦難民營卻是受到以色列陸軍看管，他們在傑馬耶勒遇刺後立即重新占領貝魯特。九月十六日晚間，以色列國防部長夏隆與參謀長拉法埃爾．艾坦授權長槍黨民兵管理巴勒斯坦難民營。接下來便是一場對手無寸鐵的無辜民眾進行的屠殺，一項反人類的罪行。

雖然薩布拉與夏提拉難民營大屠殺是由馬龍派民兵主導，但讓他們進入難民營的卻是控制該區崗哨的以色列軍隊。以色列人很了解他們的馬龍派盟友，也知道這麼做會為巴勒斯坦人帶來危險。以色列軍官無意間聽到長槍黨在進入巴勒斯坦難民營不久後的無線電通話，內容清楚顯示馬龍派的意圖。一名以色列中尉聽到長槍黨民兵與馬龍派指揮官埃利．霍貝卡的對話。霍貝卡對巴勒斯坦人的恨意眾人皆知，一九七六年一月，巴勒斯坦人圍攻基督徒據點達穆爾，他在這場戰役失去了未婚妻與許多家人。民兵用阿拉伯語向霍貝卡報告，他發現五十名婦孺，請示如何處理。這名以色列中尉描述說，霍貝卡透過無線電回道：「這是你最後一次問我這個問題，你知道該怎麼做。」無線電通話結束後，長槍黨民兵爆出一陣喧鬧的笑聲。以色列中尉肯定地表示，他「了解這段對話的內容與殺害婦孺有關」。[25]由於以色列武裝部隊共謀屠殺，因此他們——特別是夏隆將軍——也沾染了馬龍派屠殺薩布拉與夏提拉巴勒斯坦人的罪行。

三十六小時的時間，長槍黨有計畫地殺害薩布拉與夏提拉難民營數百名巴勒斯坦人。馬龍派民兵沿著難民營惡臭的巷弄，看到男女老幼一律予以殺害。二十八歲的賈馬爾是阿拉法特法塔赫運動成員，巴解撤離後他仍待在貝魯特並且目睹整起屠殺。「星期四下午五點三十分，難民營上方燃起了照明彈……還有飛機投放閃光炸彈。夜晚看起來如同白晝。接下來幾個小時充滿恐怖。我看到眾人驚恐地跑進小清真寺，也就是夏提拉清真寺。他們到那裡避難，除了因為清真寺是神聖之地，也因為清真寺是一座鋼結構建築物。有二十六名婦孺躲在裡面，其中一些人受了重傷。」這些人很可能就是霍貝卡在無線電中表示格殺勿論的難民。

長槍黨一邊進行殺戮，一邊用推土機夷平難民營，裡面的人往往躲避不及，就這樣葬身在瓦礫堆中。賈馬爾回憶說：「他們見人就殺，但重點是他們殺人的**方式**。」老人直接宰掉，年輕婦女則先姦後殺，很多人被迫看著自己的家人被殺。以色列人估計有八百人被殺，但巴勒斯坦紅十字會報告有超過二千人被殺。賈馬爾最後說道：「他們肯定是瘋了才會做這種事。」他淡然地談這件事，認為大屠殺只是更大計畫的一環。「心理上來說，他們為什麼這麼做是很清楚的。我們就像困在難民營裡的動物，他們就是要讓全世界了解這項事實。他們也要我們相信我們就是這樣的狀況。」[26]

薩布拉與夏提拉難民營屠殺事件在全世界引起一片譴責，尤其在以色列，反對黎巴嫩戰爭的聲浪在整個夏天逐漸擴大。九月二十五日，大約三十萬以色列人，也就是以色列總人口的百分之十，在特拉維夫發動大規模群眾示威，反對以色列在這場大屠殺中扮演的角色。利庫德黨政府不得不召開官方調查委員會——卡漢委員會——以回應群眾要求，一九八三年，委員會起訴涉案的幾名最有權力的以色列官員，認為他們必須為大屠殺負責，這些官員是總理比金、外交部長沙米爾與參謀長艾坦將軍。委員會也要求國防部長夏隆辭職。

緊接著，國際間的抗議導致多國部隊重新進駐黎巴嫩以及美國介入處理黎巴嫩危機。九月二十九日，美國海軍陸戰隊、法國傘兵與義大利士兵返回貝魯特，然而為時已晚，他們未能信守他們對撤離的巴解戰士的承諾，好好保護他們的家人。

多國部隊起先的任務是監督巴勒斯坦戰士撤離，現在他們重新進駐則是為了充當以色列人撤離貝魯特之後的緩衝。對以色列人而言，他們不希望在尚未與黎巴嫩訂定政治協定之前離開黎巴嫩。首先，必須重選總統。九月二十三日，也就是原定巴希爾·傑馬耶勒就職當天，黎巴嫩國會再度召開選舉他的哥哥阿敏擔任總統。巴希爾與以色列人緊密合作，阿敏則與大馬士革的關係較好，他不像他的弟弟那樣熱中於與特拉維夫來往。然而，黎巴嫩一半的國土被以色列占領，新總統別無選擇，只能與比金政府協商。一九八二年十二月二十八日，雙方進行會談，會談地點輪流在以色列占領的黎巴嫩城鎮哈爾德與以色列北部城鎮希莫納進行。往後五個月，在美國官員協助下，雙方密集進行了三十五輪協商。美國國務卿喬治·舒茲進行了十天穿梭外交，協助雙方於一九八三年五月十七日締結以黎協定。

五月十七日協定被阿拉伯世界指責是扭曲正義，超級強權美國逼迫弱小的黎巴嫩人答謝以色列盟友入侵與摧毀他們的國家。縱使不是以色列最初期望的和平條約，儘管絕大多數黎巴嫩人不願接受，協定依然讓黎巴嫩與以色列關係正常化。協定終止黎巴嫩與以色列的戰爭狀態，卻讓黎巴嫩政府為了確保以色列北部邊界不受侵擾而陷入困境。黎巴嫩軍隊要部署在南部「安全區」，範圍將近是黎巴嫩三分之一的領土，也就是從賽達往南直到以色列邊界。黎巴嫩政府同意將南黎巴嫩軍隊——以色列資助的基督教民兵，這些人被稱為通敵者——整併到黎巴嫩軍隊裡。一名什葉派官員說道，這是一份「在以色列刺刀下」訂定的「屈辱協定」。[27]

五月十七日協定對敘利亞政府傷害特別大，不僅孤立敘利亞，也使權力平衡轉而對以色列有利。在協商時，美國知道敘利亞總統哈菲茲·阿薩德一定會阻礙以黎會談，因此刻意將他排除在外。五月十七日協定對敘利亞絲毫未做出讓步。協定第六條要求敘利亞必須完全撤離黎巴嫩，否則以色列也不會撤軍。敘利亞從開始干預內戰以來已經歷六年，它在黎巴嫩投入龐大的政治資本，不可能乖乖地將黎巴嫩交給美國支持的以色列。

敘利亞立即動員在黎巴嫩的盟友，要他們拒絕五月十七日協定。反對勢力開始砲轟貝魯特的基督徒區，凸顯傑馬耶勒政府的軟弱無能，戰火因此重啟。反對勢力也對多國部隊的美軍開火，美軍的角色本是中立的維和部隊，但美國的地區政治卻嚴重破壞美軍的中立角色。當美軍反擊，而且通常是使用美國戰艦巨大艦砲的強大火力時，美軍就從超然的中間人變成黎巴嫩衝突的參與者。

美國雖然是超級強權，但在黎巴嫩卻處於不利地位。美國在當地的盟友，孤立的阿敏．傑馬耶勒政府與以色列占領軍，要比敵人更容易遭受攻擊，他們的敵人包括蘇聯支持的敘利亞、伊朗與什葉派伊斯蘭反抗運動。與以色列人一樣，美國人相信自己可以透過壓倒性的武力在黎巴嫩實現目標。然而他們很快發現，把軍隊部署在黎巴嫩只是讓超級強權暴露在眾多的地區敵人面前，讓自己疲於防守。

在衝突期間，以色列入侵帶來的最大影響是黎巴嫩伊斯蘭運動的興起。在埃及與敘利亞，伊斯蘭政黨因為反政府行動而面臨孤立與責難。然而，黎巴嫩衝突卻為黎巴嫩伊斯蘭運動提供了外敵。只要有任何黨派能傷害與羞辱美國與以色列，就能在黎巴嫩與廣大阿拉伯世界獲得支持。這些完美條件促成新什葉派伊斯蘭運動出現，也讓這些運動成為懲罰以色列與美國的工具，這是一支以真主黨自稱的民兵組織。

一九八〇年代初，伊朗革命衛隊在貝卡谷地中部的什葉派城鎮巴勒貝克設立訓練營，真主黨就是從這裡誕生的。數百名年輕黎巴嫩什葉派聚集於巴勒貝克接受宗教與政治教育以及更進一步的軍事訓練。他們逐漸接受伊斯蘭革命的意識形態，而且把伊朗的敵人當成自己的敵人。

諷刺的是，真主黨的成立不僅仰賴伊朗，也歸功於以色列。一九八二年六月時，南黎巴嫩的什葉派還不是那麼敵視以色列。一九六九年以來，巴解反以色列的行動對南黎巴嫩居民帶來難以言喻的磨難，到了一九八二年，南黎巴嫩什葉派很高興能擺脫巴解戰士，起初還把入侵的以色列軍隊視為解放者。真主黨副祕書長納伊姆・卡塞姆回憶說：「巴勒斯坦人殺死了一些南黎巴嫩居民，基於對巴勒斯坦人的敵視，以色列人入侵者反而獲得當地人的歡迎，民眾高聲喝采，還對著他們灑米。」[28]

然而，以色列圍攻貝魯特造成重大傷亡，以及以色列占領軍在南黎巴嫩的惡形惡狀，使什葉派逐漸對以色列產生反感。伊朗的宣傳也加深這層敵意，使什葉派對於以色列與美國及兩國針對黎巴嫩制定的共同計畫，也就是五月十七日協定深感憤怒。

真主黨從成立之初，就以深具信仰勇氣著稱。真主黨成員堅信伊斯蘭教教旨，願意為了實現真主在人世的意旨而犧牲。真主黨的模範人物是先知穆罕默德的孫子伊瑪目侯賽因，他於六八〇年在伊拉克南部城鎮卡爾巴拉對抗統治的伍麥亞王朝時陣亡，對什葉派穆斯林而言，他是對抗暴政最偉大的殉道者。伊瑪目侯賽因的行誼在真主黨內部形成殉道文化，最終轉變成對抗敵人的致命武器。真主黨頻繁使用自殺炸彈客，許多分析家認為伊斯蘭聖戰組織——宣稱要為自殺炸彈襲擊美國與法國軍營負責的神祕團體——與在一九八二年與一九八五年間形成的真主黨運動有關，但真主黨一直否認涉入這些攻擊事件。

反以色列與反美國的鬥爭不過是實現更偉大目標的手段。真主黨最終的目標是在黎巴嫩建立伊斯蘭國家。然而，真主黨總是主張不會違反黎巴嫩多元人口的意志成立伊斯蘭政府。在一九八五年二月真主黨宣布成立的公開信中，真主黨領導人表示：「我們不希望伊斯蘭教像當前的馬龍派一樣，以武力統治黎巴嫩。我們強調，我們深信伊斯蘭教是信仰、制度、思想與規則，我們極力要求所有的人認識伊斯蘭教並且遵守它的律法。」[29]與埃及和敘利亞的穆斯林兄弟會一樣，真主黨希望以真主的律法取代人的法律。真主黨領袖相信，一旦伊斯蘭政府制度證明比世俗民族主義優越，黎巴嫩絕大多數民眾，包括黎巴嫩國內大量的基督徒社群，都會願意選擇更符合正義的真主律法。真主黨領袖認為，沒有任何事比擊敗以色列與美國更能證明伊斯蘭政府的優越性。年輕的什葉派信徒願意像他們的模範人物侯賽因一樣犧牲生命來達成這個目標。

一九八二年十一月在黎巴嫩發生的首起什葉派自殺炸彈事件是伊斯蘭抵抗運動發動的，這個組織是真主黨的先驅。一個名叫艾哈邁德・卡西爾的年輕人發起了首次「殉道行動」，當時他開了一輛滿載炸藥的汽車進入位於黎巴嫩南部城鎮泰爾的以色列軍隊總部，炸死了七十五名以色列人，傷者更多於此數。記者費斯克前往泰爾調查這起爆炸案。看到一具具以色列人的屍體從坍塌的八層樓瓦礫堆中抬了出來，他深感震驚，但令他最難以接受的是引爆炸彈的方法。「自殺炸彈客？這實在難以想像。」[30]以色列總部爆炸案後又發生數起攻擊事件，顯示自殺炸彈已成為美國與以色列的敵人採取的危險新武器：一九八三年四月的美國大使館爆炸案，一九八三年十月的美國與法國軍營攻擊事件，與一九八三年十一月泰爾的以色列總部第二次攻擊事件造成六十多名以色列人死亡。

以色列情報單位很快發現這是伊斯蘭抵抗運動的威脅，並且精確暗殺什葉派教士。然而暗殺非但無法壓制什葉派的抵抗，反而助長暴力的程度。一名分析家提到：「到了一九八四年，什葉派攻擊十分猛烈，在黎巴嫩，每三天就有一名以色列士兵陣亡。」[31]同年，什葉派民兵採取多種戰術，開始綁架西方人，藉此將外國人逐出黎巴嫩。等到真主黨於一九八五年成立時，他們的敵人已經開始撤退。

什葉派叛軍給以色列的第一個打擊是撕毀五月十七日協定。進退維谷的阿敏・傑馬耶勒政府無法履行條約，在簽署協定的一年後，黎巴嫩部長會議廢除與以色列的協定。伊斯蘭抵抗運動的第二場勝利是把美國與歐洲軍隊逐出黎巴嫩。由於美軍在黎巴嫩的傷亡逐漸攀升，雷根總統遭受撤軍的壓力。一九八四年二月，義大利與美軍撤出黎巴嫩，三月底，最後一支法軍部隊離開。以色列人發現他們位於黎巴嫩的據點難以防守，一九八五年一月，沙米爾總理的內閣同意將軍隊從南黎巴嫩各城鎮中心撤離到他們稱之為南黎巴嫩安全區的地方，這塊條狀土地位於以黎邊界，縱深在五到二十五公里（三到十五英里）左右。

安全區是一九八二年以色列入侵黎巴嫩之後存續最久的產物。以色列在南黎巴嫩設立安全區是為了製造緩衝區來保護以色列北部不受攻擊。然而結果剛好相反，這裡反而成為真主黨與其他黎巴嫩民兵的靶場，他們在此用武力與以色列占領軍對抗。往後十五年，真主黨獲得黎巴嫩所有宗教的支持，儘管他們不一定支持成立伊斯蘭國家，但為了抵抗令他們憎恨的以色列占領軍，舉國上下都願意為此團結一致。

對以色列來說，一九八二年入侵最終只是以新的敵人取代舊的敵人，而新的敵人比巴解更為堅定。與黎巴嫩巴勒斯坦人不同的是，南黎巴嫩的真主黨與什葉派是為自己的家園而戰。

從冷戰的角度來看，黎巴嫩衝突是美國對抗蘇聯的一大挫敗，但蘇聯卻無從感到高興。蘇聯於一九七九年入侵阿富汗，引發持續不斷的暴動，無數虔誠穆斯林加入阿富汗聖戰者對抗「不信神的共產黨」。如果黎巴嫩是什葉派學習吉哈德的學校，那麼阿富汗就是新一代順尼派穆斯林好戰分子的練兵場。

一九八三年，一個名叫阿卜杜拉·阿納斯的二十四歲阿爾及利亞人，搭乘巴士從故鄉本巴迪斯前往市集城鎮西迪貝勒阿巴斯，他透過當地販賣書報的攤子來了解世界大事。[32]阿納斯是阿爾及利亞西部伊斯蘭主義運動的創立者之一，他對於伊斯蘭世界的政治發展一直深感興趣，並且持續追蹤它們的現況。

阿納斯記得前往西迪貝勒阿巴斯那天，他買了本科威特雜誌，裡面有一則報導吸引他的注意，報導提到一群宗教學者簽署了伊斯蘭教令（伊斯蘭學者的法律意見），宣稱支持阿富汗吉哈德是每個穆斯林的責任。阿納斯到附近咖啡廳坐下仔細閱讀報導，對於上面一長串對宣言進行連署的著名教士名單感到印象深刻，其中包括來自阿拉伯海灣國家與埃及的幾位重要穆夫提。有一個人的名字特別醒目：阿卜杜拉·阿扎姆謝赫，他的作品與傳道錄音帶在伊斯蘭主義圈子廣泛流通。

一九四一年，阿卜杜拉·阿扎姆生於巴勒斯坦城鎮傑寧附近的小村落，他來自一個保守的宗教家庭，一九五〇年代中期，還是青少年的他加入了穆斯林兄弟會。[33]高中畢業後，阿扎姆進入大馬士革大學攻讀伊斯蘭律法。一九六七年六月戰爭後，阿扎姆有一年半的時間在西岸與以色列占領軍作戰，他稱之為「巴勒斯坦吉哈德」。之後他移居開羅，在阿茲哈爾大學獲得碩士與博士學位。在埃及時，阿扎姆結識穆罕默德與阿米娜·庫特布，他們是一九六六年遭納瑟爾處決的賽義德·庫特布的弟弟與妹妹

阿扎姆憑藉博士學歷進入安曼的約旦大學伊斯蘭研究學院任教，在教授七年之後因為發表過激的作品與傳道內容而與約旦當局發生衝突。一九八〇年，他離開約旦到沙烏地阿拉伯，在吉達的阿卜杜勒阿齊茲國王大學獲得教職。

就在阿扎姆移居吉達之前，蘇聯入侵阿富汗。阿富汗共產黨政府與盟友蘇聯敵視伊斯蘭教，阿富汗人因此為了「真主的道路」而奮戰。阿扎姆全力支持阿富汗人的行動，他相信阿富汗的勝利將使伊斯蘭吉哈德精神復甦。

從阿扎姆日後作品可以看出，他認為阿富汗的勝利可以動員穆斯林在其他衝突地區採取行動。身為巴勒斯坦人，阿扎姆把阿富汗當成練兵場，為未來對抗以色列做準備。他寫道，「別以為我們忘了巴勒斯坦」，

> 解放巴勒斯坦是我們宗教的必要部分。它流淌在我們的血液之中。我們從未忘記巴勒斯坦。我相信，阿富汗的行動可以喚起吉哈德精神，重拾對真主的忠誠，無論犧牲有多大。疆界、限制與牢獄使我們無法在巴勒斯坦發動吉哈德。但這不表示我們放棄吉哈德。也不表示我們忘了自己的國家。我們必須在世界的任何地點準備吉哈德。[34]

阿扎姆關於吉哈德與犧牲的訊息，透過他的作品與激昂的傳道錄音帶而廣泛傳布。他喚起全世界穆斯林男子的吉哈德精神，就連阿爾及利亞西迪貝勒阿巴斯這樣偏遠的市集城鎮也受到他的感召。

阿納斯愈是閱讀阿扎姆簽署的教令，愈是反覆斟酌其中的深意，愈覺得前往阿富汗對抗蘇聯入侵是全體穆斯林的責任。教令主張，「如果有一塊穆斯林的領土遭受攻擊，那麼居住在那片土地的穆斯林與鄰人都負有發動吉哈德的責任。如果他們的人數太少或者沒有能力或者保持緘默，那麼這個責任就落到鄰近的人身上，由此往外延伸，推廣到全世界。」[35]考慮到阿富汗局勢的嚴重性，就連在阿爾及利亞鄉間的阿納斯都感受自己負有發動吉哈德的責任。而此事更特殊的地方在於，阿納斯日後坦承，他當時對阿富汗一無所知，他甚至無法指出阿富汗在地圖上的位置。

阿納斯不久得知，阿富汗是個擁有多元文化的國家，它的現代史充滿悲劇。阿富汗人口由七個主要

種族構成，最大的種族是普什圖人（大約占阿富汗總人口四成）與塔吉克人（占總人口三成），順尼派穆斯林占多數，什葉派是少數族群但人數亦不少，此外官方語言有兩種，分別是波斯語與普什圖語。阿富汗的多樣性反映了它的地理位置，阿富汗的西方是伊朗，南方與東方是巴基斯坦與中國，北方則是當時屬於蘇聯的中亞共和國，包括土庫曼、烏茲別克與塔吉克。多樣性與地理位置並未帶給深處內陸的阿富汗穩定性，一九七三年以來，這個國家一直遭受政治動亂與戰爭的摧殘。

蘇聯與阿富汗的戰爭源於一九七三年的軍事政變，這場政變推翻了扎希爾國王，建立了左傾政府。一九七八年四月，穆罕默德．達烏德汗總統的共和國政權又被暴力的共產黨政變推翻。共產黨宣布建立阿富汗民主共和國，這是個與蘇聯結盟的一黨制國家，傾向於快速的社會與經濟改革。新成立的阿富汗政府公開敵視伊斯蘭教並且提倡國家無神論，這個做法引發阿富汗廣大宗教人口的反對。

在蘇聯支持下，共產黨政權以恐怖統治壓制所有反對者，他們逮捕處決數千名政治犯。然而，執政的共產黨自己也陷入派系鬥爭，引發內亂。在經歷一連串暗殺事件之後，蘇聯於一九七九年耶誕夜干預阿富汗，派出二萬五千名士兵占領首都喀布爾，扶植阿富汗盟友巴布拉克．卡爾邁勒擔任總統。

蘇聯入侵阿富汗引發國際譴責，但沒有任何國家能直接介入迫使蘇聯撤軍。只能仰賴阿富汗抵抗運動驅逐紅軍，由伊斯蘭主義政黨領導戰鬥。他們獲得美國廣泛而隱祕的援助，美國完全以冷戰的角度看待這場衝突，伊斯蘭主義戰士的反共立場很自然地成為美國對抗蘇聯的盟友。美國透過巴基斯坦提供阿富汗抵抗運動軍事補給與精密的肩射型防空飛彈。卡特政府時期，美國提供約二億美元的武器給阿富汗抵抗運動。雷根政府更是加大支持力度，光是一九八五年就提供了二億五千萬美元的武器。[36]

巴基斯坦政府充當美國人與阿富汗抵抗運動的中間人，提供情報與訓練設施給阿富汗聖戰者（伊斯蘭游擊隊）。伊斯蘭世界給予龐大的財政資源，從一九八三年開始，還招募志願者前往阿富汗進行吉哈德。

阿扎姆呼籲招募阿拉伯志願者前往阿富汗作戰，而阿納斯是第一批響應號召的人。一九八三年，阿扎姆與阿納斯在前往麥加朝聖時巧遇。在參與朝聖儀式的數百萬人當中，阿納斯認出了阿扎姆醒目的面孔，他留著長鬍子，臉孔寬闊，阿納斯立刻上前自我介紹。

阿納斯說道：「我讀了你與其他教士發表的教令，裡面提到阿富汗吉哈德的責任，我覺得你說的很對，但我不知道怎麼去阿富汗。」

阿扎姆回答說：「很簡單，這是我在伊斯蘭瑪巴德的電話。朝聖結束後，我會回巴基斯坦。如果你到了那兒，打電話給我，我會帶你到白沙瓦見我們的阿富汗同志。」[37]

兩個星期後，阿納斯搭機前往伊斯蘭瑪巴德。這名從未離開過阿拉伯世界的阿爾及利亞青年在巴基斯坦迷了路。他直接打公共電話給阿扎姆，當他聽到阿扎姆的聲音時鬆了一口氣，對方邀請他過去吃晚飯。阿納斯回憶說：「他熱情招待我，讓我非常感動。」阿扎姆歡迎阿納斯到他家，向他介紹其他晚餐賓客。「他的家擠滿了他在伊斯蘭瑪巴德國際伊斯蘭大學的學生。他要我留下來，跟他一起去白沙瓦，因為我自己去的話恐怕見不著那些阿富汗同志。」

阿納斯在阿扎姆家住了三天。這是兩人深刻友誼與結成政治夥伴的開始，日後更因阿納斯娶了阿扎姆的女兒而讓兩人關係更加鞏固。阿納斯在阿扎姆家結識第一批響應阿扎姆號召的阿拉伯人，他們自願參與阿富汗吉哈德。一九八三年，阿納斯抵達巴基斯坦時，參加阿富汗吉哈德的阿拉伯志願者不過十餘人。在他們動身前往白沙瓦之前，阿扎姆介紹另一名阿拉伯志願者給阿納斯認識。

阿扎姆向阿納斯介紹：「這位是奧薩瑪・賓・拉登弟兄。他是沙烏地青年，因熱愛阿富汗吉哈德前來。」

阿納斯回憶說：「他給我一種害羞、寡言的印象。」阿扎姆解釋奧薩瑪在伊斯蘭瑪巴德時有時會來看他。阿納斯未能更深入地認識賓・拉登，因為他們分別前往阿富汗不同地區行動。但他從未忘記第一次見面的情景。[38]

還在巴基斯坦時，阿納斯與另外兩名阿拉伯志願者前往一處訓練營。阿納斯曾在阿爾及利亞服過兵役，對於卡拉什科夫衝鋒槍的使用已相當嫻熟。兩個月後，志願者首次有機會進入阿富汗。

在他們從巴基斯坦訓練營出發前往阿富汗加入聖戰者行列之前，阿扎姆向這些阿拉伯追隨者解釋，阿富汗抵抗運動分成七個派系。最大的派系是古勒卜丁・希克馬蒂亞爾領導的以普什圖人為主的伊斯蘭黨以及塔吉克人布爾漢努丁・拉巴尼領導的伊斯蘭促進會。阿扎姆警告這群阿拉伯志願者要避免在阿富汗派系中選邊站，必須把自己當成「全阿富汗人民的客人」。

然而，當阿拉伯志願者到阿富汗各省服役時，他們要接受不同黨派的指揮，不可避免要對發號施令者效忠。阿納斯自願服役的地區是北部省分的馬扎里沙里夫，他被分配到伊斯蘭促進會拉巴尼人馬底下做事。這一小群阿拉伯志願者在嚴寒的冬日跟隨阿富汗指揮官行動，部隊由三百名武裝分子組成。他們穿過蘇聯控制的領土，一路上完全仰賴步行。這趟危險的旅程持續了四十天。

阿納斯一抵達馬扎里沙里夫，就對眼前的阿富汗吉哈德感到失望。馬扎里當地的指揮官才剛在一場對抗蘇聯的自殺行動中喪生，他的三名屬下則在爭搶這座戰略城鎮抵抗部隊的指揮權。阿納斯發現自己無法勝任這項工作。阿納斯提到自己與另外兩名跟他一起前來的阿拉伯志願者時表示：「我們是年輕人，既無資訊，又無訓練，也沒有資金。我發現參與吉哈德需要更多的準備，而我們尚未達到這樣的要求。」

抵達馬扎里後過了一個月，阿納斯決定離開這個「一觸即發的棘手處境」，盡快返回白沙瓦。他對阿富汗的第一印象是這個國家沉痾難治，光靠幾個好心的志願者不可能解決。「不可避免地，必須召集整個伊斯蘭世界才能負起這個責任。阿富汗問題不是五個阿拉伯人或二十五、五十個阿拉伯人能解決的。」他認為必須把阿富汗內部的政治局勢告知阿扎姆，「由他傳達給阿拉伯與伊斯蘭世界，並且要求更多的援助來解決阿富汗問題。」[39]

阿納斯前往阿富汗這幾個月來，邊境城鎮白沙瓦已有不少變化。阿拉伯志願者人數愈來愈多，阿納斯起初抵達時只有十餘名，到了一九八五年初已增加到七、八十人。阿扎姆設立接待中心收容響應號召前來的阿拉伯人。阿扎姆向阿納斯解釋：「你不在的期間，賓・拉登與我還有一群弟兄設立了勤務辦公室。我們設立辦公室，將阿拉伯志願者組織起來，參與阿富汗吉哈德。」[40]阿扎姆把勤務辦公室視為獨立機構，讓阿拉伯志願者能在此聚集與訓練，避免捲入阿富汗人的政治派系之中。勤務辦公室有三個目標：提供援助、支持改革與宣揚伊斯蘭教。不僅在阿富汗境內，勤務辦公室也在巴基斯坦持續膨脹的難民營裡開設學校與機構，為衝突產生的孤兒與寡婦提供援助。另一方面，勤務辦公室也積極宣傳，吸引新血加入阿富汗吉哈德。

勤務辦公室出版了一份受歡迎的雜誌，這也是宣傳活動的一環，這份雜誌名叫《吉哈德》，流通於整個阿拉伯世界。為了激勵各年齡階層的穆斯林，《吉哈德》總是刊載英雄事蹟與犧牲的故事。文章的執筆人通常是重要的伊斯蘭主義思想家。一九六〇年代因從事伊斯蘭主義活動而遭納瑟爾拘禁的扎伊納布．加扎里，在訪問巴基斯坦時接受《吉哈德》訪談。年過七旬的加扎里依然對伊斯蘭主義充滿熱情。她對訪談者說：「我在牢獄裡的歲月，完全比不上阿富汗的吉哈德。我希望自己能與阿富汗女戰士並肩作戰，我懇求真主讓聖戰者得勝並且原諒我們〔指整個伊斯蘭世界〕未能為阿富汗帶來正義。」[41]加扎里將阿富汗吉哈德理想化，認為阿富汗吉哈德是「重新回到聖伴的時代，回到奉行公義的哈里發時代」。

《吉哈德》為了強調阿富汗人對抗蘇聯時的英雄本色，在描述戰事時添入了各種奇蹟，這種敘事方式讓人聯想起先知穆罕默德時代。有些文章提到有一群聖戰者殺死七百名蘇聯人，殉道的只有七人；一名年輕人隻身擊落五架蘇聯飛機；就連天上的鳥兒也聚集成鳥幕讓敵人看不見聖戰者。《吉哈德》試圖說服讀者相信神意的介入，宣稱真主會獎賞信仰者，使他們在不可能的狀況下獲得勝利。

然而，阿納斯是個務實的人，而且實際去過阿富汗。他對戰爭的描述，沒有催淚的內容，也沒有任何奇蹟的記載。一九八五年，他回到馬扎里沙里夫，加入了北部潘吉希爾谷地地區的伊斯蘭促進會部隊，聽命於指揮官艾哈邁德．沙赫．馬蘇德。馬蘇德是天生的領袖與深具魅力的游擊隊指揮官，與切．格瓦拉有許多共通之處。他定期率領游擊隊躲入興都庫什山脈的窮山惡水之中，他把基地設在深山洞穴裡，可以禁受得住長達數星期的懲罰性轟炸，然後再從瓦礫堆中竄出重創蘇聯軍隊。儘管如此，他的部下也死傷慘重。有一次，馬蘇德率領部隊從一處狹窄的谷地撤退，卻遭到蘇聯的火箭突襲。阿納斯回憶說：「不到五分鐘，我們就有十幾個人殉難。那是難以想像的景象。」[42]阿納斯描述另一場對抗蘇聯的戰役，馬蘇德率領三百人（包括十五名阿拉伯志願者）取得勝利。雙方激戰一晝夜，馬蘇德損失十八個人（包括四名阿拉伯人），許多人受傷。[43]

阿富汗聖戰者與阿拉伯支持者拚死與敵方的優勢兵力對抗，最終獲得勝利。十年占領讓蘇聯在人力與物力上付出慘重代價。至少一萬五千名紅軍士兵死於阿富汗，五萬名在戰鬥中受傷。阿富汗反抗軍以美製防空飛彈擊落一百架以上的飛機與三百架直升機。到了一九八八年年底，蘇聯人發現就算憑藉十萬大軍也無法將他們的意志強加在阿富汗人身上。克里姆林宮決定中止損失並且撤軍。一九八九年二月十五日，最後一支蘇聯部隊撤離阿富汗。然而這場穆斯林軍隊對核子超級強權的偉大勝利，最終卻讓自願前來阿富汗戰鬥的眾人大失所望。

阿富汗反抗軍雖然擊敗蘇聯，最終卻未能實現伊斯蘭主義目標：建立伊斯蘭國家。蘇聯人一離開阿富汗，阿富汗各派系隨即展開權力鬥爭，而且很快就陷入內戰。儘管阿扎姆做了最大努力，許多阿拉伯志願者還是受到阿富汗派系對立的影響，形成各為其主的局面。其他一些志願者則選擇離開阿富汗。敵對軍閥為爭奪地盤而激烈戰鬥，這不能稱為吉哈德，而阿拉伯志願者也不願與穆斯林同胞自相殘殺。

在阿富汗對抗蘇聯的戰爭中，阿拉伯志願者的影響力微乎其微。阿納斯回顧時宣稱阿拉伯人對阿富汗戰爭的貢獻不過是「滄海一粟」。阿納斯說，這群被稱為「阿富汗阿拉伯人」的志願者最多或許從未超過二千人，而且「只有一小部分進入阿富汗與聖戰者並肩作戰」。其餘的都待在白沙瓦，自願擔任「醫師、司機、廚師、會計師與工程師」。[44]

不過阿富汗吉哈德卻對阿拉伯世界有著歷久不衰的影響。許多響應吉哈德號召的阿拉伯人返回故鄉之後，開始試圖實現他們在阿富汗未能實現的理想伊斯蘭秩序。阿納斯估計大約有三百名阿爾及利亞志願者前往阿富汗；許多人返國之後在新成立的伊斯蘭主義政黨「伊斯蘭拯救陣線」（更常用的名稱是法文首字母縮略字FIS）裡扮演積極角色。還有一些人追隨賓．拉登，而賓．拉登自己成立一個與阿扎姆勤務辦公室對立的機構。賓．拉登把新組織命名為「基地」，但它更為人熟知的名字則是阿拉伯文名稱「蓋達」。一些曾與阿納斯一起在潘吉希爾谷地服役的阿拉伯人繼續留在巴基斯坦，這些人成為蓋達的創始成員。

至於激勵阿拉伯人前來阿富汗的人士則是長眠於巴基斯坦。一九八九年十一月二十四日，阿扎姆與兩個兒子在前往白沙瓦清真寺參加主麻拜時遭汽車炸彈炸死。誰是幕後的主使者，關於這點說法不一：敵對的阿富汗派系；賓．拉登的人馬；甚至以色列人也有可能，因為以色列人認為阿扎姆是新成立的巴勒斯坦伊斯蘭主義運動的精神領袖，這個運動就是哈馬斯（Hamas）。

一九八七年十二月，加薩居民已經在以色列占領下過了二十年。加薩走廊是個狹長的海岸地帶，長四十公里，寬九點六公里，大約居住著六十二萬五千名巴勒斯坦人。加薩居民有四分之三是一九四八年新成立的以色列所占領的巴勒斯坦部分領土的難民，他們在一九四八年到一九六七年間蒙受嚴重的孤立。加薩人被局限在埃及當局統治的封閉地區裡，在敵對的以色列邊界區隔下，完全與被占領的家鄉斷了連繫。

一九六七年以色列占領加薩為當地居民帶來新的機會，使他們可以前往巴勒斯坦過去歷史上擁有的其他地區並且與仍待在故土，包括以色列城鎮與以色列占領的西岸地區的巴勒斯坦人相聚。一九六七年後，加薩的經濟景氣一定程度上有所好轉。在占領時期，加薩人可以在以色列境內工作，而且可以相對自由地進出邊境。以色列人可以在加薩購買免稅商品。從各方面來說，加薩居民在以色列統治下生活獲得了改善。

儘管如此，在以色列占領下，巴勒斯坦人過得並不快樂，他們渴望在自己的土地上獨立建國。然而一九七九年以埃締和，使他們獲得其他阿拉伯國家解救的希望破滅，而他們期望巴解解放的心願也因為一九八二年以色列入侵黎巴嫩，巴勒斯坦戰士被驅散到阿拉伯世界各地而瓦解。

逐漸地，到了一九七〇年代晚期與一九八〇年代初期，加薩與約旦河西岸的巴勒斯坦人開始反對以色列占領。以色列政府記錄了光是西岸地區「非法行為」的暴增現象，從一九七七年的六百五十六起「騷動」，增加到一九八一年的一千五百五十六起，到了一九八四年則達到二千六百六十三起。[45]

占領區的抵抗引來以色列的嚴厲報復：大規模逮捕、脅迫、拷問與羞辱。身為驕傲的民族，巴勒斯坦人最不能忍受的就是侮辱。在得知占領者把他們當成——根據伊斯蘭主義知識分子阿扎姆．塔米米的說法——「次等人類，不值得尊重」之後，巴勒斯坦人更感受到自己喪失了所有尊嚴與自尊。[46]

更糟的是，巴勒斯坦人覺得自己與以色列占領當局合作是一種屈服，也是一種共謀。加薩與西岸的巴勒斯坦人到以色列工作，招徠以色列顧客來商店消費，讓他們覺得自己與以色列占領產生牽連。考慮到以色列人在占領的巴勒斯坦土地上強徵土地與建立屯墾區，與以色列人合作使巴勒斯坦人覺得自己像是共犯。巴勒斯坦學者與活動分子薩利．努賽貝赫說：「用以色列的油漆來繪製反占領塗鴉，這種矛盾令人難以忍受，最終免不了發生衝突。」[47]

衝突的爆發始於一九八七年十二月，導火線是加薩走廊北方埃雷茲檢查哨附近的一場車禍。十二月八日，一輛以色列軍用卡車撞上兩輛載著巴勒斯坦工人從以色列返家的小廂型車，造成四人死亡七人受傷。巴勒斯坦社群流傳這起車禍是蓄意造成，使整個地區緊張情勢升高。葬禮於第二天舉行，之後則是大規模示威遊行，以色列軍隊開槍驅散，殺死一些抗議群眾。

十二月九日的屠殺引發的暴動像野火一樣延燒到加薩全境與西岸地區，並且演變成反對以色列二十年占領的民眾叛亂事件。巴勒斯坦人把這些運動稱為「巴勒斯坦起義」*，這個阿拉伯文有「起義」與「抖落」的意思，彷彿巴勒斯坦人想透過反對占領來擺脫累積數十年的屈辱。

巴勒斯坦起義一開始是一連串不對等的反以色列暴動。抗議者拒絕使用武器，宣稱他們的運動是非暴力，儘管他們會丟擲石塊。以色列當局則以橡膠子彈與催淚瓦斯反制。到了一九八七年十二月底，以色列當局已經殺死二十二名抗議者。以色列的鎮壓非但無法平息暴力，反而讓抗爭與對立陷入惡性循環。

巴勒斯坦起義開始的幾個星期並不存在中央領導。相反地，這場運動是由加薩走廊與西岸的一連串自發性抗議遊行發展起來的。努賽貝赫回憶說，這是一場草根性的運動，「每個抗議者所做所為都是出於自己的決定，既有的領袖則是在後頭追趕他們。」[48]

有兩個地下組織起而領導巴勒斯坦起義。在西岸，巴解各派系的分支，包括阿拉法特的法塔赫運動、解放巴勒斯坦人民陣線與解放巴勒斯坦民主陣線，以及共產黨，這些黨派共同組成地下領導，稱為聯合民族指揮部。在加薩，伊斯蘭主義者結合穆斯林兄弟會成立伊斯蘭抵抗運動，更常見的名稱是阿拉伯文首字母縮略字 Hamas，也就是哈馬斯。以色列的鎮壓使這些地下領導無法公開聚會或運作，於是他們各自定期發行傳單——哈馬斯發行一系列的傳單，而聯合民族指揮部則發布一系列獨立公報——來闡明目標與指導民眾行動。聯合民族指揮部與哈馬斯的傳單既號召行動也充當新聞報導。這些傳單也顯示巴解的世俗民族主義勢力與興起的伊斯蘭主義運動之間，為了爭奪占領區巴勒斯坦民族運動主導權所進行的苦澀鬥爭。

穆斯林兄弟會是加薩走廊最有組織的政治運動，也是最早響應民眾叛亂的團體。穆斯林兄弟會的領導人是年約五十多歲下半身癱瘓的活動分子艾哈邁德．亞辛謝赫。與許多加薩居民一樣，亞辛也是一九四八年逃到加薩的難民。他十幾歲時因工傷而癱瘓，他繼續念書成為一名教師與宗教學者。一九六〇年代，亞辛加入穆斯林兄弟會，成為賽義德．庫特布的忠實崇拜者，他重印庫特布的作品，使其盡可能在加薩傳布。一九七〇年代中期，亞辛設立慈善組織伊斯蘭中心，透過這個中心在加薩各地設立新清真寺、學校與診所，提供傳布伊斯蘭主義價值的網絡。

一九八七年十二月九日，也就是暴動發生的當晚，亞辛召集兄弟會領袖協調行動。他們決定把加薩的穆斯林兄弟會改組成抵抗運動，十二月十四日，哈馬斯成立而且首次散發傳單。

哈馬斯的創新之處在於他們以嚴格伊斯蘭主義的角度闡述巴勒斯坦建國的渴望。在第一份公報中，哈馬斯釋放毫不妥協的訊息，他們不僅與猶太國對抗，也拒絕世俗的阿拉伯民族主義。哈馬斯堅持，「唯有伊斯蘭教可以擊敗猶太人，摧毀他們的美夢。」阿扎姆為阿富汗與巴勒斯坦吉哈德提供充分的理由，巴勒斯坦伊斯蘭主義者遵循阿扎姆的說法，認為他們反抗的主要是占領伊斯蘭土地的外國人，而不是庫特布主張的專制的阿拉伯統治者。哈馬斯在一九八八年憲章中表示：「當敵人占領穆斯林土地時，

＊巴勒斯坦起義（Intifada），常見音譯為因提法達，本書採意譯。

吉哈德就成為每個穆斯林的義務。在反對猶太人占領巴勒斯坦的鬥爭中，必須高舉吉哈德的旗幟。」[49]

聯合民族指揮部是世俗民族主義者，雖然世俗民族主義早在一九六〇年代就已經支配巴勒斯坦政壇，但聯合民族指揮部還是有一些不同之處。西岸當地的活動分子首次不事先徵詢阿拉法特與流亡領袖直接發表自己的意見。哈馬斯散發傳單後，西岸的聯合民族指揮部馬上發布第一份公報。努賽貝赫回憶說，聯合民族指揮部的傳單是由「巴解在當地的兩名活動分子撰寫的」，然而「當傳單在街頭發放時，這兩個人已經在以色列當局大規模搜捕下被捕入獄」。傳單號召民眾進行三天大罷工，讓占領區的經濟停頓，而且警告不許阻止罷工或與以色列人合作。

聯合民族指揮部持續每兩個星期發行一期通訊（光是起義爆發的第一年就發行了三十一期），並且提出一連串要求：停止強徵土地，停止在占領區設立以色列屯墾區，釋放關押在以色列監獄的巴勒斯坦人，以色列從巴勒斯坦城鎮鄉村撤軍。傳單鼓吹民眾揮舞以色列人禁止的巴勒斯坦旗幟，高唱「反對占領！」與「自由阿拉伯巴勒斯坦萬歲！」聯合民族指揮部最終的目標是建立獨立的巴勒斯坦國，首都設於東耶路撒冷。[50]起義於是很快轉變成獨立運動。

巴勒斯坦起義的爆發讓總部設於突尼斯的巴解措手不及。巴解被所有巴勒斯坦人承認為「唯一具正當性的代表機構」，長久以來一直主導巴勒斯坦的民族運動。現在，主導權卻從突尼斯的「外部」巴解領導人轉移到占領區的「內部」巴解領導人手中。「內部人」與「外部人」的區別使巴解領導人陷於不利的狀況。當加薩與西岸居民自行爭取建國時，阿拉法特與他的部屬突然成了多餘之物。

一九八八年一月，阿拉法特採取行動將巴勒斯坦起義置於巴解的權威之下。他派法塔赫最高層級指揮官哈利爾．瓦齊爾（更為人所知的是他的化名阿布．吉哈德）前去協調突尼斯與西岸之間的行動。一九八八年一月十八日，聯合民族指揮部發行第三期傳單，這是首次由突尼斯法塔赫領導人授權發行的傳單。短短幾小時之內就有十萬份以上的傳單流通到整個加薩與西岸。占領區居民聽到阿拉法特政治工具的權威之聲都感到高興。如努賽貝赫所言，「他們就像音樂家聽從指揮家的指示一樣。」[51]此後，巴勒斯坦起義便接受阿拉法特及其官員的指示。

以色列政府決心阻止巴解利用起義來獲取政治利益並進而造成以色列的損失。阿布・吉哈德的任務遭以色列刺客從中阻撓，一九八八年四月十六日，這名巴解官員在突尼西亞自宅遭槍擊身亡。不過，一旦聯合民族指揮部與巴解的連結建立起來，突尼斯就能保住它對巴勒斯坦起義中世俗勢力的控制。

聯合民族指揮部與哈馬斯傳單號召的罷工與抗議構成反覆不斷的循環，使反對聲勢持續高張。以色列當局原本預料這場運動將無疾而終，但情勢的發展恰恰相反，反對運動的規模愈來愈大，甚至對以色列在占領區的控制構成真實的挑戰。當巴勒斯坦起義進入第三個月時，以色列當局轉而採取法律以外的手段鎮壓暴亂。以色列引用英國託管官員在日內瓦協議——該協議確立對待占領區民眾的國際法律標準——之前採行的緊急法律，以連坐法進行大規模逮捕，未經審訊即予以拘禁以及拆除房屋。

國際輿論看到重武裝士兵以實彈對付投石抗議民眾的影像，深感震驚，而這也迫使以色列國防部長拉賓下令以「威力、武力與毆打」取代致命武器。當美國CBS電視網播出一九八八年二月以色列士兵在納布盧斯附近驚悚地痛毆巴勒斯坦青年時，這個看似和善的政策終於暴露其野蠻殘酷的一面。其中有個觸目驚心的畫面，以色列士兵拉長囚犯的手臂，從上方不斷以巨大石塊猛砸，直到打斷他的骨頭為止。[52]以色列司法部長告誡拉賓必須節制手下不許再做這些非法行為，但以色列軍隊依然以暴力毆打的方式鎮壓巴勒斯坦抗議者。在巴勒斯坦起義進行的五年間，總共有三十名以上的巴勒斯坦人遭毆打致死。[53]

對照以色列的暴力行徑，眾人不得不注意到巴勒斯坦人始終維持非暴力抵抗的戰術。巴勒斯坦人宣稱他們不使用暴力，但以色列當局對此表示質疑，他們指出抗爭者丟擲鐵棒與汽油彈還有石頭，這些投擲物足以造成重傷或死亡。但巴勒斯坦人在面對以色列人時從不使用槍支，大大反轉了數十年來西方輿論對巴勒斯坦人與以色列人的印象，他們一向把巴勒斯坦人視為恐怖分子，把以色列人當成遭圍攻的大衛。現在反倒是以色列人急著擺脫他們在國際新聞中的歌利亞形象。

非暴力使巴勒斯坦起義成為範圍最廣泛的巴勒斯坦運動。這場運動不是只有接受軍事訓練的年輕男性參與，巴勒斯坦起義的抗爭與公民不服從動員了占領區所有人口，無論男女老幼全投入了這場共同的解放鬥爭。哈馬斯與聯合民族指揮部散發傳單提供廣泛的抵抗策略，如罷工、拒買以色列商品、學校關門於是改在家中教學、在自家菜園種菜增加糧食自給等等，這些都讓占領區的巴勒斯坦人更有力量，也灌輸巴勒斯坦人更深刻的共同意志，使巴勒斯坦起義在以色列強力壓制下依然能持續。

隨著起義從一九八八年春天持續進入到夏天，世俗的聯合民族指揮部與哈馬斯開始出現緊張。兩個組織都宣稱自己代表巴勒斯坦抵抗運動。在傳單中，哈馬斯自稱是「你的運動，伊斯蘭抵抗運動，哈馬斯」，而聯合民族指揮部則以巴勒斯坦群眾領袖自居，「民眾們，聽從巴解與聯合民族指揮部的抗爭號召」。[54]世俗與伊斯蘭主義勢力閱讀彼此的傳單並且爭搶街頭運動的主導權。當八月十八日哈馬斯在傳單上呼籲進行全國大罷工時——巴解認為在占領區發動罷工是巴解專屬的權力——聯合民族指揮部隨即直接批評伊斯蘭主義組織，認為「一切有損團結的行為等同於助敵與不利民眾抗爭」。

這類爭奪主導權的行動掩蓋了哈馬斯與巴解之間的根本差異：哈馬斯試圖摧毀猶太國，巴解與聯合民族指揮部想建立巴勒斯坦國與以色列共存。哈馬斯把整個巴勒斯坦視為不可讓渡的穆斯林領土，必須透過吉哈德從非穆斯林統治下解放。哈馬斯的反對以色列運動是長期的，因為它的終極目標是在整個巴勒斯坦建立伊斯蘭國家。相較之下，巴解從一九七四年之後就已經傾向於兩國方案。阿拉法特利用巴勒斯坦起義爭取巴勒斯坦在加薩走廊與約旦河西岸建國，以東耶路撒冷為首都——即使這意味著承認以色列與割讓一九四八年後喪失的百分之七十八的巴勒斯坦領土給猶太國。兩個抵抗運動的立場南轅北轍，巴解於是在不考慮伊斯蘭抵抗運動的觀點下逕自走向兩國方案的道路。

巴勒斯坦的反抗運動與以色列的鎮壓使巴勒斯坦起義成為國際新聞的焦點頭條，在阿拉伯世界更是受到熱烈報導。一九八八年六月，阿拉伯聯盟在阿爾及爾開會商討起義的問題。巴解利用這個機會遞交說明立場的文件，主張巴勒斯坦與以色列相互承認權利，和平與安全共處。哈馬斯公開反對巴解立場，重申穆斯林權利及於全巴勒斯坦。哈馬斯領導人在八月十八日傳單中明確宣示，伊斯蘭抵抗運動堅持「穆斯林世代以來對巴勒斯坦擁有完整而非部分權利，過去如此，現在如此，未來也是如此」。

巴解不受伊斯蘭主義威嚇，繼續以起義來正當化，以兩國方案解決以巴衝突的做法。一九八八年九月，巴解宣布將召開巴勒斯坦民族議會（流亡的巴勒斯坦國會）以鞏固巴勒斯坦起義的成果，確保巴勒斯坦人「返鄉、自決與在巴解領導下在民族土地建立獨立國家的權利」。[55]哈馬斯再次反對與譴責巴解的立場。在十月五日的傳單上，哈馬斯表示：「我們寸土不讓，因為這片土地浸滲著聖伴及其追隨者的血。」哈馬斯堅持，「我們將在真主保佑下繼續抗爭，將我們所有的土地從猶太人玷汙下解放出來。」從這段文字不難看出巴解與伊斯蘭抵抗運動的對立已浮上檯面。

巴勒斯坦民族議會訂一九八八年十一月召開，阿拉法特為此排定議程，內容無異於巴勒斯坦在占領區的建國宣言。對於加薩與約旦河西岸的居民來說，他們飽經十一個月的起義與以色列猛烈報復的蹂躪，建國等於實現獨立與終止占領的承諾，足以做為他們犧牲的報償，因此他們極為期待民族議會在十一月的會議。

努賽貝赫雖然對巴解的政策抱持保留態度，但他認為即將來臨的獨立宣言是個「重要的里程碑，與其他人一樣，我對獨立宣言有著殷切期待」。努賽貝赫事先拿到阿拉法特的文稿，他希望巴勒斯坦獨立宣言成為人民永遠記得的時刻，他希望能在耶路撒冷舊城聖殿山清真寺對數十萬人朗讀這份宣言。「我希望占領區民眾與參與起義的人民都能聚集在我們世界的中心，一同歡慶我們的獨立。」

然而事不從人願。一九八八年十一月十五日，阿拉法特在民族議會發表演說當天，以色列對占領區與東耶路撒冷實施嚴格宵禁，禁止人車上街。努賽貝赫無視宵禁的規定，從後巷前往阿克薩清真寺，當時已經有一群政治活動分子以及宗教人士聚集。「我們一起走進阿克薩清真寺。到了演說的時刻，聖墓教堂敲起鐘聲，宣禮塔也開始呼告，我們肅穆地朗讀我們的獨立宣言。」[56]

阿拉法特在阿爾及爾向巴勒斯坦民族議會第十九次會期宣讀的宣言，顯示巴解揮別過去的政策。這份宣言支持聯合國一九四七年的分治計畫，也就是在巴勒斯坦分別成立阿拉伯人與猶太人的國家，宣言也同意聯合國安理會在一九六七年與一九七三年戰爭後通過的第二四二號與第三三八號決議，這兩項決議提出以土地換取和平的原則。這份宣言顯示巴解同意與以色列和平共存。

自從巴解駐倫敦外交官薩依德．漢瑪米於一九七四年首次提出兩國方案以來，巴解歷經漫長的路程。巴解自此不再是游擊隊組織，阿拉法特明確揚棄「一切形式的恐怖主義，包括個人、團體與國家的恐怖主義」，巴解向國際社會展現自己是一個國家的臨時政府。

巴勒斯坦很快獲得國際承認。八十四個國家正式承認新成立的巴勒斯坦國，包括絕大多數阿拉伯國家以及歐洲、非洲與亞洲一些國家，還有巴勒斯坦解放運動的傳統支持者如中國與蘇聯。絕大多數西歐國家給予巴勒斯坦外交地位，但未正式承認，美國與加拿大則不予承認。一九八九年一月中，巴解又獲得象徵性的勝利，在聯合國安全理會與其他成員國基於平等地位發表演說。[57]

巴勒斯坦民族議會的宣言並未獲得以色列政府的認同。以色列總理沙米爾於十一月十五日以書面文件回應，抨擊這份宣言是「騙人的宣傳手法，企圖予人穩健溫和與締造成果的印象，以此掩蓋他們在猶地亞與撒馬利亞的暴力行徑」。以色列內閣也批評這份宣言是「誤導世界輿論的假資訊」。[58]

哈馬斯也認為這份宣言了無新意。伊斯蘭抵抗運動發表一份公報，強調「巴勒斯坦人有權在全巴勒斯坦土地建立獨立國家」，而不僅限於占領區：「不要理會聯合國決議，這些決議讓猶太復國主義者擁有統治巴勒斯坦全境的正當性……巴勒斯坦是伊斯蘭民族的財產，不是聯合國的財產。」[59]

民族議會的獨立宣言固然讓人歡欣鼓舞，卻未對加薩與西岸居民帶來任何實際助益。無論是一九八八年十一月十五日民族議會發表宣言之前或之後，以色列都無意放棄占領區。在一年的興奮與高度期盼後，一切似乎沒有什麼改變。而巴勒斯坦人卻已經為了這麼一個小小成果付出高昂代價。一九八八年十二月，起義滿一週年時，估計有六百二十六名巴勒斯坦人死亡，三萬七千名巴勒斯坦人受傷，三萬五千名以上的巴勒斯坦人被逮捕，許多人在抗爭第二年開始時仍關在獄中。[60]

到了一九八九年，起義早期的理想主義已淪為憤世嫉俗，而統一團結也分裂成派系主義。哈馬斯支持者公然與法塔赫成員交戰。巴勒斯坦社會內部的治安人員也開始威脅、毆打甚至謀殺涉嫌與以色列當局串通的巴勒斯坦人。儘管如此，公報還是照常發行，抗爭持續，石塊繼續丟擲，傷亡不斷增加，起義已成為沒有明確目的的運動，數十年來阿以衝突到了這個階段，國際社會已無解決之道。

一九八〇年代，一些伊斯蘭運動發起武裝鬥爭推翻世俗統治者或驅逐外來入侵者。伊斯蘭主義者希望建立伊斯蘭國家，依據伊斯蘭教法來進行統治，他們深信伊斯蘭教法就是真主的律法。一九七九年伊朗革命成功建立伊朗伊斯蘭共和國，激勵伊斯蘭主義者。在埃及，伊斯蘭運動派系組織刺殺總統沙達特。在敘利亞，穆斯林兄弟會與哈菲茲．阿薩德總統的復興黨政府陷入內戰。黎巴嫩什葉派好戰運動組織真主黨深受伊朗伊斯蘭共和國的影響，把美國與以色列視為一體兩面，試圖讓兩國在黎巴嫩徹底失敗。阿富汗吉哈德針對內部與外部敵人，他們把目標放在蘇聯占領軍與公然敵視伊斯蘭教的阿富汗共產黨政府。加薩與約旦河西岸的伊斯蘭主義者呼籲長期進行吉哈德以對抗猶太國，他們希望在伊斯蘭政府統治下讓巴勒斯坦重回伊斯蘭世界。真主黨迫使美國撤離黎巴嫩與以色列重新部署，阿富汗聖戰者迫使蘇聯於一九八九年離開阿富汗，這兩場軍事勝利並未導致他們意識形態希求的理想伊斯蘭國家出現。在外敵被迫撤退之後，黎巴嫩與阿富汗便深陷內戰的泥沼，久久無法脫身。

阿拉伯世界的伊斯蘭主義者採取長期做法追求建立伊斯蘭國家的終極目標。埃及伊斯蘭主義者扎伊納布．加扎里提到十三年的準備週期，必須反覆不斷進行，直到爭取到絕大部分埃及民眾支持伊斯蘭政府為止。哈馬斯誓言為全巴勒斯坦解放而鬥爭，「無論花費多少時間」。伊斯蘭國家的最終勝利是一項長期計畫，需要耐心。

就算伊斯蘭主義者在「真主道路鬥爭」上輸了幾次，他們仍然有信心自己能獲得最終的勝利。在此同時，伊斯蘭主義團體在重塑阿拉伯社會上確實獲得一些成果。一九八〇與九〇年代，伊斯蘭主義組織在阿拉伯世界各地出現，他們吸引愈來愈多的支持者加入。伊斯蘭主義價值在阿拉伯社會傳布，愈來愈多的年輕男性蓄鬍與愈來愈多的女性戴上頭巾與穿著覆蓋整個身體的服裝款式。書店裡賣的全是伊斯蘭書籍。伊斯蘭復興使世俗文化節節敗退，一直持續至今。

一九八九年年底，世界政治局勢的巨變讓伊斯蘭主義者為之振奮。十一月九日柏林圍牆倒塌，冷戰格局迅速瓦解，標誌美蘇對立的結束與新世界秩序的興起。許多伊斯蘭主義者把蘇聯崩潰詮釋成無神論共產主義破產的明證與新伊斯蘭時代來臨的徵兆。然而與此相反，他們發現自己面對一個由最後勝出的超級強權支配的單極世界，這個超級強權就是美國。

注釋

1. Gilles Kepel, *The Prophet and the Pharaoh: Muslim Extremism in Egypt* (London: Saqi, 1985), p. 192.
2. Mohamed Heikal, *Autumn of Fury: The Assassination of Sadat* (London: Deutsch, 1983), pp. xi–xii.
3. Sayyid Qutb, 'The America I Have Seen,' in Kamal Abdel-Malek, ed., *America in an Arab Mirror: Images of America in Arabic Travel Literature* (New York: St Martin's Press, 2000), pp. 26–27.
4. 同前，p. 10.
5. Sayyid Qutb, Ma'alim fi'l-tariq [lit. 'Signposts along the road,' often translated under the title *Milestones*] (Cairo:

Maktabat Wahba, 1964). 庫特布的《里程碑》有許多英文版本。我引用的版本是 Dar al-Ilm（無日期）在大馬士革出版的。這些論點出自〈導論〉，pp. 8–11；第四章，'Jihad in the Cause of God,' p. 55；第七章，'Islam Is the Real Civilization,' p. 93。
6. 同前，第十一章，'The Faith Triumphant,' p. 145。
7. Zaynab al-Ghazali, *Return of the Pharaoh: Memoir in Nasir's Prison* (Leicester, UK: The Islamic Foundation, n.d.), pp. 40–41.
8. 同前，pp. 48–49.
9. 同前，p. 67.
10. 哈迪德招募的一名士兵向敘利亞法官描述他的經驗，重印於 Olivier Carré and Gérard Michaud, *Les frères musulmans* [The Muslim brothers] (1928–1982) (Paris: Gallimard, 1983), p. 152.
11. 同前，p. 139.
12. 法雅德在約旦遭到逮捕，他被指控曾經是敘利亞暗殺隊員，被派往約旦刺殺約旦首相。他對塔德穆爾監獄屠殺的描述重印於同前，pp. 147–148。
13.《華盛頓郵報》通訊記者記錄了這篇匿名目擊者的陳述，並且以 'Syrian Troops Massacre Scores of Assad's Foes,' 一文發表，一九八一年六月二十五日。
14. Thomas Friedman, *From Beirut to Jerusalem* (London: Collins, 1990), p. 86.
15. 引自 Robert Fisk, *Pity the Nation: Lebanon at War* (Oxford: Oxford University Press, 1991), p. 518.
16. 粗體為原文所加；同前，p. 512.
17. 引自同前，pp. 480, 520.
18. 引自 Augustus Richard Norton, *Hezbollah* (Princeton, NJ: Princeton University Press, 2007), p. 19.
19. 關於馬龍派與以色列的同盟關係，見 Kirsten E. Schulze, *Israel's Covert Diplomacy in Lebanon* (London: Macmillan, 1998), pp. 104–124.

20. 關於夏隆重構中東的計畫，見 Avi Shlaim, *The Iron Wall: Israel and the Arab World* (New York: W. W. Norton, 2000), pp. 395–400.
21. Lina Mikdadi, *Surviving the Siege of Beirut: A Personal Account* (London: Onyx Press, 1983), pp. 107–108.
22. Colonel Abu Attayib, *Flashback Beirut 1982* (Nicosia: Sabah Press, 1985), p. 213.
23. Mikdadi, *Surviving the Siege of Beirut*, p. 121.
24. 同前，pp. 132–133.
25. 出自「一九八三年貝魯特難民營事件調查委員會」最後報告官方譯文，該委員會主席為以色列最高法院院長伊扎克・卡漢（Yitzhak Kahan），pp. 12, 22。
26. Selim Nassib with Caroline Tisdall, *Beirut: Frontline Story* (London: Pluto, 1983), pp. 148–158.
27. Naim Qassem, *Hizbullah: The Story from Within* (London: Saqi, 2005), pp. 92–93.
28. 同前，pp. 88–89.
29. 一九八五年二月十六日基礎文件 'Open Letter Addressed by Hizbullah to the Downtrodden in Lebanon and in the World' 全文重印於 Augustus Richard Norton, *Amal and the Shi'a: Struggle for the Soul of Lebanon* (Austin: University of Texas Press, 1987)。引文出字 pp. 174–175.
30. Fisk, *Pity the Nation*, p. 460.
31. Norton, *Hezbollah*, p. 81.
32. Abdullah Anas, *Wiladat 'al-Afghan al-'Arab': Sirat Abdullah Anas bayn Mas'ud wa'Abdullah 'Azzam* [The birth of the 'Arab Afghans': The autobiography of Abdullah Anas between Mas'ud and Abdullah 'Azzam] (London: Saqi, 2002), p. 14. 阿納斯本名布・朱瑪阿（Bou Jouma'a），他加入阿富汗聖戰者後把姓氏改為阿納斯。
33. 簡短的生平介紹，見 Thomas Hegghammer, 'Abdallah Azzam, the Imam of Jihad,' in Gilles Kepel and Jean-Pierre Milelli, eds., *Al Qaeda in Its Own Words* (Cambridge, MA: Harvard University Press, 2008), pp. 81–101.
34. Abdullah 'Azzam, 'To Every Muslim on Earth,' 以阿拉伯文發表於他在阿富汗編輯的雜誌《吉哈德》，一九八五年三月，p. 25。

35. Abdullah ‘Azzam, ‘The Defense of Muslim Territories Constitutes the First Individual Duty,’ in Keppel and Milelli, pp. 106–107.
36. 美國支持阿富汗聖戰者的完整紀錄見 Steve Coll in *Ghost Wars* (New York: Penguin, 2004); figures for the Carter years p. 89; for 1985, p. 102.
37. Anas, *Wiladat ‘al-Afghan al-’Arab*,’ p. 15.
38. 同前，pp. 16–17.
39. 同前，pp. 25–29.
40. 同前，pp. 33–34.
41. 加扎里訪談，《吉哈德》，一九八五年十二月十三日，pp. 38–40。
42. Anas, *Wiladat ‘al-Afghan al-’Arab,’* p. 58.
43. 同前，p. 67.
44. 同前，p. 87.
45. Shaul Mishal and Reuben Aharoni, *Speaking Stones: Communiqués from the Intifada Underground* (Syracuse, NY: Syracuse University Press, 1994), p. 21.
46. Azzam Tamimi, *Hamas: Unwritten Chapters* (London: Hurst, 2007), pp. 11–12.
47. Sari Nusseibeh with Anthony David, *Once Upon a Country: A Palestinian Life* (London: Halban, 2007), p. 265.
48. 同前，p. 269.
49. 憲章發表於一九八八年八月十八日；引自 art. 15. ‘Charter of the Islamic Resistance Movement (Hamas) of Palestine,’ *Journal of Palestine Studies* 22, 4 (Summer 1993): 122–134.
50. Communiqués 1 and 2, in Mishal and Aharoni, *Speaking Stones*, pp. 53–58.
51. Nusseibeh, *Once Upon a Country*, p. 272.

52. M. Cherif Bassiouni and Louise Cainkar, eds., *The Palestinian Intifada– December 9, 1987–December 8, 1988: A Record of Israeli Repression* (Chicago: Database Project on Palestinian Human Rights, 1989), pp. 19–20.
53. 同前，pp. 92–94.
54. Hamas Communiqué No. 33, December 23, 1988, and UNC Communiqué No. 25, September 6, 1988, in Mishal and Aharoni, *Speaking Stones*, pp. 125–126, 255.
55. UNC Communiqué No. 25, September 6, 1988, in Mishal and Aharoni, *Speaking Stones*, p. 125.
56. Nusseibeh, *Once Upon a Country*, pp. 296–297.
57. Yezid Sayigh, *Armed Struggle and the Search for State: The Palestinian National Movement, 1949–1993* (Oxford: Oxford University Press, 1997), p. 624.
58. 引自 Avi Shlaim, *The Iron Wall*, p. 466.
59. Communiqué No. 33, December 23, 1988, in Mishal and Aharoni, *Speaking Stones*, p. 255.
60. Robert Hunter, *The Palestinian Uprising: A War by Other Means* (Berkeley and Los Angeles: University of California Press, 1991), p. 215.

第十四章　冷戰之後

經過近半個世紀超級強權的對抗，冷戰突然在一九八九年終止。一九八〇年代中期，蘇聯總統戈巴契夫的開放與改革政策對蘇聯政治文化造成永久性的改變。到了一九八九年十一月柏林圍牆正式倒塌時，分隔東西歐的鐵幕早已被扯個粉碎。從一九八九年六月波蘭共產黨選舉失敗開始，蘇維埃集團政府便一個接一個倒台：匈牙利、捷克斯洛伐克、保加利亞。曾經大權在握的東德獨裁者埃里希·何內克於同年秋天遞出辭呈，以鐵腕統治羅馬尼亞超過二十二年的尼古拉·希奧塞古也在一九八九年耶誕節遭革命分子迅速處決。

兩大超強形成的權力平衡政治過渡到美國支配的單極時代，國際體系也隨之產生變化。戈巴契夫與美國總統老布希表現出美蘇結束敵對後的希望感，並且承諾建立「新世界秩序」。對於曾是冷戰中心舞台的阿拉伯世界來說，美國獨霸的新時代帶來更多的不確定性。阿拉伯領導人必須再一次面對國際競技場的新規則。

保守的阿拉伯君主對於民眾運動推翻長久存在的政府感到驚慌失措，儘管如此，共產主義崩潰並不會讓他們感到難過：摩洛哥、約旦、沙烏地阿拉伯與其他海灣國家過去以來一直仰賴西方，西方最終從冷戰中勝出，對他們而言是好事。

然而對於左傾阿拉伯共和國如敘利亞、伊拉克、利比亞與阿爾及利亞來說就不是如此。這些國家與東歐共產主義政權有較多的共通點：一黨制國家，由獨裁者以大量軍隊與中央計畫經濟進行長期統治。希奧塞古屍體的影像在世界各地播放時，一些阿拉伯首都感到深切不安。如果這樣的事可能發生在羅馬尼亞，那麼該怎麼防止類似的事在巴格達或大馬士革發生？

顯然，阿拉伯盟邦已無法仰賴蘇聯撐腰。過去四十年間，阿拉伯共和國向蘇聯尋求軍事支援、發展援助與外交支持，藉此與西方支配勢力抗衡。然而這個時代已經過去。一九八九年秋天，敘利亞總統哈菲茲．阿薩德要求戈巴契夫提供更先進的武器協助敘利亞在戰略上制衡以色列。這位蘇聯總統斷然拒絕這項要求，他表示：「你的問題不可能透過這類戰略訴求來加以解決，無論如何，這盤棋我們不玩了。」阿薩德沮喪地返回大馬士革。

巴解各派系也感到憂慮。「解放巴勒斯坦人民陣線」領袖喬治．哈巴什在一九八九年十月訪問莫斯科時批評戈巴契夫的政策。他警告說：「如果你繼續這樣下去，將會傷害我們所有的人。」資深分析家海卡爾親眼目睹阿拉伯領導階層的茫然失措。「每個人都意識到國際關係將過渡到另一個階段，但他們依然堅守以往熟悉的規則。大家都未能正確預料到新規則的出現。」[1]

冷戰時期持續多年的阿拉伯衝突突然在美國支配的單極時代成為受矚目的焦點。伊拉克與伊朗的八年戰爭（一九八〇～一九八八年）削弱了經濟，但仍有足夠的軍事資源爭奪地區霸權。一九九〇年伊拉克入侵科威特引發後冷戰世界第一場危機。這起由一個阿拉伯國家侵略另一個阿拉伯國家的事件使整個阿拉伯世界陷入分裂，有些國家反對外力干預，有些國家則加入由美國領導的聯盟，試圖讓科威特從伊拉克統治下解放。科威特危機也讓人民與他們的政府分道揚鑣，伊拉克總統海珊挺身對抗美國並且以憤世嫉俗的口吻承諾讓巴勒斯坦從以色列統治下解放，他的一舉一動使他成為阿拉伯世界的人民英雄。

光是將伊拉克逐出科威特還不足以恢復阿拉伯地區的秩序。海珊把伊拉克占領科威特連結上敘利亞在黎巴嫩的地位以及以色列長期占領巴勒斯坦。解放科威特的戰爭結束後，阿拉伯世界不得不處理已經持續十五年的黎巴嫩內戰問題。美國方面則在馬德里召開會議解決阿以歧見，這是一九七三年日內瓦和會以來阿拉伯人與以色列人首次進行會談。當時的觀察家無法確定，伊拉克的入侵與隨後被逐出科威特究竟是化解衝突的新時代開端，抑或只是該地區經年累月衝突的擴大化。

首位承認後冷戰世界現實的阿拉伯領袖是伊拉克總統海珊。早在一九九〇年三月，海珊已經警告他的阿拉伯同胞領袖，「往後五年，將只存在一個真正的超級強權」——美國。[2]

從各方面來說，伊拉克所處的地位比其他阿拉伯共和國更為優越，使伊拉克能從冷戰的老對手過渡成美國支配下的新現實。雖然伊拉克與蘇聯有著特別緊密的關係，一九七二年兩國還訂定了友好合作條約，但持續八年的兩伊戰爭卻讓美國和伊拉克的關係解凍。美國對伊朗伊斯蘭共和國的敵視促使雷根政府支持伊拉克以阻止伊朗獲勝。即使戰爭最後並未分出勝負，但戰爭結束後華府仍與巴格達維持友好關係。

美國新任總統老布希於一九八九年一月就職，他有強烈的意願與伊拉克建立更良好的關係。同年十月，布希政府發布國家安全指令，美國的波斯灣政策開始朝積極與伊拉克建立更緊密的關係進行。指令表示：「美國與伊拉克的正常關係有助於雙方長期利益與促進波斯灣與中東地區穩定。美國應該向伊拉克提出經濟與政治誘因，使其趨於穩健，並且增加美國對伊拉克的影響力。」指令也鼓勵伊拉克開放市場給美國公司。「我們應該追求與爭取機會讓美國公司參與重建伊拉克經濟的工作。」市場的開放也擴及「非致命的軍事援助」，增加美國對伊拉克國防建軍的影響力。[3]海珊可以獲得寬恕，因為他的所做所為完全是為了帶領國家度過冷戰結束後的動盪局面。

然而海珊在統治伊拉克上依然面臨艱鉅的挑戰，這些挑戰源自於他從一九七八年上台後做出的種種災難性決定。伊拉克總統無故向伊朗挑起戰端，最後不僅一無所獲，還讓國家蒙受可怕的損失，他自己則喪失了伊拉克民眾的支持。八年戰爭奪走五十萬名伊拉克人的性命，引發國內對海珊統治的反對。戰事曠日持久，反海珊的行動也漸趨暴力。一九八二年，海珊在巴格達北部村落杜賈爾遭到行刺，但倖免於難。這位伊拉克總統以壓倒性的暴力回應，他下令安全部隊殺害近一百五十名村民做為報復。

伊拉克北部庫德族派系利用兩伊戰爭尋求自治。伊拉克政府於是對庫德族發動稱為安法爾（al-Anfal，意思是戰利品）的種族滅絕戰爭。從一九八六年到一九八九年，數千名伊拉克庫德族人被迫遷居，兩千個村子被摧毀，估計有十萬名男女老幼在安法爾行動中遭到殺害。一九八八年三月，發生了一起最惡名昭彰的事件，伊拉克政府使用神經毒氣攻擊哈拉布加，殺死了五千名庫德族民眾。[4]

除了庫德族，伊拉克的順尼派與什葉派社群也面臨壓制異議分子的高壓統治，這些壓制手段包括恣意逮捕、大量拷問與迅速處決。只有忠貞的執政復興黨黨員才能在海珊領導的伊拉克獲得信賴與出人頭地。曾以世俗價值、高識字率與性別平等著稱的伊拉克，到了一九八九年卻淪為恐懼共和國。[5]

除了人民的反彈，海珊在兩伊戰爭結束後面臨的最直接考驗就是重建被摧毀的經濟。伊拉克的財富源自豐富的石油資源。八年來，伊拉克的石油生命線因為油管與港口設施遭受攻擊而被切斷，無情的油輪戰爭也把兩伊衝突延伸到波斯灣的國際運輸航線上。少了石油收入，伊拉克被迫向阿拉伯海灣鄰邦借貸數十億美元維持戰爭。到了一九八八年戰爭結束時，伊拉克已積欠其他海灣國家四百億美元，一九九〇年時清償的債務占了伊拉克石油收入的一半以上。[6]

雪上加霜的是，油價在此時逐漸下跌。為了清償債務，海珊必須讓油價維持在每桶二十五美元（兩伊戰爭的高峰期，油價最高來到每桶三十五美元）。一九九〇年七月，海珊絕望地看著國際油價崩跌到每桶十四美元。波斯灣地區再度恢復和平之後，有能力出口世界所需的所有石油。不僅如此，有些海灣國家生產的石油遠超過石油輸出國組織規定的配額。科威特是違規特別嚴重的國家，而它違反石油輸出國組織配額是有理由的。早在一九八〇年代初，科威特政府實施經濟多角化，一方面大量投資西方煉油廠，另一方面成立新品牌Q－8（與Kuwait〔科威特〕諧音）在歐洲開設數千家加油站。科威特出口的原油逐漸運往科威特設於西方的設施。科威特賣給西方煉油廠的原油愈多，在歐洲的獲利就愈多。[7]這些煉油與經銷點產生的利潤遠超過原油出口，科威特因此完全不受原油價格變動影響。科威特寧可傾全力生產石油，也不願遵守石油輸出國組織方針來推升油價。

與此相對，伊拉克在國外沒有經銷點，收入完全取決於原油價格。每桶原油價格只要下降一美元，就會讓伊拉克年收入淨損十億美元。在石油輸出國組織會議上，伊拉克與科威特的立場相左，伊拉克要求減產以推升油價，科威特卻要求增產。科威特不理會伊拉克的關切。一九八九年六月，科威特拒絕接受石油輸出國組織其他成員規定的配額。科威特在兩伊戰爭中借給伊拉克一百四十億美元，現在戰爭結束，科威特認為把本國經濟利益放在首位是合情合理的事。

海珊開始把伊拉克的經濟困難歸咎於科威特，並且向這個海灣小謝赫國施加壓力與威脅。他親自前往科威特要求豁免伊拉克一百四十億美元的債務，還另外借款一百億美元進行伊拉克重建工作。海珊指控科威特從兩國共有的魯邁拉油田竊取石油。他也宣稱科威特在兩伊戰爭期間侵占伊拉克領土，他要求科威特「歸還」波斯灣頂端的戰略要地瓦爾巴島與布比延島，不僅為了建立軍事設施，也為了讓伊拉克取得深水港。

海珊的主張毫無根據，卻重啟了伊拉克長期以來對科威特國境與科威特獨立的質疑。二十世紀，伊拉克曾兩度主張科威特是其領土的一部分：一九三七年與科威特宣布獨立的一九六一年。但伊拉克的各個阿拉伯鄰邦卻認為這些新主張與威脅只不過是空洞的口號。

這些阿拉伯國家錯了：一九九〇年七月，海珊以行動證明他說的話，他在伊拉克與科威特邊界部署大批軍隊。其他阿拉伯國家被迫採取行動，現在他們才意識到一場嚴重的危機正在醞釀。

面對這場正在擴大的危機，埃及與沙烏地阿拉伯試圖以外交解決。沙烏地阿拉伯國王法赫德與埃及總統穆巴拉克為科威特與伊拉克安排了一場會議，時間訂在八月一日，地點在沙烏地的紅海城市吉達。海珊承諾阿拉伯領袖，在會議前，伊拉克與鄰邦的一切歧異將會以「兄弟間的方式」解決。

海珊早已決心入侵科威特。在派副總統去吉達與科威特王儲開會之前，海珊要求於七月二十五日與美國駐巴格達大使阿普里爾．格拉斯佩見面，他想試探華府對這場危機的立場。格拉斯佩向伊拉克總統保證，美國「對於阿拉伯國家之間的衝突，例如貴國與科威特的邊界糾紛，不發表任何意見」。[8] 海珊似乎把格拉斯佩大使的話解釋成美國不會干預阿拉伯國家之間的衝突，就在會談後不久，他改變了入侵計畫的規模。起初，海珊設想對科威特進行有限的入侵，只奪取兩座小島與魯邁拉油田。現在他要求完全占領這個國家。在與執政的革命指導會議會商之後，海珊認為，如果他讓統治科威特的薩巴赫家族仍擁有部分科威特，那麼他們勢必會動員國際力量，特別是美國，來迫使伊拉克撤軍。快速而決定性的入侵，在薩巴赫王朝有機會要求美國干預之前將其推翻，將給予伊拉克最佳的成功機會。此外，如果伊拉克能完全併吞擁有豐富石油資源的鄰邦，它就能立即解決所有的經濟問題。

當海珊於八月一日派副總統前往吉達與科威特王儲會談時，他是利用外交讓他的軍事計畫達成完全奇襲的效果。伊扎特・易卜拉辛與薩阿德・薩巴赫謝赫的會談氣氛良好，完全感受不到威脅。兩人友善結束會議，並同意下次會議在巴格達召開。到了他們離開吉達的午夜，伊拉克軍隊已經越界入侵科威特。

八月二日清晨，數萬名伊拉克軍隊以迅雷不及掩耳的速度進入科威特，占領這個石油蘊藏量豐富的國家。最早發現伊拉克軍隊入侵的是飽受驚嚇的科威特民眾。傑漢・拉賈布在科威特城擔任校長，她回憶說：「八月二日早上六點，我跟往常一樣起床，打開窗戶往外看。令我驚訝的是，我聽到刺耳而斷斷續續的槍聲，不是一槍兩槍，而是持續地開火，然後是回應的槍聲。槍聲在我們隔壁清真寺牆上迴盪著，我們立即驚恐地意會到發生了什麼事。科威特遭到伊拉克入侵。」[9]

阿拉伯各國首都開始響起電話聲。清晨五點，法赫德國王被這則消息吵醒。這位沙烏地國王剛在前一晚送走伊拉克與科威特的協商人員，此時的他難以相信伊拉克軍隊居然入侵科威特。他立即連繫海珊，卻連絡不上對方。他的下一通電話打給約旦國王胡笙，大家都知道他與伊拉克領導人關係最為密切。

一小時後，侍從喚醒埃及總統穆巴拉克，向他報告伊拉克軍隊已經占領埃米爾王宮與科威特城各重要政府機構。阿拉伯領袖一直等到早上十點多才得到巴格達方面的解釋：「這只是伊拉克的部分領土重新回到伊拉克。」海珊的政治使節向難以置信的阿拉伯國家領袖說道。[10]

國際社會面臨後冷戰時代的首次危機。八月一日晚上九點，入侵的消息傳到白宮；布希政府對於當晚伊拉克的入侵發表嚴厲譴責。第二天早上，美國政府將此事提交聯合國安理會討論，安理會迅速通過第六六〇號決議，要求伊拉克立刻無條件撤軍。

伊拉克軍隊不理會威嚇，依然朝首都科威特城急速前進，他們的目的是俘虜科威特埃米爾賈比爾·艾哈邁德·薩巴赫謝赫及他的家人。如果伊拉克軍隊成功捕獲統治家族，伊拉克人就能牢牢控制這個國家，並以埃米爾及其家人為人質來確保他們的戰果。然而埃米爾已得到伊拉克入侵的警告，早已與家人離開前往鄰國沙烏地阿拉伯避難。

科威特王儲薩阿德與伊拉克副總統會談後從吉達返國，得知入侵行動已經開始。他立刻召見美國駐科威特大使，正式要求美國軍事援助擊退伊拉克，之後便與其餘流亡的王族在沙烏地阿拉伯會合。透過這兩個簡單的動作——要求美國援助與流亡——薩巴赫成功在海珊入侵之初挫敗了他的銳氣。但在占領結束前，科威特人民還要忍受七個月的煎熬。

復興黨政權的威權主義與政治上的含糊其詞，使占領的前幾天宛如喬治·歐威爾《一九八四》的翻版。伊拉克人荒謬地宣稱他們是在人民革命的邀請下進入科威特推翻統治的薩巴赫家族。伊拉克政府發布的公報解釋說：「真主幫助自由人民從科威特顯貴的統治下解放。他們掃除舊秩序，帶來新秩序，並且請求偉大的伊拉克人民伸出兄弟的援手。」[11]之後，伊拉克政權設立所謂的臨時自由科威特政府。

然而，由於顯然不存在所謂的科威特革命分子來支持伊拉克的主張，海珊政府很快就放棄解放的託詞，宣布併吞科威特。八月八日，宣布科威特為伊拉克第十九個省。伊拉克人開始除去地圖上的科威特，甚至將首都科威特城改成他們自創的名稱：卡茲瑪赫。

十月，新法令要求所有科威特人改用伊拉克發放的身分證與汽車駕照。伊拉克規定未持有伊拉克證件的科威特人無法獲得各項服務，藉此逼迫科威特人服從。基本糧食的配給卡，如牛奶、糖、米、麵粉與食用油，只發放給持有伊拉克證件的科威特人。民眾必須出示伊拉克身分證才能看病。加油站也只幫持有伊拉克汽車駕照的人加油。儘管如此，絕大多數科威特人仍抗拒這些壓力，他們拒絕成為伊拉克公民，並且寧可在黑市購買民生必需品。[12]

入侵科威特伴隨而來的是伊拉克軍隊對商店、工作場所與住家的大舉掠奪，他們把絕大部分物品運往巴格達。看著一車車偷來的物品運往巴格達，科威特官員向伊拉克軍官提出質疑：

「如果你說科威特是伊拉克的一部分，為什麼你要運走所有的東西？」「因為沒有任何一個省比首都更重要，」軍官回道。[13]

日子一天天過去，占領軍的暴行也愈來愈過分。八月底，海珊任命臭名遠播的堂弟阿里．哈桑．馬吉德擔任科威特軍事總督，馬吉德有個難聽的綽號叫「化學阿里」，因為他在安法爾戰役中曾使用化學武器對付庫德族人。科威特居民拉賈布在日記裡提到：「馬吉德抵達科威特之後，恐怖統治加緊進行，有傳言說可能出現化學攻擊。」能逃的都逃了。科威特銀行家穆罕默德．雅赫亞回憶說：「每個人都想逃。」他提到在沙烏地邊界上，來自科威特的車子四輛並排形成三十公里（約十九英里）長的車陣。然而雅赫亞選擇留在科威特。[14]

當伊拉克高壓政治體制在科威特生根時，科威特民眾也開始進行非暴力的抵抗。拉賈布寫道，「入侵的第一個星期，科威特婦女決定上街遊行，抗議伊拉克入侵。」第一場抗議遊行定於八月六日，也就是入侵的四天後。「空氣中瀰漫著緊張與期待的情緒：彷彿群眾潛意識裡明白，即使平和的抗爭也將不見容於伊拉克人。」多達三百名民眾參加這場遊行，他們手持旗幟、流亡埃米爾與王儲的海報，以及科威特國旗。

抗議民眾一邊唱歌讚美科威特與埃米爾，一邊譴責海珊，他們高喊「海珊去死」與很不協調的「海珊是猶太復國主義者」。前兩次抗議，伊拉克未做任何反應，但連續到了第三天抗議時，人數大幅增加的群眾面對伊拉克武裝士兵，士兵直接朝群眾開槍。拉賈布寫道：「現場陷入混亂，汽車引擎咆哮著，急忙沿路倒車，民眾尖叫，而對方仍持續開火。」死傷的抗議民眾橫七豎八倒臥在科威特城鬧區警局外頭。「這是我們這一區最後一次遊行示威，或許在任何地方都是最後一次，因為伊拉克人會開槍將群眾打死打殘。科威特人開始了解入侵者有多麼無情。」[15]

但在伊拉克占領期間，非暴力抵抗活動從未中斷。抵抗運動改變戰術，避免遭伊拉克人開槍攻擊。九月二日，科威特人透過挑釁行為表明占領已滿一個月。這項計畫透過口耳相傳傳遞給科威特城所有的居民，午夜一到，他們將爬上自家屋頂高喊「真主至大」。到了約定時間，數千名抗議民眾果然一同齊聲吶喊。對拉賈布來說，這場吶喊代表「對發生的一切的不滿與憤怒，包括入侵、入侵後的殘酷暴行、殺戮以及在科威特各地設立的拷問中心」。伊拉克士兵警告性地朝屋頂開槍，想讓抗議者閉嘴，但科威特民眾足足喊了一個鐘頭，表示他們對占領的不滿。「有人說，科威特在那晚獲得了重生。」銀行家雅赫亞說道。[16]

許多科威特人也對伊拉克人發動武裝抗爭，領導者多半是過去的軍警，他們受過訓練，懂得使用槍支。他們伏擊伊拉克軍隊與軍火庫。拉賈布學校旁的道路是伊拉克軍車通過的主要路線，這裡成了抵抗運動攻擊的焦點。八月下旬，道路發生的巨大爆炸嚇壞了拉賈布，隨後是此起彼落火箭發射的聲音。她很快發現反抗軍攻擊了伊拉克的軍火卡車，引爆了彈藥。她一直等到爆炸結束才離開公寓。拉賈布看見消防車正在撲滅燃燒中的伊拉克軍車殘骸。她在日記裡寫道：「我只看到散落一地燒得發黑的殘餘骨架，至於人大概已經被炸得粉身碎骨了。」

這些攻擊使鄰近地區居民陷入極大的危險，一方面攻擊可能傷及無辜，另一方面是伊拉克人的報復。拉賈布提到，「這起事件造成數棟房屋損毀，更糟的是，事件發生後伊拉克人威脅如果再發生一樣的事，他們要殺光這個地區的居民，為了保護平民，反抗軍改為在遠離住宅區的地方發動攻擊。」[17]

科威特民眾不敢輕忽伊拉克人的威脅。在這個被占領的國家裡，隨時散發著濃厚的死亡惡臭。死亡確實來到許多科威特人的家門口：伊拉克人採取一種戰術，他們讓監禁者返家，當著家人的面殺死監禁者。更恐怖的是，當局威脅，如果有人幫他收屍，就將他的家人全殺光。死者經常在酷暑下曝曬兩三天之久，為的是對那些敢於反抗的人起到殺雞儆猴的效果。

然而，儘管伊拉克人以威嚇的手段迫使科威特人屈服，但在伊拉克占領科威特的七個月期間，反抗行動從未休止。拉賈布所謂「在這漫長幾個月裡持續不斷的抵抗」，這項說法被科威特解放後擄獲的伊拉克情報單位文件證實，當中追蹤了這七個月占領時期的抵抗運動。[18]

在占領初期，一般認為伊拉克的野心不可能局限於科威特。阿拉伯海灣國家沒有足夠的軍事實力對抗伊拉克的入侵，因此在科威特陷落後，美國與沙烏地阿拉伯都關注海珊是否將奪取鄰近的沙烏地油田。

布希政府認為龐大的美國駐軍才能有效嚇阻海珊的野心。美國需要基地才能駐紮軍隊，並且採取軍事行動驅離伊拉克人；然而，美國政府需要沙烏地政府正式提出軍事援助要求才能派遣軍隊。法赫德國王拒絕這麼做，他擔心在國內引發反對聲浪。沙烏地阿拉伯是伊斯蘭教誕生地，對於非穆斯林進入自己的國土總是特別感到不安。此外，沙烏地阿拉伯從未受到外來帝國主義控制，面對西方時會特別謹守自身的獨立地位。

美軍可能進駐沙烏地阿拉伯的消息促使沙烏地伊斯蘭主義者採取行動。參加過阿富汗衝突的沙烏地阿拉伯人對於自己擊敗了蘇聯人感到志得意滿，他們堅決反對美國干預科威特。而參加阿富汗吉哈德的賓・拉登此時已返回沙烏地阿拉伯，他因為直率的言論而遭到沙烏地政府軟禁，但他的演說錄音帶卻在各地廣為流傳。

海珊的部隊入侵科威特時，賓・拉登寫信給沙烏地內政大臣納伊夫・賓・阿卜杜勒・阿齊茲親王，建議動員聖戰者網絡，他相信這群曾將蘇聯人逐出阿富汗的戰士可以發揮作用。阿卜杜勒・巴里・阿特萬是極少數曾在阿富汗托拉波拉山的賓・拉登藏身處對他進行訪談的記者，他回憶說：「賓・拉登宣稱他可以招募十萬大軍。但他的信被忽視了。」

整體來說，沙烏地人認為伊拉克人將對他們的國家穩定帶來極大威脅，儘管國內有反對的聲音，他們也依然選擇美國的保護。賓・拉登抨擊這種做法悖離了伊斯蘭教。阿特萬提到：「賓・拉登告訴我，沙烏地政府決定邀請美軍防衛王國與解放科威特，這是他一生中遭遇最大的打擊。」

他不敢相信沙烏德王室居然歡迎「異教徒」軍隊部署在阿拉伯半島的土地上，而且就在鄰近聖地（即麥加與麥地那）之處，這是伊斯蘭教誕生以來從未有過的事。賓．拉登也擔心讓美軍進駐阿拉伯領土，沙烏地政府將使國家屈服於外國占領之下——如此將重蹈阿富汗覆轍，像喀布爾共產黨政府一樣引狼入室，讓俄軍進入阿富汗。賓．拉登曾在阿富汗拿起武器對抗蘇聯軍隊，現在他決定要再度拿起武器抵抗美軍進入阿拉伯半島。[19]

賓．拉登的護照被沙烏地當局沒收，他必須藉由家族與沙烏德王室的關係來取得旅行文件，然後永久流亡國外。一九九六年，賓．拉登宣布對美國發動吉哈德，並且宣告沙烏德王室「行動背離伊斯蘭教」，應「排除於宗教社群之外」。[20]但他與美國及沙烏德王室這兩個阿富汗吉哈德前盟友的決裂，早在一九九〇年八月的事件中就已看出徵兆。

科威特危機在國際外交上開啟了美蘇合作的新篇章。這是歷史上第一次安理會在不受冷戰政治掣肘下採取決定性的行動。八月二日，安理會迅速通過第六六〇號決議，往後四個月，安理會未遭遇任何否決，一連通過十二項決議。八月六日，安理會對伊拉克實施貿易與經濟禁令，凍結伊拉克所有海外資產（第六六一號決議）；九月二十五日，聯合國再度對伊拉克實施更進一步的禁令（第六七〇號決議）。八月九日，安理會宣布伊拉克併吞科威特「完全無效」（第六六二號決議）。一些決議譴責伊拉克違反駐科威特外交人員豁免權的規定，並且主張第三國國民有權離開伊拉克與科威特。十一月二十九日，蘇聯支持美國通過第六七八號決議，要求伊拉克必須在一九九一年一月十五日之前全數撤離科威特，否則將授權聯合國成員針對伊拉克「使用一切必要手段」。冷戰在中東顯然已正式結束。

最讓阿拉伯政治家——特別是伊拉克人——驚訝的是蘇聯的立場。埃及分析家海卡爾回憶說：「阿拉伯世界許多人認為，即使莫斯科拒絕在入侵後協助伊拉克，至少也會保持中立，但令他們驚訝的是，蘇聯居然在安理會協助美國通過一個又一個決議。」阿拉伯世界沒有料到的是，蘇聯的國力衰弱而且急於與華府維持良好關係。考慮到美國在波斯灣的地緣戰略利益，蘇聯人知道他們可以選擇支持或反對美國，但無論如何他們都無法阻止美國採取行動。既然對立得不到好處，蘇聯人於是選擇與美國合作，對前阿拉伯盟友棄之不顧。

阿拉伯世界很晚才發現莫斯科在後冷戰時代的政策已改弦更張。當伊拉克對聯合國的警告充耳不聞，美國開始組織戰爭聯盟時，阿拉伯世界仍期盼蘇聯阻止美國對其盟友伊拉克用兵。然而蘇聯外交部長愛德華．謝瓦納茲卻與美國國務卿詹姆斯．貝克緊密合作，擬定了授權軍事行動的決議文。海卡爾表示：「令阿拉伯代表團驚訝的是，莫斯科顯然將給予華府行動的通行證。」21

美國與蘇聯針對科威特危機達成史無前例的合作，反觀阿拉伯世界則是陷入前所未有的分裂。阿拉伯國家入侵另一個阿拉伯國家，加上外力干預的威脅，使阿拉伯領袖之間出現難以彌補的嫌隙。

埃及因為與以色列締和而被孤立了十年，最近才與阿拉伯國家重修舊好，科威特危機使埃及起而組織阿拉伯國家以做出回應。八月十日，埃及總統穆巴拉克緊急召開阿拉伯高峰會，這是大衛營協定以來首次在開羅召開的高峰會，也是伊拉克與科威特在入侵後首次會談。這是個緊繃的時刻。科威特埃米爾發表和解演說，試圖安撫伊拉克人，希望用外交途徑解決危機。他希望回到八月一日在吉達進行的協商內容。然而，伊拉克人完全不想妥協。埃米爾結束演說後坐下，伊拉克代表塔哈・亞辛・拉馬丹抗議說：「我不知道謝赫憑什麼對我們說這種話。科威特已經不存在了。」[22]埃米爾衝出會議廳以示抗議。

對一些阿拉伯領袖來說，美國干預的威脅遠比伊拉克入侵科威特來得嚴重。阿爾及利亞總統沙德利・本・傑迪德警告與會者：「我們終其一生都在努力擺脫帝國主義與帝國主義軍隊，但現在我們看到自己的努力付諸東流，因為阿拉伯人……正邀請外人干預。」[23]利比亞、蘇丹、約旦、葉門與巴解領袖都贊同本・傑迪德的看法，他們要求阿拉伯各國共同合作解決這場危機。他們希望協商出雙方都能接受的條件讓伊拉克撤兵，既能避免進一步的武裝衝突，又能防止外力干預。

開羅高峰會進行最後決議投票時，阿拉伯世界內部的不合最為明顯。決議譴責入侵、反對伊拉克併吞科威特而且要求伊拉克軍隊立即全數撤出科威特。決議也支持沙烏地阿拉伯為了對抗伊拉克的領土威脅向阿拉伯各國請求軍事援助。決議文的討論才過兩個小時，穆巴拉克就要求停止討論進行投票，結果使阿拉伯世界分裂成兩個陣營，十國投票贊成，九國反對最後決議。海卡爾寫道：「短短兩小時就讓阿拉伯世界陷入前所未有的分裂。阿拉伯解決方案的最後一個渺茫的機會也失去了。」[24]

美國政府深信唯有明確的威脅才能迫使伊拉克人撤出科威特。美國對阿拉伯的外交手段沒有信心，而且開始招募阿拉伯盟友採取軍事行動。八月八日，第一支美軍部隊抵達沙烏地阿拉伯，之後埃及與摩洛哥部隊也前來會合。敘利亞是伊拉克的宿敵，在蘇聯停止援助後打算與美國修好，因此傾向於加入聯盟。九月十二日，敘利亞同意參與軍事行動。其他的海灣國家卡達、阿拉伯聯合大公國與阿曼也支持沙烏地阿拉伯，提供軍隊與設施給美國領導的聯盟。

海珊讓阿拉伯國家分裂成水火不容的兩個陣營之後，下一步就是操弄阿拉伯輿論，使阿拉伯各國民眾起而反對自己的政府。他把自己宣傳成是一名挺身反對美國與以色列的行動者。他指責美國雙重標準，一方面為了石油蘊藏量豐富的科威特而執行聯合國安理會決議，另一方面卻無視以色列不斷違反聯合國決議拒絕從占領的阿拉伯土地撤軍。海珊進一步向阿拉伯政權施壓，讓阿拉伯民眾覺得阿拉伯政權是犧牲了阿拉伯利益以維持與美國的良好關係，甘心做為西方霸權的奴僕。海珊公開指控他的同胞阿拉伯領袖在新後冷戰時期一意順從美國人的規則。而阿拉伯民眾則群起支持這位唯一不向美國壓力屈服的領袖。摩洛哥、埃及與敘利亞爆發激烈示威遊行，民眾抗議領導人與美國聯盟。約旦與巴勒斯坦地區也有大批群眾支持伊拉克人，這令流亡的科威特人非常懊惱，因為他們多年來一直慷慨援助哈希姆王室與巴解。

約旦國王胡笙與巴解主席阿拉法特過去與伊拉克政權十分友好，現在卻發現自己進退兩難，一方面阿拉伯輿論支持海珊，另一方面國際社會要求他們支持由美國領導的反對伊拉克入侵科威特的聯盟。阿拉法特公開支持海珊，約旦國王則消極不譴責伊拉克，他主張以「阿拉伯解決方案」來處理科威特危機，然而這個做法成功的機會微乎其微。由於拒絕譴責伊拉克，胡笙國王被布希政府與阿拉伯海灣領導人指控支持伊拉克入侵科威特。因此在危機結束後，約旦便受到阿拉伯海灣國家與西方的孤立。然而，胡笙國王獲得約旦人民的支持，避免了一場差點讓他失去王位的危機。

最後，海珊反而成為街頭民眾擁戴下的囚徒。一旦他在以色列占領巴勒斯坦與抵抗美國壓力議題上取得道德制高點，他便沒有任何妥協的空間。阿拉伯輿論支持的立場無法左右美國政府。布希政府拒絕把伊拉克入侵科威特的問題延伸到其他議題上。海珊如果未能在以巴問題上挽回顏面，他就不可能自行撤軍，偏偏美國在這個問題上絕不可能讓步。海珊不願意接受美國的遊戲規則，那麼就只能走上戰爭一途。

到了一九九一年一月十五日聯合國安理會第六七八號決議規定的期限，美國開始動員龐大的各國聯軍迫使伊拉克撤離科威特。美軍部隊占聯軍總數三分之二以上，有六十五萬名士兵。阿拉伯世界派出近十八萬五千人，其中沙烏地阿拉伯有十萬人，其餘則來自埃及、敘利亞、摩洛哥、科威特、阿曼、阿拉伯聯合大公國、卡達與巴林。歐洲方面，英法兩國率先加入聯盟，義大利與其他八個歐洲國家隨後加入。總計六個大陸共三十四國出兵對抗伊拉克。

一月十五日當天，全世界屏息以待，但什麼事也沒發生。第二天，美國發起沙漠風暴行動，對巴格達以及科威特與伊拉克境內的伊拉克軍隊據點進行大規模空襲。海珊依然不願屈服，而且威脅要對他的敵手發動「前所未有的大戰」。聯軍面臨最大的不確定性是伊拉克可能使用化學戰或生物戰，就像在安法爾戰役對付庫德族人一樣。美軍指揮官希望從空中打擊伊拉克，這樣可以避免步兵暴露在毒氣戰裡。

伊拉克對空襲的反擊是向以色列與美軍在沙烏地阿拉伯的據點發射飛毛腿飛彈。一月十八日清晨，在無預警的狀況下，八枚飛毛腿飛彈擊中海法與特拉維夫，造成破壞但未造成人命損失。當警報響起，以色列廣播電台勸告民眾戴上防毒面具與躲進密閉房間，因為擔心伊拉克人也許會在飛毛腿飛彈上部署化學武器。

伊扎克·沙米爾政府召開緊急會議，研商如何進行報復，但布希政府努力勸說以色列不要加入戰局。海珊顯然想把科威特戰爭轉變成全面的阿以衝突，藉此讓美國領導的聯盟陷入混亂。海卡爾描述當伊拉克的飛彈攻擊以色列時，聯盟裡的阿拉伯士兵忠誠度開始動搖。一群駐紮在沙烏地阿拉伯的埃及與敘利亞士兵聽到伊拉克發射飛毛腿飛彈攻擊以色列時，他們歡欣鼓舞高喊「真主至大」，「喊了之後立刻想到他們的敵人是伊拉克。但太晚了，七名埃及人與數名敘利亞人遭到懲罰。」[25]

總計約有四十二枚飛彈攻擊以色列，然而有些飛彈沒打中目標，反而掉在約旦與西岸地區，其他則被愛國者飛彈攔截。飛毛腿飛彈造成的恐慌遠超過死傷。占領區的巴勒斯坦人歡呼海珊攻擊以色列。巴勒斯坦起義陷入僵局與以色列以鐵腕政策鎮壓民眾暴動，加上現在因嚴格二十四小時宵禁而被限制行動，巴勒斯坦人深感挫折，在這種狀況下，以色列遭受攻擊讓他們感到高興，認為這是改變的開始。當記者拍攝巴勒斯坦人在屋頂上手舞足蹈，歡呼飛毛腿飛彈時，巴勒斯坦學者薩利・努賽貝赫向英國報紙解釋他們為什麼會有這種反應：「巴勒斯坦人看到飛彈由東往西飛感到高興，用比喻的方式來解釋，那是因為過去四十年來他們一直看到飛彈由西往東飛。」努賽貝赫因為這段飛彈評論付出代價；幾天後，他被誣指協助伊拉克導引飛毛腿飛彈攻擊以色列目標而在拉姆拉監獄關了三個月。[26]

伊拉克發射四十六枚飛毛腿飛彈攻擊沙烏地阿拉伯。絕大多數被愛國者飛彈攔截，不過有一枚擊中位於達蘭的倉庫，這座倉庫被用來做為美軍軍營，結果殺死二十八人，受傷超過百人，這是美軍在這場戰爭中傷亡人數最多的單一事件。

分析飛彈殘骸之後，美軍指揮官放心了，伊拉克並未使用生物或化學藥劑。伊拉克未部署非常規武器讓聯軍決心從空襲轉為地面戰，二月二十二日，老布希總統向海珊提出最後通牒，要求他在隔天正午前撤離科威特，否則將面臨地面作戰。

到了二月，伊拉克及其陸軍已遭受五個星期以上史無前例的空襲，轟炸規模遠非攻擊以色列與沙烏地阿拉伯的粗製飛毛腿飛彈所能及。聯軍飛機維持每日出擊一千架次的頻率，部署裝有高爆炸藥的雷射導引精準武器與巡弋飛彈來打擊伊拉克目標。巴格達與伊拉克南部城市遭受大規模轟炸，發電廠、通訊設施、道路橋樑、工廠與住宅區無一倖免。

雖然官方並未公布沙漠風暴海灣戰爭的民眾死亡數據——估計在五千到二十萬人之間——但密集轟炸無疑造成數千名伊拉克民眾死傷。在死傷最慘重的一次轟炸中，美國空軍朝巴格達阿米里亞區投擲兩枚二千磅「精靈炸彈」，殺死超過四百名民眾，其中絕大多數是為了躲避城市密集轟炸的婦孺。伊拉克陸軍在持續轟炸下也同樣傷亡慘重，到了二月的第三個星期，軍隊的士氣已十分低落。

眼看即將被逐出科威特，伊拉克政府決定進行環境戰爭來懲罰科威特與鄰近海灣國家。早在一月下旬，伊拉克軍隊故意抽吸四百萬桶石油到波斯灣裡，造成世界面積最大的水面浮油，石油外洩的致命範圍長三十五英里寬十五英里（長五十六公里寬二十四公里）。考慮到波斯灣做為生態體系的脆弱程度，以及數年來兩伊戰爭造成的破壞，這起石油外洩事件造成的環境破壞是史無前例的。

地面戰前夕，伊拉克人用炸藥炸燬科威特七百座油井，整個景象如同煉獄。拉賈布在科威特自家屋頂目擊爆炸。她在日記裡寫道：「我們可以聽到伊拉克人引爆油井口的大量炸藥。天空發出火紅而震顫的光芒。有些火燄不斷地升起落下，有些則向上竄升到天際，發出猛烈的巨大聲響。其他看起來如同有生命的物體：噴發的膨脹火球規律地脈動著，源源不絕令人惶恐不安。第二天早上，科威特蔚藍的天空已被七百座油井燃燒的黑煙籠罩。「今天早上整片天空都是黑的。連太陽都被遮住了。」[27]

伊拉克的環境戰爭使地面戰更加急迫，一九九一年二月二十四日星期日清晨，地面戰正式開打。戰爭短促且極具決定性。聯軍迅速攻入科威特，一百個小時之內迫使伊拉克軍隊全部撤離。激烈的戰鬥不僅對伊拉克入侵者來說極為恐怖，對科威特居民亦是如此。拉賈布描述科威特城發生劇烈爆炸與大火，遠方傳來油井的燃燒聲與數百架飛機劃過天際的巨響。二月二十六日，發起地面戰的兩天後，拉賈布寫道：「難以置信的夜晚！彈幕照亮了低空，刺眼的白光，閃爍的血紅光芒。」

伊拉克軍隊在驚恐下落荒而逃。士兵試圖搭上卡車與吉普車往北方的伊拉克邊界離去，而且強制徵用所有仍然可用的車輛（科威特人故意破壞自己的車子以避免遭竊）。搭上車子離開科威特的士兵，許多人死在穆特拉嶺。穆特拉嶺位於從科威特往北通往伊拉克邊界的八十號公路上，這裡毫無掩蔽之處。數千名士兵把軍用卡車、巴士與民用汽車開上八十號公路，造成嚴重堵塞。聯軍飛機轟炸這支撤退隊伍的首尾，把數千輛車子困在當中。隨後的大屠殺，大約有二千輛車子被毀。有多少伊拉克人設法逃離車子以及有多少伊拉克人被殺，我們不得而知。但「死亡公路」的形象卻讓美國領導的聯軍遭受抨擊，認為他們使用不成比例的武力，甚至指控他們犯了戰爭罪。為了避免這類殘殺行為危害聯軍苦心爭取的國際支持，布希政府力促在二月二十八日完全停戰，終止海灣戰爭。

解放付出極高的代價。科威特人熱烈慶祝國家恢復獨立地位，但伊拉克的入侵與海灣戰爭卻徹底毀滅這個國家。數百座油井大火難以撲滅，基礎設施破壞殆盡，國家大部分地區要從頭開始重建。占領與戰爭帶給科威特人深刻的創傷，數千人被殺、流離失所或失蹤。

廣大的阿拉伯世界也因為這場衝突陷入分裂與創傷。阿拉伯人民強烈反對政府加入聯盟對抗自己的阿拉伯同胞國家。加入聯盟的政府排斥未加入聯盟的政府。約旦、葉門與巴解因過分支持海珊政權而遭到譴責。這三個國家在財政上極度仰賴海灣國家，它們的立場使它們在經濟上大受打擊。許多阿拉伯分析家表達對美國的極度不信任，他們擔心美國在這個新單極世界的意圖。美國一心想以軍事手段解決問題，對於以外交手段解決海灣危機則百般阻撓，許多人相信美國利用戰爭的機會在波斯灣地區建立軍事勢力以支配該區的石油資源。科威特解放後的數年間，數千名美軍依然駐紮在沙烏地阿拉伯與其他海灣國家，這種狀況更讓人深感憂慮。

伊拉克雖然從科威特撤軍，但未因此獲得喘息的機會。一九九一年二月上旬，布希政府認為沙漠風暴行動已經摧毀海珊的威望與軍隊，因此鼓吹伊拉克人民推翻他們的獨裁者。美國廣播電台向伊拉克播放訊息，承諾美國將支持人民起事。美國的訊息獲得伊拉克北部庫德族地區與南部什葉派地區的注意，這兩個地區受海珊統治的荼毒最深。一九九一年三月上旬，這兩個地區的人民發起暴動。

這不是美國希望從宣傳獲取的結果。美國希望的是巴格達發生軍事政變推翻海珊。庫德族與什葉派的暴亂反而對美國的利益構成威脅。土耳其是美國在北大西洋公約組織的盟友，從一九八四年以來，土耳其一直與庫德工人黨（庫德語首字母縮略字是ＰＫＫ）領導的分離主義苦戰，土耳其反對在其東部邊界出現伊拉克庫德國。美國人則擔心什葉派暴動只會擴大伊朗伊斯蘭共和國在當地的影響力。

美國人雖然鼓勵伊拉克人反抗海珊，但對什葉派與庫德族卻不施予援手。當海珊重新集結殘餘的軍隊，無情殘暴地鎮壓這些叛軍時，布希政府完全坐視不管。據信有數千名伊拉克什葉派在鎮壓叛軍的行動中被殺，有數十萬名庫德族人為了逃避伊拉克報復而躲到土耳其與伊朗。

面對自己造成的人道大災難，美國決定在伊拉克北部設立禁航區。美國飛機巡邏北緯三十六度以北地區，保護庫德族人不受海珊軍隊攻擊，英國飛機則巡邏伊拉克南部禁航區。諷刺的是，禁航區卻創造出土耳其最不願見到的庫德族自治區。一九九二年五月，庫德族選出獨立於海珊政權的地區大會，並且在伊拉克成立庫德斯坦地區政府。

布希政府無法藉由軍事手段或內部叛亂讓海珊下台，只好回到聯合國以決議方式剝奪伊拉克的大規模毀滅性武器、要求伊拉克賠償戰爭造成的損害以及繼續實施之前決議的經濟禁令。海珊知道這些措施都是要讓他盡早下台，因此他拒絕接受決議。他在巴格達拉希德飯店入口製作一幅老布希的鑲嵌畫，讓所有入住飯店的客人都能踩在他的敵人的臉上。一九九二年十一月，海珊慶祝老布希競選總統失利。老布希下台，而海珊仍掌握權力。

美國人可以宣稱海灣戰爭獲得全面的軍事勝利，但只獲得局部的政治勝利。海珊的存在意味著伊拉克依然是這個錯綜複雜地區的不穩定因子。此外，令布希政府意外的是，在沙漠風暴海灣戰爭之後，海珊居然主導了中東地區政治。伊拉克領導人把伊拉克占領科威特與敘利亞占領黎巴嫩、以色列占領巴勒斯坦連繫起來，迫使國際社會解決中東地區的這些重大衝突。

一九八〇年代末，黎巴嫩的和平前景依然遙遙無期。九成的領土被外國占領，以色列控制所謂的南黎巴嫩安全區，其他地區則由敘利亞軍隊占領。外國資金湧入黎巴嫩分別對敵對民兵進行武裝，這些民兵的權力鬥爭使黎巴嫩境內的城鎮淪為廢墟。黎巴嫩一整個世代成長於戰爭陰影下，他們未接受教育，也無法找到正當營生。黎巴嫩曾經是中東繁榮的模範民主國家，此時卻瓦解成敘利亞鬆散控制下的失敗國家。

陷入共同體內爭的黎巴嫩，它的分崩離析使眾人對於一九四三年國家協定確立的宗教社群分權主義政治體系產生質疑。許多資深政治人物認為，黎巴嫩這個不穩定的宗教與政治混合體是造成內戰的主因，並且主張未來締和時必須以徹底的改革為前提。順尼派穆斯林拉希德．卡拉米曾十度擔任總理，他長久以來一直要求徹底改革黎巴嫩政府，讓穆斯林與基督徒享有政治平等。卡拉米於一九八四年到一九八七年間再次擔任總理，他認為所有黎巴嫩公民，無論信仰為何，都應該擁有平等權利競選任何公職。內閣裡其他改革派成員也同意他的看法。什葉派阿邁勒黨領袖與司法部長納比．貝里認為國家協定是個「無效的制度，既不能修正，又不能改良」，他要求建立新的政治制度。[28]

阿敏．傑馬耶勒擔任總統六年期間是黎巴嫩政治（一九八二～一九八八年）的低點，他成為改革派攻擊的目標。德魯茲派運輸部長瓦立德．詹布拉特認為應該用槍逼迫傑馬耶勒辭職。許多部長拒絕參加傑馬耶勒召開的內閣會議。卡拉米加入杯葛，內閣停止開會，政府完全陷入停頓。

一九八七年五月，卡拉米辭去總理職位，他與傑馬耶勒的對立也隨之升高。許多評論家相信，卡拉米此舉是為了參加一九八八年的總統大選。這名順尼派政治人物曾在一九七〇年嘗試競選總統，但因為總統一職只能由馬龍派基督徒擔任而無法參選。卡拉米是受人敬重的公眾人物，在改革派陣營擁有強大的支持者。考慮到黎巴嫩政治崩壞的情形，卡拉米在一九八八年或許會比一九七〇年更有機會。然而，他連宣布參選的機會都沒有。在辭去總理的四個星期後，卡拉米搭乘的直升機被人安裝了炸彈，他被當場炸死。雖然行兇者一直未能捕獲，但他遇刺背後隱含的訊息卻一目瞭然：國家協定不可妥協。

卡拉米遇刺後，遭到孤立的傑馬耶勒總統找不到可信任而又願意擔任總理的順尼派政治人物。他從卡拉米解散的內閣中指派前教育部長塞利姆．霍斯代理總理職務。從一九八七年六月到一九八八年九月二十二日傑馬耶勒總統任期屆滿為止，黎巴嫩政府一直處於停擺狀態。黎巴嫩在一九八八年面臨的挑戰，是在國內政治菁英彼此傾軋毫無共識下選出一名新總統。

一九八八年，只有一個人參選總統：前總統蘇萊曼・弗朗吉亞。民眾對於這位已經七十八歲的軍頭缺乏信心，他過去擔任總統時（一九七〇～一九七六年）已充分顯示沒有能力阻止內戰發生。十二年後，民眾更不相信他有能力促使民族和解。

總統候選人的缺乏還不是最要緊的，到了選舉日，甚至無法湊齊足夠的選舉人來選舉新總統。在黎巴嫩，總統是由國會選舉產生，但內戰爆發後就未再進行國會選舉，一九七二年國會留下的老邁議員被重新召集，於八月十八日第三度履行他們的憲法職責。依然在世的七十六名議員，許多逃離被戰火摧殘的祖國，到國外過安全的生活，到了選舉日，只有三十八名議員回來投票。國會未達法定人數，黎巴嫩歷史上首次總統懸缺。

根據黎巴嫩憲法，總統懸缺時，授權總理與內閣行使行政權，直到選出新總統為止。當傑馬耶勒任期屆滿時，這項憲法規定對維護政治現狀的馬龍派構成很大的危險。因為黎巴嫩從未出現總統懸缺的情形，而順尼派也從未掌握過行政大權。保守的馬龍派擔心霍斯一旦掌權，不可避免將尋求政治體制改革，並且為了實現（穆斯林）多數統治而廢除國家協定。這意味著黎巴嫩將不再是中東的基督教國家。

當傑馬耶勒任期即將屆滿時，九月二十二日午夜，馬龍派黎巴嫩陸軍總司令米歇爾・奧恩決定靠自己解決這件事。奧恩出生於貝魯特南郊一個基督徒與什葉派混居的村子哈勒瑞克，這位五十三歲的將軍要求傑馬耶勒解散霍斯的看守政府，避免霍斯在總統懸缺下掌握行政權。奧恩將軍警告說：「總統先生，組成或不組成新政府是你的憲法權利。如果你選擇後者（不組成新政府），那麼從午夜起我們將視你為叛徒。」[29]

奧恩試圖阻止一場危機，但他的政變卻造成另一場危機。身為馬龍派基督徒，奧恩沒有資格擔任總理，因為在國家協定下，總理只能由順尼派穆斯林擔任。這名宣稱擁護國家協定的男人，實際上破壞了黎巴嫩宗教社群分權主義制度的基石。然而到了十一點，精確地說是十一點四十五分，傑馬耶勒屈服於奧恩的壓力，簽署了最後兩個行政命令。第一個行政命令解散霍斯的看守內閣，第二個行政命令任命奧恩擔任過渡政府領袖。霍斯及其支持者拒絕接受傑馬耶勒的最後命令，宣稱他們有權統治黎巴嫩。

一夜之間，黎巴嫩從沒有政府的國家成了擁有兩個政府的國家，而且兩個政府的目標互不相容：霍斯試圖在敘利亞託管下，以有利於穆斯林多數的開放民主體制來取代黎巴嫩的宗教社群分權主義體制；奧恩則希望脫離敘利亞取得完全獨立，並且在國家協定的基礎上重建黎巴嫩，以維持基督徒支配的局面。

敵對的兩個政府把黎巴嫩撕裂成兩個基督徒與穆斯林小國。幾乎沒有基督徒願意為霍斯內閣效力，也沒有穆斯林願意參與奧恩政府。霍斯統治順尼派與什葉派核心地區，奧恩則統治黎巴嫩的基督徒區。其中令人感到荒謬的是，兩邊的領導人各自任命自己的軍隊、治安機構與民政機構長官。唯有黎巴嫩中央銀行抗拒雙頭馬車的壓力，卻要負擔兩個政府的開支。

真正的危險來自為這兩個政府撐腰的外國勢力。霍斯內閣公然支持敘利亞進駐黎巴嫩並因此獲得大馬士革的全力支持。奧恩譴責敘利亞勢力對黎巴嫩的主權與獨立造成威脅，而他自己則獲得伊拉克的充分支援。巴格達有意向大馬士革算清舊帳，因為敘利亞在一九八〇年到一九八八年兩伊戰爭期間背叛阿拉伯陣營支持伊朗。黎巴嫩的長期內戰使伊拉克政府有許多機會懲罰敘利亞。尤其在一九八八年八月兩伊戰爭結束後，擁有大量武器與軍火儲備的伊拉克政府可以提供軍事援助給奧恩，協助對抗黎巴嫩的敘利亞勢力。

一九八九年三月十四日，奧恩大膽向敘利亞發動解放戰爭，敘利亞陸軍則對奧恩統治的基督徒地區進行封鎖。雙方以重砲相互轟擊，造成黎巴嫩穆斯林區與基督徒區嚴重損毀，數萬平民在這場一九八二年以色列圍攻貝魯特以來最嚴重的轟炸中流離失所。

連續兩個月的可怕戰鬥與大量民眾傷亡，迫使阿拉伯國家出面干預。一九八九年五月，阿拉伯高峰會於摩洛哥卡薩布蘭卡召開以解決黎巴嫩新危機。會議委託三名阿拉伯領袖——沙烏地阿拉伯國王法赫德、摩洛哥國王哈桑二世與阿爾及利亞總統沙德利．本．傑迪德——協商終止戰爭並且讓黎巴嫩政府恢復穩定。

這三位領導人，又稱「三巨頭」，命令敘利亞尊重停火協議並且要求伊拉克停止運送軍火給奧恩與黎巴嫩軍民兵。三巨頭的努力一開始少有進展。敘利亞人不僅無視三巨頭的要求，反而更加猛烈地轟炸基督徒區，伊拉克則是經由敘利亞馬龍派的對手控制的港口運送軍火給盟友。

經過六個月的戰鬥，一九八九年九月，三巨頭終於說服各方遵守停火協議。阿拉伯領袖邀請黎巴嫩國會議員到沙烏地城市塔伊夫開會，在中立區展開民族和解協商。黎巴嫩代表全是倖存的一九七二年國會議員，他們冒險從法國、瑞士與伊拉克流亡地或從黎巴嫩的藏身處前往塔伊夫共商國家未來。六十二名代表參加會議，一半是基督徒，另一半是穆斯林，他們達到能代表黎巴嫩國家做決定的法定最低人數。一九八九年十月一日，沙烏地外交大臣沙烏德．費薩爾親王主持會議開幕式，他警告「此次會議只許成功不許失敗」。

耗費比預期要長的時間才達成任務。原本計畫的三天會議演變成長達二十三天的馬拉松協商，產生的結果不亞於黎巴嫩第二共和藍圖。黎巴嫩政治重建規定在塔伊夫協定中，雖然重建內容保留許多國家協定宗教社群分權主義制度的元素，但修改了結構以反映現代黎巴嫩的人口現狀。因此，國會席次仍舊依照不同的宗教社群分配，但分配比例從有利於基督徒社群的六比五改成穆斯林與基督徒各半。國會席次總額從九十九人增加到一百零八人，如此穆斯林代表人數增加後，基督徒代表人數也不會減少。

改革者未能實現他們的主要目標，也就是不分宗教，讓全民都能擔任公職。但顯而易見，這場宗教社群分權主義秩序的硬仗無法取得共識。妥協的解決方式是保留國家協定規定的公職分配，但對這些職位的「權力」進行重分配。總統依然由馬龍派基督徒擔任，但這個職位轉變成「國家元首與統一象徵」這類較具儀式性的角色。總理與內閣（又稱部長會議）是權力重分配的主要受益者。行政權威現在掌握在順尼派總理手中，總理是內閣會議主席，負責執行政策。此外，雖然總統依然提名總理，但只有國會才有權力任免總理。國會議長是什葉派穆斯林擔任的最高職位，塔伊夫改革也賦予國會議長重要的新權力，包括「造王者」的角色，也就是向總統建議新總理人選。透過這些改革，馬龍派可以宣稱自己保住了重要職位，穆斯林則能宣稱自己獲得比基督徒更大的權力。做為改革措施，塔伊夫協定提供了各黨派願意接受的妥協方案，即便各方都不甚滿意。

奧恩的支持者未能透過塔伊夫協定迫使敘利亞離開黎巴嫩。三巨頭發現哈菲茲·阿薩德不願對敘利亞在黎巴嫩的地位做出妥協，他們因此認識到如果沒有敘利亞的支持，協定將毫無意義。塔伊夫協定正式向敘利亞駐軍過去的貢獻表示感謝，承認目前駐紮在黎巴嫩的敘利亞軍隊為合法，並且將駐軍何時撤離的問題交由黎巴嫩與敘利亞兩國政府自行解決。塔伊夫協定也要求黎巴嫩與敘利亞政府透過雙邊條約將兩國「在所有領域的特別關係」予以正式化。簡言之，協定從法律上承認敘利亞在黎巴嫩的地位，使兩國關係變得更加密切。在沙烏地阿拉伯聚集開會的黎巴嫩政治人物承認自己的現實處境，接受妥協方案，希望藉此獲得更好的未來。協定的最後版本由塔伊夫的黎巴嫩代表無異議通過。

塔伊夫協定的宣布在飽受戰火摧殘的黎巴嫩引爆最後一輪戰鬥。奧恩將軍困守基督徒區一隅，依然堅持主張自己是黎巴嫩唯一合法政府。他公開反對協定給予駐守在黎巴嫩的敘利亞軍隊法律地位。他頒布總統令，宣布解散黎巴嫩國會以阻止塔伊夫協定施行，但徒勞無功。奧恩現在無論在國內還是國外都已陷入孤立，無論是黎巴嫩人還是國際社會都支持黎巴嫩民族和解放方案。

為了先發制人，代表們火速返回貝魯特批准塔伊夫協定。十一月五日，黎巴嫩國會正式通過協定並且選舉來自茲戈爾塔的六十四歲代表勒內・莫亞瓦德擔任共和國總統。身為受敬重的北方馬龍派家族子孫，莫亞瓦德是眾人一致認可的候選人，而且得到黎巴嫩民族主義者與敘利亞人的支持。但莫亞瓦德有個危險的敵人。就職後的第十七天，這位新總統從黎巴嫩獨立日慶祝大會返家時，被路旁引爆的強大炸彈炸死。敘利亞、伊拉克、以色列與奧恩都被指控謀殺，但該為此事負責的人始終未繩之以法。

莫亞瓦德遭殘忍謀殺的事件可能造成塔伊夫協商崩潰，而這正是行刺者的目的。黎巴嫩國會在四十八小時內再度集會選出繼任者，以避免莫亞瓦德的死讓塔伊夫重建進度倒退。敘利亞當局甚至比黎巴嫩國會早一步找到莫亞瓦德的繼任者。在黎巴嫩代表將埃利亞斯・赫拉維的提名案訴諸表決之前，大馬士革廣播電台已經宣布他是新總統。[30]阿薩德政權刻意做出外交上失態的舉動，為的是向外界表明，即使進入塔伊夫時代，最終決定黎巴嫩命運的勢力依然是敘利亞。

赫拉維總統首先要做的就是對付奧恩，奧恩現在已被絕大多數人認定是叛國者以及黎巴嫩政治和解的絆腳石。當選總統的第二天，赫拉維解除奧恩的陸軍總司令職務，並且命令他在四十八小時內離開巴卜達總統府。但奧恩無視赫拉維的命令，反而向伊拉克要求補給，並且透過自己位於貝魯特附近的港口進口武器、軍火與防空設施以對抗外來的攻擊。圍繞在奧恩周邊的人肉盾牌——數千名支持群眾在巴卜達總統府周圍紮營，宛如歡度節慶一般——成了赫拉維面對奧恩抗命時最大的顧忌。

黎巴嫩總統不需要採取任何行動。一九八九年十二月，黎巴嫩軍指揮官薩米爾·賈甲宣布支持塔伊夫協定，奧恩與馬龍派黎巴嫩軍民兵的對立轉變成公開衝突。賈甲與奧恩一樣接受伊拉克人的援助。一九九〇年一月，這兩個敵對派系開始交戰，激烈程度遠超過內戰爆發以來的任何一個時期。雙方部署伊拉克的火箭、坦克與重砲，完全不管鄰近人口稠密地區非戰鬥人員的安全，民眾傷亡慘重。戰鬥持續五個月，一九九〇年五月，在梵蒂岡協調下，敵對的基督教派系才訂定脆弱的停火協議。

雖然奧恩遭受孤立與愈來愈多的反對，但他依然感到滿意，因為他知道自己與黎巴嫩軍的戰爭至少暫時破壞了塔伊夫協定。

一九九〇年八月伊拉克入侵科威特是黎巴嫩衝突的分水嶺。再次陷入戰爭的伊拉克已無力提供武器給黎巴嫩附庸。此外，海珊企圖把伊拉克從科威特撤軍一事連結為一種地區性的一般解決方式，包括敘利亞「占領」黎巴嫩，顯然是要將國際焦點轉向敘利亞，使敘利亞承受從黎巴嫩撤軍的壓力。

然而善於操弄地區政治的敘利亞人不可能屈服於海珊的計謀。阿薩德利用科威特危機改善與華府的關係，華府全力支持塔伊夫協定。阿薩德因此決定敘利亞也要全力支持塔伊夫架構的施行，並且將伊拉克盟友奧恩視為和平的主要障礙。黎巴嫩與敘利亞進行協商，十月十一日，赫拉維總統根據塔伊夫協定正式要求敘利亞軍事援助，驅逐奧恩將軍。兩天後，敘利亞空軍開始轟炸奧恩的據點，敘利亞與黎巴嫩陸軍坦克進攻奧恩部隊防守地區。三小時之內，奧恩將軍棄械投降前往法國大使館尋求庇護，留下他的手下繼續奮戰。戰鬥異常激烈，但還是在八小時之內結束。十月十三日，當巴卜達總統府的硝煙散去，黎巴嫩民眾第一次窺見和平的曙光，儘管依然在敘利亞的占領之下。

一直要到奧恩戰敗之後，塔伊夫協定設想的戰後重建才能真正開始。一九九〇年十一月，政府命令民兵全部離開首都貝魯特，十二月，軍隊清除分隔貝魯特西部穆斯林區與貝魯特東部基督徒區的街壘，這是一九八四年以來東西貝魯特首次合而為一。

一九九〇年耶誕夜，被刺殺的改革派總理拉希德．卡拉米的弟弟歐瑪爾．卡拉米宣布成立全國統一的新政府。這個擁有三十個部長的新內閣是黎巴嫩史上規模最大，幾乎整合了黎巴嫩所有民兵派系領袖。這群由內戰期間做出最殘暴行為的軍頭組成的內閣，其優點很快就在政府下令解除民兵武裝時顯現出來——同樣地，這是為了遵守塔伊夫協定。民兵接到命令，必須在一九九一年四月底解散與繳械；做為交換，政府允諾收編願意加入黎巴嫩陸軍的民兵。無論這些民兵領袖多想拒絕，最終他們既不反對政府也未辭去內閣職務。[31]

只有一支民兵獲准繼續軍事行動：在伊朗與敘利亞支持下，真主黨可以保有自己的武器，並且繼續在黎巴嫩南部抵抗以色列占領軍。這支什葉派民兵同意把軍事行動局限在以色列在南黎巴嫩設立的「安全區」裡，這個地區雖然是黎巴嫩的領土，卻不受黎巴嫩政府的統治。真主黨繼續對以色列占領者發動吉哈德，造成的效果愈來愈複雜且致命。

戰鬥終於結束，黎巴嫩在經歷十五年內戰後面臨著不可克服的任務。從一九七五年到一九九〇年，估計有十萬到二十萬人死亡，更多人受傷殘廢，數十萬人被迫流亡。後期戰爭難民占住前期戰爭難民遺棄的房舍。黎巴嫩各地公共設施完全停擺。電力由私人發電機提供，自來水偶爾有但很不衛生，未處理過的汙水在街上橫流，戰爭留下的廢墟長滿茂盛的草木。

黎巴嫩的社會結構嚴重受損。暴行與不義一直未能獲得湔雪，而這些慘痛的記憶在和平到來後很長一段時間依然讓黎巴嫩許多社群心存芥蒂。和解、失憶與急欲讓生活返回正軌，這些因素結合起來使黎巴嫩恢復成一個國家的樣貌。有些人認為，黎巴嫩人在努力維繫國家方面，變得比過去更為堅強。[32]但黎巴嫩依然是個動盪不安的國家，新衝突的威脅隨時可能出現。

海珊的入侵與美國領導的科威特解放戰爭意外促使美國處理以巴之間長期難解的衝突。美國政府了解科威特危機使阿拉伯盟邦承受極大壓力。不管是不是出於損人利己的心態，海珊不斷呼籲解放巴勒斯坦確實為他贏得阿拉伯世界廣大民眾的支持，也讓其他阿拉伯政府受到民眾的譴責。阿拉伯民眾認為自己的政府表現荒腔走板：它們應該對抗以色列解放巴勒斯坦，而非支持美國對抗伊拉克解放科威特的財富與石油。

美國也受到阿拉伯新聞界與輿論的廣泛譴責。美國一方面高舉聯合國決議要求歸還阿拉伯土地，另一方面卻一直支持以色列。一九九〇年，以色列仍占領加薩走廊、約旦河西岸、戈蘭高地與一部分黎巴嫩南部地區。當伊拉克入侵科威特時，美國援引聯合國安理會決議，彷彿那是神聖不可侵犯的文件。占領可以分成對的或錯的，聯合國決議可以分成必須遵守與不需要遵守。在對待伊拉克與以色列這兩個占領者，美國的雙重標準不證自明。

老布希總統反對海珊把伊拉克從科威特撤軍與以色列從占領的巴勒斯坦領土撤軍混為一談。但他無法規避伊拉克的質疑。伊拉克衝突一結束，布希政府立刻於一九九一年三月宣布進行新的阿以和平協商。這項做法顯然是要重新取得主動權，證明在新世界秩序裡，美國可以有效運用力量進行戰爭或創造和平。

聽到美國打算重啟和平方針，巴勒斯坦人鬆了一口氣。巴勒斯坦因為支持海珊占領科威特而付出慘重代價。國際社會拒絕與巴解接觸，阿拉伯海灣國家切斷對巴勒斯坦的所有金援。雖然布希政府表明基於巴解在科威特戰爭中抱持的立場，美國無意援助巴解，但新和平方針的提出確實有助巴勒斯坦人打破孤立。

巴勒斯坦活動分子努賽貝赫在拉姆拉監獄慶賀老布希的提議。一九九一年三月布希政府發表聲明時，努賽貝赫三個月的刑期也快結束，他的罪名是引導伊拉克飛毛腿飛彈攻擊以色列目標。美方的提議令努賽貝赫十分意外。「老布希突然發表令人震驚的政策聲明：『全面的和平必須奠基在第二四二號與第三三八號決議以及以土地換取和平的原則之上。』」接著，布希把以色列的安全與巴勒斯坦的權利連繫起來。美國國務卿貝克也宣布以色列在西岸的屯墾區是和平的最大阻礙。努賽貝赫在回憶錄裡說道：「聽到這些說法，我在小牢房裡跳起舞來。」[33]

有些巴勒斯坦人對於美國的意圖感到懷疑。哈南．阿什拉維是努賽貝赫在比爾宰特大學的同事，也是巴勒斯坦重要的政治活動分子，她分析布希聲明背後的意義。「美國主張布希將『藉由在戰爭中獲得的聲望，為中東地區帶來和平』。我們的解讀是，這麼做是為了取得戰果。」阿什拉維認為美國想利用和平提案讓整個中東屈服在它的規則下。「美國主張『新世界秩序』將隨著冷戰結束而浮現，而巴勒斯坦是這個秩序的一部分。對此我們的解讀是，我們的世界要根據美國藍圖重新組織。美國主張機會之窗將為中東和解開啟。我們的解讀是，這是個窺視孔、漫長的隧道或陷阱。」[34]

美國人從一開始就向巴勒斯坦表明，他們不會允許巴解參與協商。以色列政府斷然拒絕與巴解開會，而美國也傾向於排除阿拉法特做為他支持海珊的懲罰。

一九九一年三月，美國國務卿貝克前往耶路撒冷，邀請西岸與加薩走廊的巴勒斯坦領袖參加會議，並且由他們代表占領區巴勒斯坦人進行協商。巴勒斯坦人認為貝克的做法是公然扶植另一個巴勒斯坦領導班子。巴勒斯坦人不想破壞巴解受國際承認的地位，也就是巴解是唯一能代表巴勒斯坦人的團體。「知情的」政治活動分子寫信到突尼斯，尋求阿拉法特的官方認可，之後才同意於三月十三日與貝克見面。

十一名巴勒斯坦人參加第一次會議，會議主席是耶路撒冷人費薩爾．侯賽尼。費薩爾．侯賽尼是阿卜杜．卡迪爾．侯賽尼的兒子，後者在一九四八年卡斯塔爾戰役中戰死，這場戰役標誌著巴勒斯坦抵抗猶太復國主義失敗，而費薩爾．侯賽尼是耶路撒冷歷史最悠久也最受尊敬的家族子孫。他也是忠誠的法塔赫成員，與阿拉法特關係密切。

「我們奉巴解之命來到這裡，巴解是我們唯一具正當性的領導。」侯賽尼一開場就這麼說道。

「你們選誰當你們的領導是你們的事，」貝克回道，「我找的是占領區的巴勒斯坦人，他們不能是巴解成員，他們必須願意在聯合國安理會第二四二號與第三三八號決議以及以土地換取和平原則下進行直接雙邊二階段協商，他們必須願意與以色列和平共處。在這個房間裡有這樣的人嗎？」貝克看著這十一名巴勒斯坦人的臉，但他們面不改色。

薩埃布．艾拉卡特說道：「我們必須提醒你，國務卿先生，我們是個有尊嚴而且自豪的民族。我們並未被擊敗，而這裡也不是薩夫旺帳篷。他指的是美國人在海灣戰爭結束時為協商伊拉克投降設立的帳篷。身材魁梧的艾拉卡特是納布盧斯納賈赫大學政治學教授，精通英語。

貝克反唇相稽：「你們支持失敗的一方，這可不是我的錯。你們應該告訴你們的領袖，不要賭錯了馬；那絕對是件愚蠢的事，鐵定要付出可怕的代價。」

海德．阿布杜勒．夏菲說道：「我同意參加這個會議，只是為了談一件事。」身為醫生與加薩醫學協會會長的夏菲是占領區的資深政治家。一九四八年到一九六七年，埃及統治加薩時期，夏菲曾擔任巴勒斯坦國會議長。「以色列在占領區的屯墾活動必須停止。只要屯墾繼續進行，就不可能有和平進展。我會不厭其煩地一直講這件事。」

貝克回答說：「開始協商，屯墾就會停止。」

巴勒斯坦活動分子異口同聲地說：「他們必須先停止，否則我們不會開始協商。」

國務卿貝克知道這場對話逐漸轉為協商，而且他找到一個可以在和平會議上代表巴勒斯坦的可靠團體。「現在你們終於講到重點了。」貝克滿意地說。35

首次會議之後，美國人與巴勒斯坦人進行了六個月的協商，最終為一九九二年十月馬德里和平會議架構了議程。美國人在以色列人與巴勒斯坦人之間斡旋，試圖融通兩邊無法相容的立場，以確保會議成功。

相較於巴勒斯坦人，以色列政府才是美國和平計畫的最大障礙。以色列總理沙米爾領導的右翼利庫德黨聯盟主張保留所有占領區領土，特別是東耶路撒冷。冷戰結束後，蘇聯的猶太人得以自由遷徙到以色列，以色列政府決心保留手中控制的土地以容納新一波的移民。以色列開始加強屯墾活動，一方面擴大對西岸的領土主張，另一方面則提供新住房給俄羅斯移民。

對巴勒斯坦協商者來說，東耶路撒冷與屯墾區都是不可讓步的議題：如果以色列人想保有全部的耶路撒冷而且要在西岸占領區繼續建設，那就沒什麼好談的。巴勒斯坦人認為這兩個議題彼此緊密連繫。努賽貝赫回憶說：「以色列人把屯墾區與東耶路撒冷綁在一起絕非出於偶然。在這兩個議題中，東耶路撒冷議題最令我煩惱。耶路撒冷的爭奪是個問題，不只是因為耶路撒冷是一座不可思議的城市，也因為耶路撒冷從過去到現在一直是我們的文化、民族認同與記憶的中心——以色列人想把這些事物連根拔起，這樣他們才能在所謂的猶地亞與撒馬利亞〔即西岸〕為所欲為。」努賽貝赫最後表示：「如果我們能保住耶路撒冷，我相信我們也能在別的地方抵抗他們。」[36]

布希政府對巴勒斯坦人的立場表示同情，而且顯然對於沙米爾及利庫德黨政府在馬德里會議準備階段表現出的毫不妥協感到惱怒。儘管如此，美國在許多方面仍持續將以色列的需求置於巴勒斯坦的論點之上。以色列人堅持和平協商必須完全排除巴解，巴勒斯坦人只能以約旦－巴勒斯坦代表團中地位較低的夥伴身分與會，東耶路撒冷居民也不能參與協商。這表示一些最具影響力的巴勒斯坦人如費薩爾・侯賽尼、阿什拉維與努賽貝赫都不准以官方身分參加馬德里協商。在阿拉法特的建議下，侯賽尼與阿什拉維以非官方「指導委員會」的身分隨阿布杜・夏菲醫師率領的巴勒斯坦官方代表團一同前往。

儘管存在這些限制，伴隨約旦一同前往馬德里的巴勒斯坦代表團卻是有史以來最善於表現、最具說服力且最能在國際舞台反映民族建國渴望的發言者。阿什拉維擔任巴勒斯坦代表團的官方發言人。她曾就讀於貝魯特美國大學，之後在維吉尼亞大學取得英國文學博士學位，然後返回西岸的比爾宰特大學任教。阿什拉維出身基督教家庭，是個口才辨給的傑出女性，許多西方人提到巴勒斯坦建國人士，腦子裡就會浮現恐怖分子的刻板印象，但阿什拉維與這種印象形成強烈的對比。

到了馬德里，阿什拉維努力爭取媒體注意，好讓新聞報導朝有利於巴勒斯坦人的方向進行。她知道這麼做在策略上極為重要，因為巴勒斯坦代表團必須獲得國際新聞界的注意才能彌補在談判桌上的弱勢。在馬德里，阿什拉維巧妙地讓各方了解巴勒斯坦的訊息。由於不能進入官方新聞中心，阿什拉維於是另闢蹊徑，在公共空間召開臨時記者會，她吸引的記者數量遠超過在馬德里的其他代表團。西班牙的安全措施極為嚴格，阿什拉維於是利用市立公園，讓攝影人員不受安全限制進行拍攝。光是一天內，她就接受了國際電視網二十七場的廣泛訪談。以色列代表團發言人班傑明・納坦尼雅胡努力想跟上這名深具魅力的巴勒斯坦女性的腳步，她幾乎成了所有鎂光燈的焦點。

阿什拉維對馬德里會議最持久的貢獻，就是她為阿布杜・夏菲擬的講稿，夏菲於一九九一年十月三十一日代表巴勒斯坦代表團發表演說。夏菲舉止莊重、聲音低沉而有磁性，他的威嚴與阿什拉維講稿的說服力相得益彰。他向現場的高官顯貴致意，然後進入演說的正題，他深具穿透性的眼神吸引了全球觀眾的注意。他以莊重的語調向齊聚一堂的以色列人、阿拉伯人與國際社會成員說道：「馬德里是一座充滿歷史氣息的城市，我們在這裡相會，把連結我們的過去與未來的結構交織起來。再一次，基督徒、穆斯林與猶太人將面臨民主、人權、自由、正義與安全這些全球價值新時代的挑戰。從馬德里，我們要發出追求和平的呼聲，我們呼籲將人類生命的神聖置於我們世界的中心，並且將我們的精力與資源從追求相互毀滅轉而追求共同繁榮、進步與幸福。」[37]夏菲小心地為所有巴勒斯坦人發聲，無論是流亡還是身處占領區。「我們在這裡一起尋求一個公正而持續的和平，這個和平的基石是巴勒斯坦獲得自由、巴勒斯坦人獲得公義以及終止對所有巴勒斯坦與阿拉伯土地的占領。只有如此，我們才能真正共同享有和平的果實：繁榮、安全、人性尊嚴與自由。」這是巴勒斯坦代表團首次精采的表現，也是他們首次在世界外交舞台公開亮相。

夏菲的演說在占領區巴勒斯坦人裡引發截然不同的反應。伊斯蘭主義哈馬斯運動絕不接受兩國方案，而且從一開始就公開表示反對參加會議。世俗的巴勒斯坦人擔心代表團可能遭受美國與以色列的壓力，做出違反巴勒斯坦建國的讓步。經過四年的巴勒斯坦起義，巴勒斯坦人希望自己多年來的鬥爭與犧牲可以換來具體的成果。

馬德里會議獲益最大的是巴勒斯坦人，他們的演說也最具前瞻性。其他代表團要不是針對會議的歷史意義說客套話，就是利用這個機會抱怨自己過去吃了多少苦頭。黎巴嫩人把重點放在以色列人持續占領南黎巴嫩，以色列總理羅列阿拉伯人歷年來如何處心積慮摧毀猶太國，敘利亞外交部長提出一份「以色列非人道行為」清單，公開表明自己極不願意與以色列人會面。

經過三天會議之後，代表們故態復萌，開始在閉幕演說上公然叫罵。以色列總理沙米爾率先發難，他痛罵敘利亞人，「當眾詳列一連串事實證明敘利亞絕對稱得上是世界上最壓迫最暴虐的政權。」他以巴勒斯坦人的庇護者自居，主張夏菲「勇敢陳述他的同胞遭受的痛苦」，但他也指控巴勒斯坦人「扭曲歷史與顛倒黑白」。到了演說結束時，沙米爾與代表團以遵守猶太安息日戒律為由，火速離開會議現場。

夏菲憤怒地回應，他對著以色列代表團留下的空位說道：「巴勒斯坦人是擁有正當民族權利的民族。我們不是『領土上的居民』或歷史的偶然或以色列擴張計畫的阻礙或抽象的人口問題。沙米爾先生，你也許不想面對這個事實，但我們就在這裡，在全世界的注視下，就在你的眼前，我們不應該遭到否認。」

當彼此謾罵達到高潮時，憤怒的敘利亞外交部長拿出一張沙米爾在斯特恩幫時期與巴勒斯坦英國託管當局對抗，當時英國「懸賞」抓拿沙米爾的海報。「我讓各位看看沙米爾的老照片，當時他三十二歲，」法魯克．夏拉說道，他展示這張海報，然後停下來指出沙米爾的矮小身材——「一百六十五公分，」他嘲弄說。喜歡這個主題的夏拉又說：「這張照片因為懸賞而到處分發。沙米爾承認自己是恐怖分子。我記得，他承認自己參與謀殺聯合國仲裁者伯納多特伯爵的行動。他殺害了和平仲裁者，卻說敘利亞與黎巴嫩是恐怖主義。」[38]

夏拉的攻擊讓整個會議蒙羞，也讓阿以和平的前景蒙上陰影。在不愉快的氣氛下，馬德里會議結束。正式會議雖然閉幕，阿以和平協商的新階段卻在美國支持下展開：雙邊協商，解決以色列與阿拉伯鄰邦之間的歧異；牽涉超過四十個國家與國際組織的多邊會談，解決全球關切的議題如水、環境、武器管制、難民與經濟發展。馬德里和平協商最終未能獲得成功，卻為衝突四十多年的以色列與阿拉伯鄰邦開啟規模最廣的和平協商。

雙邊協商旨在透過以土地換取和平以及遵守聯合國安理會第二四二號與第三三八號決議來解決阿以衝突。但阿拉伯人與以色列人詮釋決議的方式南轅北轍，使協商從一開始就陷入膠著。阿拉伯國家以第二四二號決議前言的「不容許以戰爭獲取土地」原則主張以色列應從一九六七年六月占領的所有阿拉伯領土撤軍，認為這是和平的先決條件。與此相對，以色列人主張第二四二號決議只要求「以色列武裝部隊撤離」一九六七年戰爭「占領的領土」——不是「所有的」領土，而是「領土」而已——而且堅稱他們與埃及締和後已經撤出西奈半島，切實遵守了第二四二號決議。以色列人認為，阿拉伯各國必須不設任何先決條件來追求自身的和平與協商彼此可以接受的領土解決方案。以色列、黎巴嫩、敘利亞與約旦的會談未能取得任何進展。

以色列與巴勒斯坦人的會談有著不同的焦點。雙方同意協商巴勒斯坦自治的五年過渡期，之後再進入最後協商結束以巴衝突。但是一旦開始展開協商，沙米爾政府便千方百計防止協商出現有意義的進展，而且擴大屯墾活動加強以色列對西岸的控制。一九九二年選舉失利後，沙米爾在訪談中承認他的政府破壞協商以阻礙巴勒斯坦建國與維持以色列在西岸的屯墾區。「我會讓自治談判談個十年，在此同時讓五十萬人移居猶地亞與撒馬利亞。」[39]

沙米爾政府選舉失利後，阻礙協商也隨之終止。一九九二年選舉使左傾的工黨聯盟領袖伊扎克・拉賓上台。拉賓曾授權對巴勒斯坦起義參與者施以肢體暴力，他的惡名使巴勒斯坦協商者難以相信「斷骨者拉賓」能成為「和平締造者拉賓」。[40]

任職的前幾個月，面對陷入僵局的雙邊協商，拉賓的做法比較像是延續僵局而非改變。一九九二年十二月，哈馬斯分子綁架與殺害一名以色列邊防士兵。拉賓進行報復，他圍捕四百一十六名嫌疑犯，在未經起訴或審判下直接將他們驅逐到黎巴嫩。所有阿拉伯代表團都擱置協商以示抗議。真要說拉賓與沙米爾有什麼不同，那就是拉賓看起來要比沙米爾強硬得多。

柯林頓在一九九二年總統大選中意外擊敗老布希，引起阿拉伯協商團隊的關注。在競選期間，柯林頓已公開表示將無條件支持以色列。阿拉伯代表認為美國總統的更迭對他們而言並非好事。雖然協商確實於一九九三年四月展開，但柯林頓政府卻不願介入，在缺乏美國強力領導下，馬德里會議建立的框架很快走到了死胡同。

以巴協商出現突破，源自於以色列政策的改變。以色列外交部長裴瑞斯與副部長尤西・貝林認為與巴勒斯坦人和解符合以色列國家利益。他們也認識到要達成和解就必須與巴解直接協商。然而從一九八六年起，法律禁止以色列人與巴解成員會面。到了一九九二年，違反禁令的以色列記者與政治人物數量已讓法律窒礙難行。但以色列政府不能公然違反以色列法律。拉賓並不熱中於與巴解接觸，卻在一九九二年十二月同意廢除禁止以色列人民與巴解接觸的法律。

隔月，貝林允許兩名以色列學者亞爾・赫施費爾德與隆恩・普恩達克祕密於挪威奧斯陸與巴解財政長官艾哈邁德・庫里會面。這是密集且成果豐碩的協商的開始，在挪威外交部支持下，一連進行了十四次會議。

挪威人是公正的中間人，他們提供中立的地點與判斷讓巴勒斯坦人與以色列人在干預最小的狀況下解決歧異。挪威協調人特耶・洛德・拉森在巴勒斯坦人與以色列人開始第一輪祕密外交時闡述了挪威的角色。拉森堅持說：「如果你們想一起生活，就必須解決你們自己的問題。這是你們的問題。我們在這裡給予你們可能需要的協助、地點、實用之物等等。我們可以是協調人……但僅止於此。我會在外面等待，不會干預，除非你們在裡頭打起來。屆時我才會介入。」拉森的幽默化解了以巴代表團之間的緊張氣氛。巴解官員艾哈邁德・庫里回憶說：「拉森想讓我們輕鬆一點，我們所有的人都笑了。」[41]

庫里更為人所知的化名是阿布・阿拉，他與赫施費爾德教授首次接觸之前從未與以色列人見過面，因此他帶著多年來巴勒斯坦人與以色列人相互敵視累積的恐懼與不信任上談判桌。但在挪威冬日的孤立下，這五名協商者——三名巴勒斯坦人與兩名以色列人——逐漸卸下心防。「屋裡的氣氛變得比較輕鬆，雖然我們仍對以色列人有些不信任，但我們與他們的距離已開始拉近。」在首次會議中，代表們設立一套模式供未來幾輪會議遵守。他們把過去的仇恨拋諸腦後，阿布．阿拉回憶說：「我們把注意力放在現在與未來，試著衡量彼此的共通點，找出可能達成的共識，並且了解我們在各種議題上存在多少歧見。」[42]

在完全不公開的閉門會議中，巴勒斯坦人與以色列人討論彼此的歧異並且確保各自的政府願意支持一套能解決這些歧異的框架——在短短八個月之內。他們曾面臨破局，而挪威人偶爾必須扮演較積極的角色。挪威外交大臣約翰．約爾根．霍斯特甚至低調參與突尼斯與特拉維夫之間的電話外交，協助克服僵局。到了一九九三年八月，雙方締結了願意對外公開的協定。

當以色列與巴解宣布雙方同意在加薩與耶利哥實施巴勒斯坦臨時自治時，不僅讓全世界感到吃驚，也遭受預料中的批評。柯林頓政府看到挪威人在美國人未能達成的阿以和談中獲得成功感到不知所措。在以色列，在野的利庫德黨指控拉賓政府叛國並且承諾掌權後將廢除協定。阿拉伯世界批評巴解脫離阿拉伯陣營與以色列人締結祕密協定，巴勒斯坦異議團體則譴責他們的領袖承認以色列。

奧斯陸對阿拉法特來說是孤注一擲，但這位巴解主席沒有別的選擇。一九九三年，巴勒斯坦運動即將面臨財政與制度崩潰。海灣產油國切斷所有對巴解的財政援助，以報復阿拉法特在海灣危機中支持海珊。到了一九九一年十二月，巴解的預算已經減半。數千名戰士與雇員被解僱或連續數月領不到薪水；到了一九九三年三月，三分之一的巴解人員完全沒拿到薪水。財政危機引發對腐敗與管理不善的指控，從而讓巴解陷入分裂。[43]巴解做為流亡政府無法長期抵抗這樣的壓力。與以色列締和可能開啟新的財政援助來源，讓巴解在巴勒斯坦取得立足點來實現難以達成的兩國方案目標。

奧斯陸協定提供巴勒斯坦人的不過是一個立足點。它給予巴勒斯坦人臨時政權，使其能統治加薩走廊與西岸城鎮耶利哥周圍封閉地帶。對許多巴勒斯坦人來說，對以色列做出如此重大的讓步，但換取的領土實在過於微小。在奧斯陸協定宣布前不久，阿拉法特向阿什拉維吐露他的策略：「我把完全撤軍加薩與耶利哥做為停戰的第一步，我將在這兩個地方行使主權。我想得到耶利哥，因為耶利哥能讓我取得耶路撒冷並且將加薩與西岸連結起來。」阿什拉維露出不敢置信的神情。「相信我，我們很快就會擁有自己的電話國碼、郵票與電視台。這將是巴勒斯坦國的開始。」[44]

隨著一九九三年九月十三日原則宣言在白宮草坪簽署，「加薩－耶利哥第一」（Gaza-Jericho First）計畫也成為現實。在全球電視觀眾面前，拉賓勉為其難地與阿拉法特握手然後簽署協定。阿布．阿拉回憶說：「所有阿拉伯電視台都現場轉播這場典禮。阿拉伯世界許多民眾不敢相信發生這樣的事。」[45]

巴解與以色列實際上同意的是巴勒斯坦分割計畫。協定要求以色列軍事機關撤離耶利哥與加薩走廊，由巴勒斯坦民政府臨時接管五年。協定也促成選舉議會的創立，巴勒斯坦民眾將「根據民主原則」接受統治。巴勒斯坦當局將獲得教育、文化、衛生、社會福利、賦稅與觀光的控制權。在巴勒斯坦控制下，由巴勒斯坦警察維持地區治安。

協定擱置最具爭議的議題。耶路撒冷的未來、難民的權利、屯墾區的地位、邊界與安全措施，這些都等到臨時自治第三年時再來進行最後的地位協商。巴勒斯坦人希望的永久和解方案遠超過以色列願意讓步的範圍：獨立的巴勒斯坦國，領土包括整個西岸與加薩走廊，以東耶路撒冷為首都。以色列人則希望與非核心區的阿拉伯領土停戰可以促成巴勒斯坦實體的非軍事化。在把根本上的不合留待未來協商的情況下，十月十一日，以色列議會以絕對多數批准了原則宣言，而擁有八十名成員的巴勒斯坦中央議會也以壓倒性的多數通過（六十三名贊成，八名反對，九名棄權）。

一九九四年五月，與以色列撤軍以及巴勒斯坦在加薩和耶利哥建立統治的相關技術細節順利解決。七月一日，阿拉法特以凱旋的姿態回到加薩，視察巴勒斯坦當局運作。九月，阿拉法特與拉賓回到華府簽署以巴西岸與加薩走廊臨時協定，又稱奧斯陸第二協定。中東政治進入奧斯陸時代。

奧斯陸協定使以色列在阿拉伯世界獲得前所未有的認同。一旦巴勒斯坦人片面與以色列訂定協定，其他阿拉伯國家就能自由向猶太國尋求自身的國家利益，不用擔心遭人指控出賣巴勒斯坦人。在大部分情況下，阿拉伯世界已對阿以衝突感到厭煩，因此傾向於從務實的角度看待以色列。約旦人率先對這個新現實做出回應。

奧斯陸協定一宣布，約旦人便毫不猶豫地表態。胡笙國王認為與以色列和談是打破約旦自伊拉克入侵科威特以來陷入孤立的最好辦法。胡笙國王也相信，藉由和談可以讓約旦獲得龐大的美援與吸引國際投資約旦。就在白宮簽署原則宣言的第二天，以色列與約旦代表在美國國務院辦公室見面，簽署當初在馬德里雙邊協商擬定的和平議程。

一九九四年七月二十五日，約旦國王胡笙與以色列總理拉賓受邀返回華府簽訂初步和約，結束兩國交戰狀態，同意根據聯合國安理會第二四二號與第三三八號決議解決所有領土爭端並且承認哈希姆君主國對耶路撒冷的穆斯林聖地有特殊地位。一九九四年十月二十六日，最後的以約和約在兩國邊境的阿拉巴沙漠簽署。繼埃及之後，約旦成為第二個與猶太國互派大使與關係正常化的阿拉伯國家。

以色列與巴解及約旦締和，為其他阿拉伯政府與以色列建交鋪平道路。一九九四年十月，摩洛哥與以色列同意在首都互設代表處，一九九六年一月，突尼西亞也跟進。摩洛哥與突尼西亞擁有眾多的猶太少數族群，這些社群與以色列一直有著密切連繫。茅利塔尼亞是位於西北非的阿拉伯聯盟成員國，該國於一九九九年十一月與以色列建交並且互派大使。兩個阿拉伯海灣國家與以色列互設貿易代表處——一九九六年一月，阿曼蘇丹國；同年四月，卡達。奧斯陸時代證明從北非到波斯灣地區，許多阿拉伯國家都願意接受以色列，這點讓那些長久以來認為阿拉伯世界不可能與猶太國和平相處的人困惑不已。

儘管如此，奧斯陸方案依然在一些地區面臨強大反對，其中最激烈的就是以色列與巴勒斯坦占領區。以色列與巴勒斯坦占領區的極端分子訴諸暴力試圖破壞和平協定。哈馬斯與伊斯蘭聖戰組織宣稱要為一九九三年九月原則宣言簽署後不久發生的數起致命攻擊事件負責。以色列極端分子也升高對巴勒斯坦人的攻擊。一九九四年二月，巴魯克．戈德斯坦身穿以色列陸軍後備軍人制服走進希伯侖易卜拉辛清真寺，對著聚集晨禱的信眾開火，殺死了二十九人，受傷有一百五十人，之後他被這場攻擊的倖存者制伏並且擊斃。戈德斯坦是一名醫生，也是阿爾巴城的居民。阿爾巴城是鄰近希伯侖的一處軍事屯墾區，戈德斯坦死後，該城在他的墓旁設了一塊表彰他的牌匾：「獻給神聖的巴魯克．戈德斯坦，他為猶太人、《妥拉》與以色列國付出生命。」

巴勒斯坦與以色列極端分子間的鴻溝愈來愈深。對希伯侖大屠殺的憤怒導致巴勒斯坦人擴大攻擊並以自殺炸彈加重傷亡。一九九四年四月，阿富拉與哈德拉的巴士自殺炸彈奪走十三條人命，一九九四年十月，特拉維夫的巴士自殺攻擊造成二十二人死亡。以色列人則是以刺殺伊斯蘭主義領袖做為報復。一九九五年十月，以色列特工於馬爾他殺害伊斯蘭聖戰組織領袖法特希．席卡基，並且於一九九六年一月以手機詭雷殺死哈馬斯領袖雅赫亞．阿亞許。以色列人與巴勒斯坦人發現自己陷入暴力與復仇的循環裡，而這個循環嚴重損害奧斯陸方案的互信。

一起謀殺事件預示了奧斯陸方案的終止。一九九五年十一月四日，拉賓在特拉維夫鬧區的群眾和平集會上致詞。這位以色列總理顯然因為十五萬名以上的民眾為了以巴和平而聚集深受感動。他以平緩的語調說道：「這場集會肯定能讓以色列民眾、全世界的猶太人、阿拉伯土地上的群眾與全世界的人民知道，以色列期望和平、支持和平，我為此感謝大家。」[46] 拉賓帶領群眾唱起和平歌曲，然後離開。一名男子前來參加集會，目的是終止和平協議。當拉賓從講台被護送返回座車時，一個名叫伊加爾．阿米爾的以色列法律系學生穿過警戒線缺口，槍殺了總理。在審判中，阿米爾公開坦承行兇，他解釋自己殺死拉賓是為了終止和平協議。阿米爾深信猶太人對整個以色列土地擁有神聖權利，他認為自己身為宗教猶太人有責任阻止以土地換取和平。和平協議曾經禁受住巴勒斯坦人與以色列人之間的許多暴力行動，但卻在這一刻被以色列人內部的一起暴力行為毀滅。

拉賓是奧斯陸方案不可或缺的人物。接下來繼任總理的是拉賓的老對手希蒙．裴瑞斯。裴瑞斯雖然也是奧斯陸方案的推動者，但他不像拉賓那樣深獲民眾支持。以色列選民不認為裴瑞斯會持續推動以土地換取和平的和解方案。

裴瑞斯被批評在安全措施上有所疏漏，為了反制這些批評，他對真主黨發起軍事行動以報復真主黨攻擊黎巴嫩南部的以色列據點以及以飛彈攻擊以色列北部。一九九六年四月發動的「憤怒的葡萄行動」

（Operation Grapes of Wrath）證實選民對裴瑞斯在安全議題判斷上的不信任。以色列空軍轟炸位於黎巴嫩南方村落卡納的聯合國基地，殺死為了躲避攻擊在此尋求庇護的一百零二名難民，這場大規模入侵黎巴嫩的行動造成四十萬名黎巴嫩民眾流離失所而且引發廣泛的國際譴責。軍事行動導致美國退出斡旋的可恥結果，而這對以色列的安全毫無助益。裴瑞斯在一九九六年五月的大選中遭選民懲罰，利庫德黨領袖班傑明·納坦尼雅胡以些微差距贏得總理寶座。

納坦尼雅胡的當選使以色列悖離奧斯陸協定。納坦尼雅胡與利庫德黨一向反對以土地換取和平原則。雖然他在美國壓力下不得不締結從西岸城鎮希伯倫重新部署軍力的計畫，但他只以少部分土地換取和平的做法讓以色列依然完全控制西岸超過百分之七十一的土地，而且繼續掌握其餘百分之二十三土地的治安。這與巴勒斯坦人預期從奧斯陸第二協定取得九成土地相差甚遠。

在爭取耶路撒冷方面，納坦尼雅胡利用屯墾運動在當地造成不可改變的現實。他在賈巴爾·阿布·古納伊姆興建六千五百個住房單位，並且在當地創立新屯墾區哈爾·霍瑪，藉此以色列屯墾區便完全包圍了阿拉伯東耶路撒冷。猶太屯墾區包圍耶路撒冷之後，納坦尼雅胡就能抗拒壓力，拒絕將一九六七年六月占領的阿拉伯東耶路撒冷交給巴勒斯坦當局。哈爾·霍瑪是擴大屯墾政策下第一個屯墾區，也是促使巴勒斯坦人對奧斯陸方案信心崩潰的最後一根稻草。

擔任總理三年，納坦尼雅胡在黨內失去信任，一連串的貪汙醜聞迫使他於一九九九年五月舉行大選。納塔尼雅胡敗選，工黨在另一名退役將領埃胡德·巴拉克領導下重新掌權。巴拉克在選戰時承諾結束以色列對南黎巴嫩的占領，一旦勝選，他將在一年內將以色列軍隊全數撤離。占領南黎巴嫩在以色列愈來愈不得民心，因為真主黨的持續攻擊長期造成以色列軍隊的傷亡。

壓倒性地擊敗納塔尼雅胡之後，巴拉克把撤離黎巴嫩列為首要之務。然而，要讓撤離的以色列軍隊把權力順利移交給南黎巴嫩軍隊在當地的代理人並不是那麼容易，隨著合作者向真主黨部隊投降，移交工作也宣告失敗。以色列單方面撤軍淪為砲火下狼狽地逃離，使真主黨得以宣稱在經過十八年的戰鬥之後，他們成功將以色列人趕出黎巴嫩，贏得最後的勝利。以色列高層感到惱怒，他們焦急地等待下一次機會向什葉派民兵還以顏色。

未來遭遇衝突的可能性蘊含在一塊異常的土地上。以色列撤出黎巴嫩所有領土，但有個例外，那是有爭議的「舍巴農場」，這塊面積二十二平方公里（八平方英里）的長條狀飛地位於黎巴嫩邊境與以軍占領的戈蘭高地之間。至今以色列仍宣稱這個農場是以色列占領的敘利亞領土，但敘利亞與黎巴嫩卻堅稱這是黎巴嫩的領土。真主黨以舍巴農場為由，持續對以色列占領的黎巴嫩領土進行武裝抗爭。

從黎巴嫩撤軍後，以色列總理巴拉克立即與巴解重啟協商。鑑於納塔尼雅胡時代以色列的做法，雙方的信任或善意幾乎已蕩然無存。阿拉法特指控以色列人未能履行奧斯陸協定的條約義務並且要求巴拉克必須遵守臨時協定尚未實現的承諾。然而與阿拉法特相比，巴拉克更希望直接討論永久和約。以色列總理認為在臨時協定的細節進行無止境的爭論將會破壞與巴勒斯坦的協商，他希望在柯林頓任期結束前幾個月簽訂永久和約。

柯林頓邀請巴拉克與阿拉法特到總統度假勝地馬里蘭州大衛營進行高峰會。二〇〇〇年七月，三名領袖開了兩個星期的會，雖然談判桌出現一些大膽的新想法，但高峰會最後未有任何實質性的進展。二〇〇一年一月，第二次高峰會在埃及度假勝地塔巴舉行。以色列人提出談判以來最慷慨的條件，即使如此，塔巴提案依然將巴勒斯坦國過多的地區置於以色列控制之下，因此難以達成永久和解。大衛營與塔巴兩次高峰會的失敗導致相互推託與卸責，美國與以色列團隊胡亂歸咎於阿拉法特與巴勒斯坦團隊。以巴和談需要的信任與善意至此化為烏有。

奧斯陸框架雖然出現裂痕，卻令以色列與阿拉伯世界離和平更近一步，這是猶太國從一九四八年建國以來所未有的。奧斯陸的成果顯著。以色列與巴解克服數十年來的相互敵視願意承認彼此，並且朝兩國方案進行有意義的協商。巴勒斯坦領袖離開流亡地突尼西亞，開始在巴勒斯坦領土建立自己的國家。以色列打破在中東的孤立，首度與幾個阿拉伯國家建立正式關係，而且突破自一九四八年以來阿拉伯聯盟的經濟杯葛。這些都是建立永久和平的重要基礎。

遺憾的是，和平進展與雙方建立互信以及營造充分的經濟繁榮密不可分，唯有做到這些才能讓巴勒斯坦人與以色列人願意做出困難的妥協進而締結永久的和平。奧斯陸時代對以色列來說是一段經濟成長期，反觀巴勒斯坦卻遭遇經濟衰退與停滯。世界銀行記錄巴勒斯坦在奧斯陸時代生活水準出現重大衰退，而且估計到了二〇〇〇年時，西岸與加薩居民每四名就有一名掉入貧窮線下。失業率達到百分之二十二。[47]一九九三年到二〇〇〇年生活水準的下降使巴勒斯坦人普遍對奧斯陸方案感到幻滅。

以色列決定擴大屯墾區也是造成奧斯陸協定失敗的關鍵因素。對巴勒斯坦人來說，屯墾違反了國際法，而持續擴大屯墾區也牴觸了奧斯陸第二協定。[48]然而奧斯陸時代卻經歷了以色列自一九六七年以來最大規模的屯墾區擴張。西岸與東耶路撒冷的移民人數從一九九三年的二十四萬七千人增加到二〇〇〇年的三十七萬五千人——增加了百分之五十二。[49]屯墾區設立在以色列想牢牢掌握的地區，這些地區要不是鄰近以色列境內的城市中心，就是擁有地下蓄水層，可以控制西岸稀少的水源。巴勒斯坦人指控以色列人違反以土地換取和平原則，轉而掠奪土地，而和平協議的擔保人美國卻對此視而不見。

巴勒斯坦人對奧斯陸和平方案的期待其實就是在西岸與加薩走廊建立獨立國家，並且以東耶路撒冷為首都。巴勒斯坦人知道自己的地位獲得國際法支持，而且認為目前人口的現實狀況可以做為佐證，因為這些地區住的全是巴勒斯坦人。巴解承認以色列在一九四八年征服的百分之七十八的巴勒斯坦領土，而巴勒斯坦人應有權利擁有剩餘的百分之二十二領土。要在這麼小的空間建立可運作的巴勒斯坦國，已經沒有空間再做讓步。

屯墾區的擴大引起巴勒斯坦人的憤怒，他們認為這將使他們無法建國、保障財產或獲得繁榮。二〇〇〇年九月，民眾的憤怒演變成一連串暴力示威，並且發展成新一波的民眾暴亂。第一次巴勒斯坦起義（一九八七～一九九三年）以公民不服從與非暴力為特徵，第二次巴勒斯坦則極其暴力。

第二次巴勒斯坦起義因以色列右翼利庫德黨領袖夏隆於二〇〇〇年九月二十八日訪問東耶路撒冷而爆發。在大衛營高峰會中，以色列總理巴拉克提出將東耶路撒冷交給巴勒斯坦，並且讓耶路撒冷成為以色列與巴勒斯坦首都的可能。這項提議在以色列內部引起嚴重爭議，並且使巴拉克聯盟的一些成員退出政府以示抗議，而這也造成需要新一輪的選舉。

對夏隆來說，耶路撒冷可以為他爭取選票。夏隆選擇訪問東耶路撒冷聖殿山是為了強調利庫德黨的主張，利庫德黨認為耶路撒冷是以色列不可分割的首都，夏隆想藉此取代巴拉克成為以色列總理。聖殿山，阿拉伯文稱為 Haram al-Sharif（即聖殿之意），此地是猶太教第二聖殿的遺址，第二聖殿在西元七〇年被羅馬人摧毀，從西元七世紀起，這裡成為阿克薩清真寺的所在地，同時也是伊斯蘭教僅次於麥加與麥地那的第三聖地。由於聖殿山對猶太教與伊斯蘭教同具重要性，它的政治地位不言可喻。

二〇〇〇年九月二十八日，夏隆抵達阿拉伯東耶路撒冷，在一千五百名武裝警察戒備下參觀了聖殿山。夏隆對跟隨的記者群評論說，他將致力維護以色列對整個耶路撒冷的統治權。一群巴勒斯坦顯貴在現場抗議夏隆的出現，卻被夏隆的安全人員驅散。電視攝影機拍攝到以色列警察粗暴對待阿克薩清真寺最高階層穆斯林教士的景象。努賽貝赫回憶說：「他那象徵崇高精神地位的頭巾偶然間從頭上被打落到塵土之中。觀眾看到這個高度敏感的穆斯林之地的最高階層穆斯林教士光著頭站立著。」這種對伊斯蘭教第三聖地受尊敬的穆斯林官員的侮辱，足以在第二天激怒在阿克薩清真寺做主麻拜的廣大信眾。「數百名以色列邊防警察全副武裝緊張地進入舊城，另一方面，數十萬名穆斯林則從鄰近地區與村落湧入耶路撒冷城門。」

禮拜進行時相當平靜，但當憤怒的群眾走出清真寺時，一場暴力的示威隨即爆發。青少年從聖殿山朝駐守在西牆下的以色列士兵丟擲石塊。以色列邊防警察衝入聖殿山，士兵則向抗議人群開火。不到幾分鐘的時間，八名暴亂分子被擊斃，數十人受傷。努賽貝赫記錄說：「『阿克薩大起義就此展開』。」[50]

公共秩序的惡化對夏隆有利，因為夏隆在維持治安上面一向有著強悍的名聲，而他很快就在二〇〇一年二月掌握權力。以色列好戰的新總理對土地的興趣遠超過和平，他的勝選只會讓以色列與巴勒斯坦之間的關係更動盪不安。在新千禧年的初始，中東比過去更加遠離和平。

二十世紀即將結束之時，阿拉伯世界經歷了幾場重大轉變。數十年來一直是阿拉伯政壇柱石的三大領袖相繼去世，由他們的兒子繼承大位。過去，在一群長久在位的統治者領導下，中東局勢是靜態的。繼承使新世代掌握權力，因而產生了改革與變遷的希望。但事實上，無論是君主國還是共和國，凡是傾向於家族統治的政權，往往不利於實質的變化。

一九九九年二月七日，約旦國王胡笙在與癌症長期奮戰之後與世長辭。在位將近四十七年，胡笙是他那個世代在位最久的阿拉伯統治者。無論在國內或國外，胡笙都以和平締造者著稱，但他在最後一刻改變了王位繼承人，讓他的家族與國家陷入混亂。胡笙的弟弟哈桑從一九六五年起就擔任王儲。但胡笙在死前兩個星期無預警地解除哈桑的職務，改由自己的長子阿卜杜拉擔任王位繼承人。阿卜杜拉不僅相對年輕，他才剛滿三十七歲，而且一直待在軍隊，並未做好統治的準備。更糟的是胡笙國王在更改繼承人時手法並不漂亮。這位垂死的國王透過約旦新聞媒體發布一封憤怒的長信給哈桑親王，內容無異於對自己的親弟弟進行人格謀殺。國王的親信解釋這封信雖然殘酷但卻必要，這麼做是為了確保哈桑不會對繼承人的更動表示異議。短短兩個星期，約旦人經歷了兩次震撼，一個是王儲換人，另一個是長期在位的國王駕崩。許多人擔心在年輕無經驗的國王統治下，國家的未來會陷入動盪。

五個月後，一九九九年七月二十三日，摩洛哥國王哈桑二世去世，結束了三十八年的統治。他的王位由兒子穆罕默德六世繼承，穆罕默德六世才三十六歲，與約旦國王阿卜杜拉二世一樣，兩人代表了新世代的阿拉伯統治者。穆罕默德六世接受過政治學與法學的訓練，在布魯塞爾待過一段時間，熟悉歐盟的各項制度，他的父親在他繼承王位之前已經讓他歷練過各項職務。即便如此，國內民眾與國外人士依然對他感到陌生，大家都很好奇，這位新王如何在賡續父親政策與開創新局之間達成平衡。

王朝的繼承不只局限在阿拉伯君主國。二〇〇〇年六月十日，敘利亞總統哈菲茲・阿薩德在歷經近三十年的統治之後去世。老阿薩德原本培植兒子巴西爾擔任繼承人，但巴西爾卻在一九九四年一場車禍中意外喪生。總統哀傷之餘把在倫敦攻讀眼科醫學的次子巴沙爾召回，準備培植他擔任繼承人。巴沙爾回國後進入敘利亞軍事學院就讀，在父親統治的最後六年，他的官方職務不斷擴充。巴沙爾在三十四歲那年繼任總統，並且承諾進行改革。雖然許多敘利亞人預期新總統將面臨政治體制的嚴重挑戰，而且他的父親三十年的專制統治也產生許多政敵，但總統職位從大馬士革強人轉移給缺乏經驗的兒子卻未遭遇波折。

阿拉伯世界其他年邁的統治者也培植自己的兒子擔任繼承人。在伊拉克，海珊原本拔擢自己的兒子烏代繼任總統。烏代掌管伊拉克電視台與報社。他殺人的手段極為殘酷，一九九六年，他遭遇行刺受了重傷，脊椎裡留有一顆子彈。由於烏代顯然無法康復，海珊於是選用次子庫賽擔任領導角色。利比亞領導人格達費據說也準備讓自己的兒子繼承權力。在埃及，穆巴拉克拔擢兒子賈邁勒而且故意讓副總統一職懸缺，許多人相信賈邁勒遲早將繼任總統。

然而，二〇〇〇年最具意義的權力繼承卻發生在美國。當美國最高法院認定前總統老布希之子小布希獲得較多的選舉人票時，阿拉伯世界許多權威人士紛紛嘲弄美國的選舉結果。在民眾投票上，小布希的民主黨對手艾爾・高爾獲得些微多數，選舉結果因此取決於佛羅里達州的瑕疵選票與受質疑的計票過程，而佛羅里達州的州長卻是小布希的弟弟，因此美國人與阿拉伯人一樣，領袖同樣是世襲。

事實上，絕大多數的阿拉伯評論者都樂見二〇〇〇年小布希獲得勝利。他們認為布希家族是德州的石油大亨，與阿拉伯世界有著良好關係。高爾選擇康乃狄克州參議員喬・李伯曼擔任競選夥伴，這是第一次有猶太人成為美國主要政黨的副總統候選人，因此導致阿拉伯世界許多人認為民主黨比共和黨更傾向於支持以色列。於是阿拉伯人轉而信任小布希。

新任總統小布希對中東興趣缺缺。他不是一個重視外交的總統，他最關心的是別的問題。在就職前一個星期，小布希與中央情報局局長喬治・泰內特開會。泰內特簡報情資時向即將就任的總統提出美國面臨的三大主要威脅：大規模毀滅性武器、奧薩瑪・賓・拉登以及中國成為軍事與經濟強權。[51]

雖然據信有一些阿拉伯國家擁有危險的武器計畫，包括利比亞與敘利亞，但國際社會最關切的還是伊拉克的大規模毀滅性武器。自從聯合國安理會於一九九一年四月通過第六八七號決議以來，聯合國與國際社會便持續向伊拉克政府施壓，要求伊拉克交出大規模毀滅性武器。決議要求銷毀所有化學、核子與生物武器以及射程超過一百五十公里（九十三英里）的所有彈道飛彈。海珊懷疑美國利用武器檢查來顛覆他的政府，因此阻礙聯合國武器檢查員進行檢查，一九九八年，武器檢查員撤出伊拉克。

柯林頓政府決心推翻海珊，並且嚴格執行從伊拉克入侵科威特以來已經實施的貿易禁令，然而貿易禁令只是造成人道危機，卻未能削弱海珊政權。柯林頓政府嚴格控制伊拉克領空，由英美空軍定期在伊拉克北部與南部巡邏。一九九八年，柯林頓政府透過立法——伊拉克解放法——讓美國政府出資支持伊拉克政權變更。一九九八年十二月，聯合國武器檢查員離開伊拉克後，柯林頓總統授權進行四天轟炸，「降低」伊拉克生產與使用大規模毀滅性武器的能力。

小布希維持柯林頓的政策繼續圍堵伊拉克與針對美國而來的大規模毀滅性武器威脅。

相較於伊拉克，美國情報單位更關切賓・拉登蓋達組織網絡的深刻威脅。賓・拉登在蓋達組織投入了大量時間與精力，對外宣示要將美國逐出沙烏地阿拉伯與廣大穆斯林世界。一九九八年八月，美國駐坦尚尼亞與肯亞大使館同時遭受自殺炸彈攻擊，造成超過二百二十人死亡，數百人受傷，受害者幾乎全是當地民眾，死者只有十二人是美國公民。賓・拉登由於涉及大使館爆炸案，因此被美國聯邦調查局列為十大懸賞要犯。二〇〇〇年十月，停泊在葉門亞丁港的美國軍艦科爾號遭自殺炸彈攻擊，造成十七名美國水兵死亡，三十九人受傷。

蓋達組織有能力找出美國防禦的弱點並予以攻擊，引起白宮內部的嚴重關切。二〇〇一年一月，中情局局長泰內特警告小布希，賓・拉登與他的網絡對美國造成「極大的威脅」，而這個威脅已「迫在眉睫」。然而與伊拉克的海珊不同，賓・拉登的威脅流動而難以捉摸。總統無法確認應該授權哪種政策措施對抗賓・拉登的威脅。

小布希入主橢圓形辦公室，他的政府深信伊拉克大規模毀滅性武器的威脅已經順利防堵，而對於賓・拉登的恐怖威脅似乎不是特別在意。在就職後的前九個月，小布希一直把中國視為首要目標。

二〇〇一年九月十一日發生非比尋常的事件，這起事件將改變小布希的首要目標，並且開啟美國現代史上涉入中東最深的時期。這個時期也使現代阿拉伯面臨歷史上最緊繃的時代。

注釋

1. Mohamed Heikal, *Illusion of Triumph: An Arab View of the Gulf War* (London: Harper Collins, 1992), pp. 14–17，關於哈巴什與阿薩德的說法，也可見 Christopher Andrew and Vasili Mitrokhin, *The World Was Going Our Way: The KGB and the Battle for the Third World* (New York: Basic Books, 2005), pp. 212–213.

2. Mohamed Heikal, *Illusion of Triumph*, pp. 16–17.
3. 引自 Zachary Karabell, 'Backfi re: U.S. Policy Toward Iraq, 1988–2 August 1990,' *Middle East Journal* (Winter 1995): 32–33.
4. Human Rights Watch, *Genocide in Iraq: The Anfal Campaign Against the Kurds* (New York and Washington, DC: Human Rights Watch, 1993).
5. Samir al-Khalil，伊拉克作者 Kanan Makiya 的化名，他生動描述了海珊統治下的伊拉克種種政治壓迫，參見他的一九八九年研究，*The Republic of Fear* (Berkeley and Los Angeles: University of California Press, 1989).
6. Charles Tripp, *A History of Iraq* (Cambridge: Cambridge University Press, 2000), p. 251.
7. Daniel Yergin, *The Prize* (New York: Free Press, 1991), p. 767.
8. 格拉斯佩與海珊的會談紀錄重印於 Phyllis Bennis and Michel Moushabeck, eds., *Beyond the Storm: A Gulf Crisis Reader* (New York: Olive Branch, 1991), pp. 391–396.
9. Jehan S. Rajab, *Invasion Kuwait: An English Woman's Tale* (London: Radcliffe Press, 1993), p. 1.
10. Heikal, *Illusion of Triumph*, pp. 196–198.
11. 同前，p. 207.
12. Rajab, *Invasion Kuwait*, pp. 55, 99–100.
13. Heikal, *Illusion of Triumph*, p. 250.
14. Mohammed Abdulrahman Al-Yahya, *Kuwait: Fall and Rebirth* (London: Kegan Paul International, 1993), p. 86.
15. Rajab, *Invasion Kuwait*, pp. 14–19.
16. 同前，pp. 73–74; Al-Yahya, Kuwait: *Fall and Rebirth*, pp. 87–88.
17. Rajab, *Invasion Kuwait*, pp. 43–45.
18. Ibrahim al-Marashi, 'The Nineteenth Province: The Invasion of Kuwait and the 1991 Gulf War from the Iraqi Perspective' (D.Phil. thesis, Oxford, 2004), p. 92.

19. Abdul Bari Atwan, *The Secret History of Al-Qa'ida* (London: Abacus, 2006), pp. 37–38.
20. 'Declaration of Jihad Against the Americans Occupying the Land of the Two Holy Sanctuaries,' 重印於 Gilles Kepel and Jean-Pierre Milelli, eds., *Al-Qaeda in Its Own Words* (Cambridge, MA: Harvard University Press, 2008), pp. 47-50. 也可見賓・拉登的 CNN 訪談，同前，pp. 51–52。
21. Heikal, *Illusion of Triumph*, pp. 15–16.
22. 同前，p. 230.
23. 同前。
24. 同前，p. 234.
25. 同前，p. 13.
26. Sari Nusseibeh, *Once Upon a Country: A Palestinian Life* (London: Halban, 2007), p. 318.
27. Rajab, *Invasion Kuwait*, p. 181.
28. Theodor Hanf, *Coexistence in Wartime Lebanon: Decline of a State and Rise of a Nation* (London: I. B. Tauris, 1993), p. 319.
29. 同前，p. 570.
30. 同前，p. 595.
31. 同前，p. 616.
32. Kamal Salibi, *A House of Many Mansions* (London: I. B. Tauris, 1988).
33. Nusseibeh, *Once Upon a Country*, p. 337.
34. Hanan Ashrawi, *This Side of Peace: A Personal Account* (New York: Simon & Schuster, 1995), p. 75.
35. 同前，pp. 82–84.
36. Nusseibeh, *Once Upon a Country*, p. 342.
37. 夏菲演說全文重印於 Jerusalem Media and Communications Center website, http://www.jmcc.org/documents/haidarmad.

htm.

38. 前往馬德里的各國代表團團長開幕與閉幕演說全文重印於以色列外交部網站 http://www.mfa.gov.il/MFA/Archive/。以色列歷史學家 Amitzur Ilann 把謀殺伯納多特的「真正責任」歸咎於沙米爾與其他兩名萊希領袖；Ilan, *Bernadotte in Palestine, 1948* (Houndmills, UK, and London: Macmillan, 1989), p. 233.

39. Avi Shlaim, *The Iron Wall*, p. 500.

40. Ashrawi, *This Side of Peace*, p. 212.

41. Ahmed Qurie ('Abu Ala'), *From Oslo to Jerusalem: The Palestinian Story of the Secret Negotiations* (London: I. B. Tauris, 2006), p. 58.

42. 同前，p. 59.

43. Yezid Sayigh, *Armed Struggle and the Search for State: The Palestinian National Movement, 1949–1993* (Oxford: Oxford University Press, 1997), pp. 656–658.

44. Ashrawi, *This Side of Peace*, p. 259.

45. Qurie, *From Oslo to Jerusalem*, p. 279.

46. Avi Shlaim, *The Iron Wall: Israel and the Arab World* (New York: W. W. Norton, 2000), p. 547.

47. World Bank, 'Poverty in the West Bank and Gaza,' Report No. 22312-GZ, June 18, 2001.

48. 新屯墾區的建立違反了奧斯陸第二協定第三十一條，該條規定：「雙方都不許進行或採取任何改變西岸與加薩走廊現狀的措施，必須留待永久地位協商結果。」

49. B'tselem, the Israeli Information Center for Human Rights in the Occupied Territories, 'Land Grab: Israel's Settlement Policy in the West Bank,' May 2002, p. 8.

50. 同前，pp. 433–444.

51. Bob Woodward, *Bush at War* (New York: Simon & Schuster, 2002), p. 35.

第十五章　二十一世紀的阿拉伯人

對阿拉伯世界許多人來說，第三個千禧年開始的這十幾年，感覺像是過了一個世紀。在上個世紀，主要的轉捩點一生才遭遇一次：一九一四年到一九一八年的第一次世界大戰，標誌著鄂圖曼時代的結束與歐洲帝國主義下現代列國體系的引進；一九四八年的巴勒斯坦戰爭，開啟了阿以衝突與中東冷戰；一九九九年海灣戰爭，迎來冷戰的終結與美國獨霸的新時代。

從進入新千禧年至今，中東已歷經兩次轉變時刻：二〇〇一年九一一恐怖攻擊事件引發美國的反恐戰爭與二〇一一年的阿拉伯之春革命。這兩起劃時代事件不僅界定二十一世紀中東的輪廓，至今也仍深刻影響我們。處於反恐戰爭與阿拉伯之春的壓力下，若說二〇〇一年九月十一日之後是現代阿拉伯歷史最黑暗的時期，一點也不為過。

二〇〇一年九月十一日星期二早上，恐怖分子分別劫持從波士頓、華府與紐澤西州紐華克起飛的四架民航客機。四十分鐘內，兩架飛機撞上曼哈頓世貿中心雙塔，第三架飛機撞擊五角大廈，這是一連串經過縝密計畫的自殺攻擊事件。一般相信第四架飛機的目標是美國國會山莊或白宮，但最後墜落在賓州的鄉野。總計，除了十九名劫機犯，有二千九百七十四人在這四起攻擊事件中喪生：世貿中心造成二千六百零三人死亡，五角大廈一百二十五人，四架飛機上的機組人員與乘客共二百四十六人。

恐怖分子未事先警告也未提出要求。他們的目標是最大程度地損害美國並且促成改變。雖然沒有任何組織宣稱發動這場攻擊，但美國情報單位從一開始就懷疑是奧薩瑪・賓・拉登的蓋達組織所為。九一一事件發生後的幾天內，聯邦調查局查明了十九名劫機犯的身分。他們全是穆斯林阿拉伯人，十五名來自沙烏地阿拉伯，兩名來自阿拉伯聯合大公國，一名來自埃及，還有一名來自黎巴嫩，這些人都與蓋達組織有關。我們只能從蓋達組織之後的聲明猜測自殺劫機犯到底想促成什麼樣的改變：把美國逐出穆斯林世界，顛覆穆斯林世界裡的親西方政權並且以伊斯蘭主義國家取而代之。

面對這起美國本土自一九四一年日本偷襲珍珠港以來遭受的最慘烈攻擊，美國的回應是向還不清楚底細的敵人宣戰。二〇〇一年九月二十日，小布希總統在美國國會聯席會議的電視演說宣布將對蓋達組織發動「反恐戰爭」，這場戰爭將持續到「全世界所有恐怖分子團體被查出、阻止與擊敗為止」。他要美國人準備一場長期而非常規的衝突，並且承諾美國必將獲勝。

九一一事件與反恐戰爭使美國和阿拉伯世界陷入衝突。阿拉伯世界許多人——當然不是所有的人，但確實有許多人——樂於見到美國受害。在阿拉伯觀察者眼中，美國對於阿拉伯人的苦難不聞不問，無論是以色列占領下的巴勒斯坦人，還是十年來遭受嚴格禁運的伊拉克人，美國人均坐視不理。在公開聲明中，賓・拉登便利用阿拉伯人這種憤怒情緒。二〇〇一年十月，賓・拉登表示：「美國今日嘗到的苦頭，與我們數十年來承受的苦難相比不過是九牛一毛。我們的民族遭受這種屈辱與蔑視已超過八十年。」[1]

賓．拉登從隱祕的阿富汗山區發表的聲明讓美阿關係更加緊繃。在阿拉伯與穆斯林世界，處處可以聽到對蓋達領袖的讚揚之聲。民眾對於蓋達巧妙地對美國本土造成如此慘重的打擊感到印象深刻。賓．拉登一夜之間成為眾人崇拜的對象，以噴漆模版印製的賓．拉登畫像也成為伊斯蘭抵抗美國宰制的象徵。美國人覺得這種觀點不可理喻，他們咒罵賓．拉登是不折不扣的邪惡之人。

九一一攻擊之後，恐懼、困惑而極度憤怒的美國人覺得自己在國內與不安全的國外都同樣遭受威脅。他們要求政府迅速且決斷地反擊他們的敵人。布希政府的回應是以隱祕的行動對抗吉哈德恐怖網絡，而美國發動的兩場戰爭也鞏固了阿拉伯世界的印象：反恐戰爭就是反伊斯蘭戰爭。

美國的阿富汗戰爭開始於二〇〇一年十月七日，而且獲得聯合國批准與北約聯盟的支持。這場戰爭的目標是推翻庇護賓．拉登及其組織的伊斯蘭主義塔利班政權，而且要逮捕蓋達領袖與摧毀蓋達在阿富汗的訓練設施。整個戰鬥的過程十分迅速而且大致成功，到了十一月中旬，阿富汗北方聯盟及其美國盟友已將塔利班逐出首都喀布爾，到了十二月中旬，塔利班與蓋達最後的據點也被攻下，而且只投入了最少量的美國地面部隊。

儘管軍事行動成功，關鍵失敗卻折損了阿富汗戰爭的成果，也打擊了反恐戰爭。最明顯的失利是，賓．拉登與塔利班領袖毛拉．歐瑪順利逃走。兩人逃離阿富汗後，重新集結勢力，在鄰近的巴基斯坦重啟對美國的戰鬥。對賓．拉登的支持者來說，賓．拉登生還這件事就足以昭示對美國的勝利。

在阿富汗戰爭中被俘虜的其他蓋達成員稱為「敵方戰鬥人員」，不僅未能獲得日內瓦公約的戰俘權利，也不許他們接受美國法律制度的正當程序。他們被監禁在美國位於古巴的境外軍事設施，稱為關塔那摩灣監禁營。從二〇〇一年十月開始，將近八百名被監禁者被送往關塔那摩，這些人全是穆斯林。經過數年之後，絕大多數被監禁者無罪釋放，到了二〇一七年一月，關押人數只剩四十二人，被監禁者返鄉後開始講述他們的經驗。從羞辱到拷問，關塔那摩被監禁者遭受的不當對待引發國際譴責與阿拉伯世界的憤怒。

在阿富汗，美國人與當地領袖合作為這個飽經戰火的國家建立新政治結構，從一九七九年蘇聯入侵，阿富汗已經歷二十年以上的紛爭。然而，美國人需要大量投資經濟發展與國家建設才能確保總統哈米德・卡爾扎伊新政府的穩定。二〇〇二年，布希政府忙於將精力與資源投入於伊拉克戰爭的準備工作，脆弱的阿富汗因此再度遭塔利班征服。結果，二〇〇一年十月開啟的阿富汗戰爭原本只需少數外國地面部隊，到了二〇一一年時，對抗塔利班的西方部隊竟達到巔峰的十二萬人以上。美國與盟國直到二〇一四年十二月才宣布結束軍事行動，總計這段時間造成十萬名以上平民死亡，數百萬人無家可歸。阿富汗民眾並未犯下蓋達的罪行，卻為九一一事件付出慘重代價。

絕大多數阿拉伯國家都對美國在穆斯林世界擴大軍事勢力感到不安。這些國家冷淡地支持美國的反恐戰爭，使美國對於中東地區一些長期盟友產生疑慮，尤其是沙烏地阿拉伯。賓・拉登與九一一事件十五名自殺劫機犯都是沙烏地公民，加上沙烏地民間資金資助蓋達，這些都惡化了美阿關係。其他國家也遭受美國重新檢視。華府認為埃及對恐怖分子過於軟弱，把伊朗與伊拉克貼上「邪惡軸心」的標籤，而且把敘利亞提升到支持恐怖主義國家名單的首位。

阿拉伯國家發現自己在九一一後承受難以調和的壓力。如果它們反對美國進行反恐戰爭，它們可能遭受從經濟孤立到被世界唯一超強公開號召推翻政權的風險。如果它們站在美國這一邊，它們便讓自己的領土陷入被賓・拉登行動激勵的國內聖戰團體攻擊的威脅。從二〇〇三年五月到十一月，沙烏地阿拉伯、摩洛哥與土耳其發生數起國內伊斯蘭主義者發起的炸彈攻擊事件，造成一百二十五人死亡，近一千人受傷。二〇〇五年十一月，約旦安曼三家飯店連續發生爆炸案，造成五十七人死亡，數百人受傷——受害者幾乎全是約旦人。阿拉伯世界在維持與美國的關係時面臨著極為困難的選擇。

這股壓力讓美國與阿拉伯人漸行漸遠，卻讓美國與以色列更加緊密。以色列總理夏隆說服美國總統小布希相信美國與以色列面對共同的反恐戰爭。二〇〇〇年九月爆發的第二次巴勒斯坦起義，到了九一一攻擊事件時變得更加暴力。伊斯蘭主義團體針對以色列平民進行自殺炸彈攻擊，使小布希總統深信美國與猶太國對抗著相同的敵人。因此，美國對於以色列對抗其敵人——巴勒斯坦的伊斯蘭聖戰組織與哈馬斯以及黎巴嫩的真主黨——與國際承認的巴勒斯坦當局時總是睜一隻眼閉一隻眼。以色列於是利用美國的坐視不管對巴勒斯坦政府與社會發動不成比例的攻擊，使阿拉伯世界的緊張程度大幅升高。

二〇〇二年六月，夏隆下令重新占領西岸。雖然夏隆以防止以色列遭受恐怖攻擊為由採取這項措施，但實際上他真正的目的是孤立阿拉法特與削弱巴勒斯坦當局。當以色列軍隊占領奧斯陸協定之後由巴勒斯坦自治的城市時——伯利恆、傑寧、拉馬拉、納布盧斯、圖爾卡姆與卡爾基里亞——他們也加強攻擊巴勒斯坦抵抗者。總計，在第二次巴勒斯坦起義（二〇〇〇年九月到二〇〇五年二月）期間，大約有三千二百名巴勒斯坦人與九百五十名以色列人在暴力衝突中死亡。[2]

當以色列軍隊拚命圍堵第二次巴勒斯坦起義時，夏隆政府也因為在約旦河西岸奪取更多領土而與巴勒斯坦人的關係更加緊張。以色列持續在占領區擴大屯墾，二〇〇二年六月，以色列政府開始興建長達七百二十公里（四百五十英里）的圍牆，表面上是為了隔絕以色列使其不受巴勒斯坦的恐怖攻擊。分離牆（巴勒斯坦人稱為隔離牆）切割出一塊深入西岸的路徑，而且現實上併吞了巴勒斯坦在西岸將近百分之九的領土，對將近五十萬名巴勒斯坦人的生活與生計造成負面影響。[3]

以色列鎮壓第二次巴勒斯坦起義顯然成了美國反恐戰爭的負擔。巴勒斯坦人受苦受難的景象透過阿拉伯衛星電視現場直播，引發中東民眾的憤怒。以色列的行動與美國的默許成為蓋達與其他恐怖組織招募新血的利器。布希政府認為必須設法讓以巴講和，才能化解地區緊張。

小布希成為首位支持以兩國方案解決以巴衝突的美國總統。二〇〇二年六月二十四日，小布希在白宮重要演說中提出巴勒斯坦國與以色列「和平安全共存」的願景。然而，布希的願景要求巴勒斯坦人「選出絕不與恐怖妥協的新領袖」，這項主張有意打壓民主選舉產生的巴勒斯坦當局總統阿拉法特。

為了實現以兩國方案解決以巴衝突，布希政府與俄羅斯、歐盟以及聯合國締結了夥伴關係。這個新集團稱為中東和平四方集團，試圖藉由國際共識來解決以巴衝突。巴勒斯坦人認為四方集團可以抗衡美國對以色列的支持，因為從歷史來看，參與四方集團的國家與組織對於巴勒斯坦建國較為同情，特別是俄羅斯與聯合國。

二〇〇三年四月，四方集團發表「通往中東和平的路線圖」，為布希的兩國方案願景提供方向。這張「路線圖」提出深具企圖心的三階段計畫，首先要求終止巴勒斯坦與以色列之間的暴力，然後暫時以現行疆界為基礎建立臨時巴勒斯坦國，最後第三階段，以色列與巴勒斯坦要解決最複雜的議題：國界、耶路撒冷的未來、難民的地位以及以色列在西岸和加薩走廊屯墾區的後續安排。到了二〇〇五年底，以色列與巴勒斯坦將相互承認宣布結束衝突。

然而阿拉伯世界的民眾對於美國的意圖仍感懷疑，也不認為「路線圖」能為以色列與巴勒斯坦帶來符合公義而永續的和平。因為就在小布希演說到「路線圖」公布這段時間，二〇〇三年三月，美國再度入侵伊拉克。

在全球反恐戰爭上，美國提出種種不利伊拉克的論述。布希政府宣稱海珊政府囤積大量大規模毀滅性武器，包括化學與生物武器以及核子武器母核。英國首相東尼．布萊爾呼應小布希的關切，在伊拉克問題上與美國站在同一立場。白宮也暗示，海珊政府與賓．拉登蓋達組織勾結，可能將大規模毀滅性武器移轉給恐怖組織。布希政府認為應該率先對伊拉克展開攻擊，阻止最危險的武器落入最危險的恐怖分子手中。4

阿拉伯世界不認同小布希總統的指控。但阿拉伯政府卻相信——事實證明這是錯的——海珊或許擁有化學與生物武器。畢竟海珊曾在一九八〇年代使用化學武器對付伊朗人與伊拉克庫德族人。就連聯合國高層武器檢查員漢斯．布利克斯博士也相信伊拉克擁有化武。然而，阿拉伯國家知道伊拉克並未參與九一一攻擊事件，而且強烈懷疑伊斯蘭主義蓋達運動會與世俗的伊拉克復興黨有任何關聯。海珊領導的政權正是賓．拉賓想推翻的政府類型。阿拉伯世界根本不接受布希政府的說法而且懷疑美國別有用心——垂涎伊拉克的石油而且企圖將美國的勢力範圍延伸到石油蘊藏量豐富的波斯灣地區。

二〇〇三年三月二十日開始的伊拉克入侵行動，遭遇世界各國與阿拉伯世界的譴責。美國在英國支持下，沒有開戰理由也未得到聯合國准許就出兵入侵阿拉伯國家。海珊面對西方的優勢兵力，依然表現出桀驁不馴的態度，與一九九九年海灣戰爭一樣，海珊的立場獲得廣大阿拉伯民眾的支持。阿拉伯聯盟的二十二個成員國，除了科威特之外，全數通過決議譴責這場違背聯合國憲章的入侵，並且要求英美部隊必須在三月二十三日全數撤離伊拉克。然而沒有任何一個國家真的認為布希政府會理會聯合國的關切，更甭說是阿拉伯世界。

雖然伊拉克人頑強抵抗，但英美聯軍毫不費力掌握制空權，以壓倒性的優勢擊敗伊拉克。四月九日，美軍攻克巴格達，交戰不到三個星期，海珊政府便崩潰垮台。伊拉克民眾憂喜參半，一方面歡慶眾人唾罵的獨裁者遭到推翻，另一方面卻憎恨英美入侵他們的國家。

海珊政府遭到推翻使美國控制了伊拉克。布希政府建立一個稱為聯軍臨時管理當局（CPA）的統治機構。二〇〇三年五月，臨時當局發布的前兩項決定使戰後伊拉克的混亂轉變成一場反抗美國統治的武裝暴動。第一項決定是宣布海珊的伊拉克復興黨為非法，禁止前復興黨黨員擔任公職。第二項決定是解散五十萬伊拉克大軍與情報人員。這兩項措施合起來稱為「去復興黨化」。

美國當局透過去復興黨化來整肅海珊統治下伊拉克的有害勢力。他們從第二次世界大戰結束後占領德國的盟軍當局推行的去納粹化獲得靈感，希望透過這些措施建立一個嶄新、民主、尊重人權的伊拉克。事實上，臨時當局讓大量全副武裝的士兵失業，也讓伊拉克順尼派穆斯林政治菁英喪失與美國建立的新民主伊拉克合作的興趣，重建的伊拉克逐漸落入占伊拉克人口多數的什葉派穆斯林之手。此後，開始爆發反美國占領的暴動以及伊拉克各社群間的教派衝突。

伊拉克很快就成為反美與反西方活動分子的招募中心。新組織開始出現，例如伊拉克蓋達組織，這個聖戰團體與賓．拉登的組織只有名義上的關聯性，專門以自殺炸彈客攻擊國內外目標。二〇〇三年八月十九日，伊拉克蓋達組織炸死了聯合國駐伊拉克高級特使塞爾吉奧．維埃拉．德梅洛與二十幾名工作人員，這起事件迫使聯合國關閉在巴格達的辦公室。西方人被劫持充當人質，許多人遭到殘忍殺害。軍事巡邏隊逐漸成為精心設計下的攻擊目標。英美聯軍在戰爭中幾乎未有傷亡，卻在占領伊拉克後損失慘重。最後，在二〇一一年美國撤軍時，暴亂分子殺死了近四千五百名美國人與一百七十多名英國人，負傷的外國士兵超過三萬二千人。[5]

民主的傳布是美國反恐戰爭不斷重申的主題。小布希總統與他的新保守主義顧問相信，民主價值與參與式政治和恐怖主義互不相容。這些觀點的關鍵支持者是國防部副部長保羅·伍佛維茲。二〇〇二年五月，伍佛維茲在加州外交論壇演說中主張，「要打贏反恐戰爭，我們必須訴諸數億溫和而寬容的穆斯林世界人民……他們渴望獲得自由、民主與自由企業的祝福。」[6]二〇〇二年十二月，美國國務卿科林·鮑威爾發起胎死腹中的「中東夥伴關係行動計畫」，想將「民主與自由市場」帶到中東。[7]小布希政府認為，民主的伊拉克將成為其他阿拉伯國家的明燈，引發的民主化浪潮將橫掃整個阿拉伯世界。

二〇〇五年一月，當伊拉克民眾投票選舉國民議會準備制定新憲時，伊拉克已陷入四分五裂。什葉派占伊拉克總人口五到六成，他們是新民主制度的主要受益者，因此願意踴躍投票，據報導什葉派地區的投票率達到八成。非阿拉伯種族的庫德族人在伊拉克屬於少數族群，但在庫德族所在省分卻屬於多數，他們也是伊拉克新民主制度的熱情支持者，投票率達到九成。順尼派阿拉伯人是去復興黨化的主要目標，他們絕大多數杯葛選舉。摩蘇爾的順尼派投票率竟只有一成。[8]

根據新憲法，二〇〇五年十二月舉行大選，以確定伊拉克的新政治現況。領導的什葉派集團伊拉克團結聯盟在國民議會二百七十五個席次中囊括一百二十八席的多數。庫德族是第二大集團，獲得五十三席。順尼派政治人物結盟組成的伊拉克協議陣線取得四十四席，成為第三大黨。庫德族領袖賈拉勒·塔拉巴尼被提名為伊拉克總統，什葉派政治人物努里·馬里奇被任命為總理。支配伊拉克數個世紀的順尼派阿拉伯菁英失去權力，就民主制度的人口比例來說，他們再也不可能經由投票掌握政權。既然無法藉由民主程序取勝，順尼派好戰分子便轉而訴諸暴力。暴亂團體把目標從占領軍轉移到他們的同胞什葉派民眾身上，伊拉克自此陷入毀滅性的教派衝突中。

伊拉克安全部隊與美國軍隊無力防堵共同體之間的暴力對抗。自殺炸彈客每日在伊拉克城市市集與清真寺造成慘重傷亡。衛星電視把死亡與滿目瘡痍的寫實影像傳送到阿拉伯世界各地。雖然伊拉克民眾的確切傷亡數字從入侵以來一直存在爭議，但根據伊拉克政府的估計，從二〇〇三年到二〇一一年，大約有十萬到十五萬平民死亡。與阿富汗一樣，伊拉克平民承受反恐戰爭的真實成本，他們的安全、價值與生活方式被入侵與入侵後的暴力後果粉碎。[9]

海珊垮台後，伊拉克什葉派掌握權力，阿拉伯世界的地區權力平衡也隨之轉變。在二〇〇三年之前，伊拉克是最強大的順尼派阿拉伯國家之一，可以做為圍堵伊朗伊斯蘭共和國既有威脅的緩衝。二〇〇五年後，什葉派執政的伊拉克被視為伊朗的盟友。鄰近由沙烏地阿拉伯與約旦領導的順尼派國家，深感威脅地表示「什葉派月灣」從伊朗經伊拉克延伸到敘利亞（從一九八〇年起就是伊朗的盟友）與黎巴嫩，其中黎巴嫩的什葉派民兵組織阿邁勒與真主黨在該國政壇居於支配地位。順尼派與什葉派出現新的緊張關係，這種緊張關係逐漸擴大使整個阿拉伯世界陷入動盪。

與伊拉克一樣，布希政府在阿拉伯世界其他地區推動民主也未見成效。布希政府的新保守主義外交政策引起民眾的憎恨，在選民心中，反美的伊斯蘭主義政黨比與西方合作的溫和派更具吸引力。二〇〇五年黎巴嫩大選與二〇〇六年巴勒斯坦大選顯示阿拉伯世界民主的一個令人難堪的事實：在自由而公平的選舉中，最敵視美國的政黨最有可能勝選。

二〇〇四年十一月十一日，阿拉法特這位巴勒斯坦民族鬥爭的歷史領袖與遭到孤立的巴勒斯坦當局總統，因醫療併發症在巴黎醫院去世。雖然巴勒斯坦人哀悼阿拉法特，但布希政府堅持認為，阿拉法特的死為巴勒斯坦人開啟機會，使他們能選舉「不與恐怖妥協」的新領袖。二〇〇五年一月九日，巴勒斯坦人選出新總統。法塔赫領袖馬哈茂德・阿巴斯以百分之六十三的絕對多數繼承阿拉法特的職位。布希政府對於選舉結果表示歡迎，並且宣布阿巴斯是個可以合作的人選。但以色列總理夏隆卻拒絕與阿巴斯協商。

二〇〇五年，夏隆宣布將從加薩走廊撤離所有以色列部隊與屯墾區居民。以色列在加薩的據點無法防守，數千名士兵很難在一百四十萬充滿敵意的巴勒斯坦人當中為八千名屯墾區居民提供保護。撤離加薩獲得以色列軍方與選民的支持。這使夏隆有更大的自由忽視「路線圖」，而他也宣稱將提出自己的和平方案。夏隆為了確保順利移交加薩而拒絕與巴勒斯坦當局協商。結果，當以色列人於二〇〇五年八月完全撤離時，他們在加薩走廊創造了一個危險的權力真空，平白無故讓哈馬斯獲得重大勝利。這個伊斯蘭主義政黨很自然地把以色列撤離加薩說成是自己多年抵抗的成果。

直到二〇〇六年一月巴勒斯坦立法議會選舉，哈馬斯才取得真正的戰果。這場選舉的兩大政黨分別是馬哈茂德・阿巴斯領導的法塔赫與易司馬儀・哈尼亞領導的哈馬斯。西方新聞界與決策者普遍預期哈馬斯會獲得強烈支持，而且削弱法塔赫在巴勒斯坦立法議會的多數局面。然而，哈馬斯的大勝卻震撼了巴勒斯坦人與國外觀察家。哈馬斯在一百三十二個席次中囊括七十四席絕對多數，法塔赫僅維持四十五席。巴勒斯坦領土分成西岸與加薩走廊，分別由不同的當局治理：法塔赫行政機構與哈馬斯國會。更複雜的是，一個遭美國與歐盟官方杯葛，而且被認定為恐怖主義組織的政黨，居然在國際監察團體認定的自由而公正的選舉中勝出，並且將組成巴勒斯坦下一任政府。這對美國的反恐戰爭來說是粉碎性的反轉，巴勒斯坦人將為此付出代價。

哈馬斯新政府總理哈尼亞公開反對四方集團政策。哈尼亞拒絕承認以色列、拒絕終止武裝抵抗而且拒絕接受「路線圖」的願景。結果，四方集團切斷對巴勒斯坦當局的一切援助。用西方的話說，除非哈馬斯願意「揚棄恐怖」，否則歐盟與美國不會援助哈馬斯領導的巴勒斯坦當局——就算是民選政府也一樣。

在黎巴嫩，伊斯蘭主義真主黨也證明反以色列與反美的政治立場深受選民歡迎。真主黨的得勢令布希政府大吃一驚，因為布希政府先前還以黎巴嫩做為在敘利亞壓迫下民眾成功維護自身民主權利的典範。

二○○五年二月十四日，前黎巴嫩總理拉菲克．哈里里遇刺身亡，引發了黎巴嫩民主運動。四個月前，哈里里為抗議敘利亞干預黎巴嫩內政而辭去總理職務，他因此成為眾所矚目的人物。但是殺害他的行為極其暴力，即使是飽經戰亂的黎巴嫩人也感到震驚。當天，哈里里的車隊沿著平日從國會返回寓所的路線行經濱海飯店區時，行兇者引爆重達一噸的汽車炸彈。哈里里與其他二十一人死亡，包括政治人物、保安與司機，還有無辜的旁觀者。

在哈里里的兒子薩德帶領下，黎巴嫩舉行國喪，薩德明白表示，敘利亞要為他父親的慘死負責。行刺事件引發數波群眾示威抗議，黎巴嫩政局陷入癱瘓。三月十四日，一百萬黎巴嫩人湧入貝魯特鬧區要求敘利亞從黎巴嫩撤軍。這場民眾大規模遊行成為六年後阿拉伯之春革命的開端。這場運動獲得美國的全力支持，美國指控敘利亞贊助恐怖主義。在龐大國際壓力下，敘利亞政府同意結束近三十年的占領，將士兵與情報人員撤出黎巴嫩。四月二十六日，最後一批敘利亞部隊離開黎巴嫩。

二〇〇五年五月與六月，黎巴嫩民眾選舉新國會。布希政府讚揚此次選舉是美國在阿拉伯世界提倡民主政策成功的明證。薩德．哈里里領導的反敘利亞聯盟在國會一百二十八個席次中取得七十二席。然而，什葉派民兵真主黨穩穩掌握十四席，聯合其他親敘利亞政黨後在黎巴嫩政壇形成強大的反對勢力。即使在黎巴嫩，公開敵視美國的政黨也能獲得民眾支持。

對伊斯蘭主義政黨而言，反對以色列可以獲得政治上的好處。事實上，只要持續大膽地攻擊猶太國，巴勒斯坦哈馬斯與黎巴嫩真主黨就能獲得廣大的政治支持。他們也把攻打以色列收復穆斯林土地視為自己的宗教責任。二〇〇六年夏天，這兩個黨升高對以色列的攻擊，卻為加薩走廊與黎巴嫩帶來災難性的結果。

二〇〇六年六月二十五日，一群哈馬斯活動分子從埃及邊界附近的隧道進入以色列，攻擊以色列陸軍哨站。他們殺死兩名士兵，打傷四名士兵，然後俘虜一個名叫吉拉德．沙利特的年輕士兵返回加薩。六月二十八日，以色列士兵進入加薩，並且在第二天逮捕六十四名哈馬斯官員，包括八名巴勒斯坦內閣成員與二十名民選巴勒斯坦立法議會議員。哈馬斯向以色列發射自製火箭，以色列則部署空軍轟炸巴勒斯坦目標。衝突造成十一名以色列人與四百多名巴勒斯坦人死亡，二〇〇六年十一月，雙方停火。

真主黨對以色列的戰爭引起以色列對黎巴嫩發動不成比例的攻擊。二〇〇六年七月十二日，真主黨戰士越界進入以色列，攻擊兩輛巡視以黎邊界的吉普車。他們殺死三名士兵，打傷兩名士兵，另外又抓走兩名士兵。這起無故攻擊事件引發長達三十四天的衝突，以色列地面部隊大舉入侵南黎巴嫩。以色列空軍轟炸重要基礎設施而且將貝魯特南部郊區的什葉派社區夷為平地，估計有一百萬名民眾流離失所。真主黨戰士在黎巴嫩南部山區與以色列軍隊激戰，而且持續朝以色列發射飛彈，迫使數千名以色列人撤離衝突區域。

黎巴嫩政府轉而求助於美國。畢竟布希政府曾經宣揚黎巴嫩是中東的典範，而且曾於二〇〇五年全力支持黎巴嫩要求敘利亞撤軍的主張。但到了二〇〇六年，美國卻不願干預以色列，甚至也不願要求停火。由於以色列對抗的真主黨在美國眼中是恐怖主義組織，因此布希政府拒絕約束盟邦以色列。事實上，當密集轟炸黎巴嫩導致以色列彈藥耗竭之時，美國政府還補給以色列雷射導引武器與集束炸彈。八月十四日，連續三十四天的衝突結束，總計空襲造成超過一千一百名黎巴嫩民眾與四十三名以色列民眾死亡。在作戰人員方面，聯合國估計有五百名真主黨民兵被殺，以色列軍方報告有一百一十七名以色列士兵死亡。

二〇〇六年的夏季衝突證明美國對阿拉伯民主體制的支持是有限的，對以色列的支持卻是無限。事實上，布希政府只承認能讓親西方政黨掌權的選舉結果。美國支持以色列對抗涉及恐怖主義的政黨，無論行動如何不成比例。而美國與以色列譴責哈馬斯與真主黨也進一步鞏固這兩個政黨在國內的地位。伊斯蘭抵抗運動非但未因挑起與以色列的戰端而遭受責難，反而因為堅定反對布希、以色列與美國的反恐戰爭而在國內與阿拉伯世界獲得更大的支持。

二〇〇八年十一月，歐巴馬贏得總統大選，美國進入與阿拉伯及伊斯蘭世界進行建設性交往的新時代。新總統在就任的一百天內提出一連串政策，試圖緩和七年來反恐戰爭造成的地區緊張。美國總統歐巴馬著手縮減部署在伊拉克的美軍人數，並且與布希政府迴避的國家重新建立關係，例如敘利亞與伊朗。

二〇〇九年六月，歐巴馬在開羅大學演說時針對與阿拉伯及伊斯蘭世界進行建設性交往的新政策做了最清楚的說明：「我來這裡是為美國與世界各地的穆斯林尋求新的開始，一個基於互惠與相互尊重的開始。」歐巴馬對著台下專注的聽眾說道：「我們必須持續努力彼此聆聽、彼此學習、彼此尊重，並且尋求共識。」雖然阿拉伯世界許多人態度保留，他們等著看歐巴馬是否言行一致，但他的訊息對於多年來做為反恐戰爭震央飽受磨難的地區來說，無疑帶來久旱逢甘霖的感受。

雖然歐巴馬獲得二〇〇九年諾貝爾和平獎，但他在八年任內仍持續在穆斯林世界進行戰爭。他一方面減少伊拉克美軍人數——最後一批美軍部隊於二〇一一年十二月離開巴格達——但另一方面卻增加阿富汗的美軍人數，巔峰時高達十萬人，而且直到二〇一四年才結束軍事行動，使阿富汗成為美國對外戰爭最久的國家（二〇〇一～二〇一四年）。最具爭議的是，歐巴馬在巴基斯坦、索馬利亞、葉門與利比亞加強無人機攻擊。小布希總統授權五十餘次無人機攻擊，殺死二百九十六名作戰人員與一百九十五名平民，但歐巴馬總統卻授權五百多次無人機攻擊，殺死三千零四十名作戰人員與數百名平民。[10]歐巴馬授權的最重要鎖定目標狙殺發生於二〇一一年五月二日，美國突擊隊員在巴基斯坦阿伯塔巴德的祕密巢穴擊斃賓・拉登，之後將他的屍體丟入海中。九一一事件之後，小布希總統訴諸蠻荒西部正義，宣稱他要逮到賓・拉登，「死活不論」。反恐戰爭策劃者沒做到的，諾貝爾和平獎得主做到了。

相較於賓・拉登與西方衝突時獲得的顯赫名聲，這位蓋達領袖被殺在阿拉伯世界卻未產生激烈的反應。二〇一一年阿拉伯世界發生的事件，使西方的衝突與意義為之失色。隨著突尼西亞總統宰因・阿比丁・賓・阿里與埃及總統穆巴拉克的下台，阿拉伯世界進入希望與危險的轉變時刻，西方稱之為阿拉伯之春。

發生於二〇一一年一月與二月的突尼西亞與埃及革命創造了阿拉伯之春。這兩起革命提供人民反叛的語言與策略，激勵阿拉伯世界各地民眾群起仿傚。相同的口號首先出現於突尼西亞，接著出現在埃及，然後是利比亞、巴林、葉門與敘利亞：他們對戀棧權位的專制統治者高喊「滾蛋！」在四處寫下「人民想要打倒政權！」他們使用的策略包括透過社群網站動員群眾，社群網站使組織者規避治安單位，使抗爭者占領市中心公共空間，例如突尼斯的布爾吉巴大道與開羅的解放廣場，並且發動二十四小時不間斷抗爭，直到獨裁者下台為止。抗爭的規模給予阿拉伯民眾信心，使他們持續挑戰施加壓迫的專制統治者。阿拉伯世界各地首都的抗爭者堅稱，他們不再畏懼他們的政府。他們認為每個發起阿拉伯之春暴動的國家，都能重演突尼西亞與埃及抗爭者取得的成功。

阿拉伯之春抱持著一種信念，以為所有的阿拉伯國家是同質的，同樣的革命模式可以適用所有阿拉伯國家，然而事實證明阿拉伯之春的謬誤。大家不久便發現，格達費的利比亞幾乎不存在任何國家機構，因此與存在順尼派什葉派爭議的巴林完全不同，也與擁有悠久地方主義傳統的葉門有差異，更與由居於少數的阿拉維社群統治的敘利亞毫無類似之處。各地域勢力在國內造成的限制與干預使二〇一一年發生革命的六個國家之間毫無共通點：反革命、內戰、地區衝突與跨國界哈里發國出現。起初的解放運動隨即淪為現代中東歷史上最嚴重的政治與人道危機。

突尼西亞與埃及革命成功不到幾個星期，巴林的反革命力量便開始反撲阿拉伯之春。巴林年輕人興奮地追隨突尼西亞與埃及的發展。他們在巴林線上進行互動，這個社群媒體網站提供虛擬聚會所讓人安全而匿名地交換政治觀點。到了二〇一一年，巴林線上已有數十萬人上線。二〇一一年一月二十六日，也就是埃及民眾聚集於解放廣場的第二天，巴林線上有人發文：「我們也選一天在巴林發動人民革命。」二月十四日顯然是大家都同意的選擇，這一天關聯著這個島嶼王國高度的期待與幻滅的希望。[11]

十年前，二〇〇一年二月十四日，巴林政府舉行國民行動憲章公投，以解決多年來因改革承諾而起的政治抗爭。這份憲章保證恢復巴林的民選國會、加強巴林的一九七三年憲法與賦予巴林高度民主的立憲君主制。許多巴林民眾投下贊成票，百分之九十八點四的選民同意，這顯示巴林國內什葉派與順尼派對這個議題有高度共識。

國民行動憲章帶來的強烈希望剛滿一年就遭到背棄。二〇〇二年二月十四日，巴林統治者哈邁德·賓·伊薩·阿勒哈利法謝赫（統治期間一九九九～）以法令強制通過新憲法，建立任命制的上議院與實際上毫無權力的民選議會。新憲法把巴林變成君主國，使巴林的統治者成為國王。反對派譴責這項措施是立憲政變，將統治的阿勒哈利法家族的意志強加在人民身上。

二〇〇二年到二〇一一年，巴林內部的緊張不斷累積。雖然巴林官方未對宗教人口進行統計，但一般相信什葉派居於絕對多數，約占六十萬總人口的六成以上，其餘則是順尼派（巴林的居住人口有一百三十萬人，超過一半是外國人）。許多巴林人認為新憲法秩序使統治的少數順尼派獲得不成比例的利益。與日俱增的不平等與對政治異議分子的壓迫使民眾愈來愈反對君主制政權。

到了二〇一一年一月，巴林異議分子怨聲載道：不負責任的政府操弄教派主義分化巴林人；統治菁英貪汙腐敗，掠奪國家財富，強占土地；殘酷鎮壓異議人士，實施新聞檢查，限制言論自由；以外國安全部隊對付民眾（什葉派不能加入安全部隊）。巴林線上一則貼文寫著：「我們的憤怒與挫折已經沸騰。」二月十四日被宣布為「憤怒之日」，民眾抗議當局施政失當。組織者自稱為二月十四日青年運動。

憤怒之日，也就是埃及穆巴拉克喪失權力的兩天後，巴林民眾上街抗爭。安全部隊發射催淚瓦斯與實彈驅散群眾，殺死一名抗議者，打傷多名民眾。第二天，受害的抗議者葬禮引爆新一波抗爭，又造成一人死亡。群眾開始從鄰近郊區與村落湧入首都麥納瑪，並且朝著巴林線上貼文者指示的珍珠廣場前進，他們認為此地是理想的巴林解放廣場。

珍珠廣場是一座紀念碑，用來紀念一九八二年由巴林舉辦的海灣合作委員會（GCC）會議。紀念碑由六個弧狀的船帆構成，每個船帆代表海灣合作委員會的成員國（巴林、科威特、阿曼、卡達、沙烏地阿拉伯與阿拉伯聯合大公國），船帆桅頂托著一顆巨大的珍珠，回溯在發現石油之前，巴林曾經是個以採集珍珠為生的國家。由於珍珠廣場四通八達，位於市中心，而且鄰近麥納瑪周邊村落，因此自然成為巴林抗爭者的聚集地。

二月十五日，示威群眾湧入珍珠廣場，口中高喊「和平！和平！」希望阻止警察對他們開火。他們反覆說道：「人民與土地感到憤怒。我們需要一部有拘束力的憲法。」[12]群眾在廣場上紮營兩天，二月十七日，安全部隊驅散抗議民眾，造成四人死亡，數十人受傷。增加的死亡人數只是讓抗議者更加憤怒，二月十九日，安全部隊撤離後，他們再度湧入珍珠廣場。他們知道突尼西亞與埃及在運動成功之前分別造成數十人與數百人死亡，他們相信透過自己的犧牲也能取得正當政治權利。但政府的壓迫更堅定了抗議者的訴求。抗議者不再為改革而犧牲，而是進一步要求國王退位，亦即政權更替。

哈邁德國王與他的政府對於如何回應群眾出現了分歧。強硬派領袖首相哈利法・賓・薩勒曼・阿勒哈利法親王（他從一九七〇年後就一直擔任首相職位，是世界上在位最久的非民選政府領袖）想進行鎮壓。王儲薩勒曼・賓・哈邁德・阿勒哈利法與七個獲得承認的反對運動進行祕密協商，王儲提出憲政改革，希望能讓抗爭者滿意以化解危機。[13]巴林的海灣鄰邦支持首相。對沙烏地領袖來說，巴林的暴動對他們自身的統治秩序造成生存威脅。他們認為在任何一個保守的海灣君主制國家發生革命都會危及所有君主制國家的政治穩定，此外他們也在大規模什葉派穆斯林抗爭運動中看到伊朗的有害影響。沙烏地人認為，如果伊朗在巴林獲得成功，不可避免將煽動沙烏地阿拉伯產油豐富的東方省的什葉派人口暴動。沙烏地人決心在巴林革命與伊朗影響的雙重威脅生根散布之前予以圍堵與根除。

沙烏地阿拉伯與阿拉伯聯合大公國率先進行干預鎮壓珍珠廣場革命。三月十四日，在海灣合作委員會半島盾牌部隊（這支聯軍的基地設在沙烏地阿拉伯）的旗幟下，海灣國家派出二千名士兵與一百五十輛裝甲車穿過連接沙烏地阿拉伯與巴林的二十五公里（十五英里）堤道。沙烏地人與盟友為了進行干預而提出的理由反映出他們自身的恐懼：他們宣稱是為了保護巴林的主權不受伊朗影響。哈邁德國王宣布進入「國家安全狀態」，使巴林當局有權力「疏散或孤立某些地區以維持安全與公共秩序」，搜索、逮捕、取消公民身分，把認定對公共安全有威脅的外國人遣送出境。[14]

在海灣盟邦增援下，巴林安全部隊開始拆除珍珠廣場上抗爭者的帳篷。當局不僅拆掉廣場上的臨時建物，就連紀念碑本身也予以拆除，船帆與混凝土珍珠全被敲碎成瓦礫堆，然後用卡車運走。巴林外交大臣哈立德・賓・艾哈邁德・阿勒哈利法形容這次行動是「清除不好的記憶」。[15]之後則對與抗議運動相關的所有人士進行鎮壓，包括大規模逮捕、拷問、設立特別安全法庭進行審判並處以嚴酷的刑罰。巴林當局充分利用了國家安全狀態賦予給它的權限。

面對鎮壓引起的國際批評，哈邁德國王的讓步是授權獨立調查委員會調查巴林暴動與鎮壓行動。委員會由聲譽卓著的埃及裔美國法學教授謝里夫・巴西奧尼主持，對巴林進行了史無前例的法律檢視。委員會厚達五百頁的詳細報告於二〇一一年十一月公布，當中提到有數百人遭受不公正的指控與失衡的判決，還有「強制失蹤」的案例，有些被監禁者數星期不能與家人或律師見面，六十起拷問，五名被監禁者因拷問而死亡。[16]國王承諾懲處施虐者、進行改革，並且在二〇一一年深刻的分裂事件後進行全國和解。但巴西奧尼報告最後還是無疾而終，巴林當局依然訴諸壓迫不做任何改革。

巴林政府成功鎮壓珍珠廣場的抗議民眾，顯示從突尼西亞與埃及興起的阿拉伯之春已到了盡頭。民眾就算聚集充足的人數也不一定能推翻政權，勝利也絕非不可避免的結果。巴林這個海灣小國充分證明只要讓武裝部隊持續效忠統治者而且願意對抗議民眾開槍，就能順利克服革命。反革命始於二〇一一年三月的巴林，到了二〇一三年七月的埃及達到巔峰。如果阿拉伯之春讓人民失去對政府的恐懼，那麼反革命則是重新恢復這份恐懼。它將使隨後的暴亂——利比亞、葉門與敘利亞——變成一場血腥屠殺。

巴林暴亂爆發數天後，阿拉伯之春來到了利比亞。一九六九年以來，自封為利比亞「敬愛的領袖」

的格達費（他拒絕接受「總統」頭銜）一直透過殘酷的鎮壓而非利比亞人民的共識掌握權力。在突尼西亞與埃及革命的激勵下，利比亞人起而反叛已統治四十一年的獨裁者，為二〇一一年阿拉伯的覺醒開啟暴力的新篇章。

二月十五日，利比亞東部城市班加西爆發示威抗議，安全部隊毆打抗議民眾，數十人受傷。利比亞活動分子仿傚埃及與巴林組織者的做法，訂二月十七日為憤怒之日。抗爭蔓延到全國與利比亞首都的黎波里。憤怒群眾縱火焚燒官署與警局。安全部隊用實彈對付抗議民眾，打死了八十幾人。二月二十日，獨裁者的兒子與可能的接班人賽義夫．格達費在電視上威脅利比亞叛亂分子。「他對著鏡頭搖搖手指頭，輕蔑地說，『你們不要對八十四名死者哭泣，你們將為數十萬名死者哭泣，未來將血流成河。』他提到利比亞時彷彿那是他家的私產。『這個國家是我們的。』」[17]

局勢很快脫離政府的控制。二月二十七日，格達費政權的反對者以利比亞第二大城班加西為基地，建立了統治的國家過渡委員會（NTC）。利比亞東半部的武裝部隊與安全部隊紛紛倒戈加入日漸有組織想推翻格達費政權的暴亂分子行列。然而，絕大部分的武裝部隊仍效忠政權。利比亞革命從一開始就獲得武裝，因此很快顯現出內戰的態勢。

從暴動一開始，叛軍的聲勢就不斷上漲。他們鞏固了位於班加西與利比亞東部沿海地區的據點，採用了革命前的利比亞旗幟：紅、黑、綠三色橫旗，黑色橫帶中間是白色的伊斯蘭五芒星與新月。數千名民眾自願從軍，他們的熱情有餘，但紀律與訓練明顯不足，儘管如此，他們卻充實了異議分子的部隊行列。志願軍開著改裝的小卡車，上面安裝重機槍，浩浩蕩蕩地從班加西基地出發，前去占領重要的沿海城市，包括煉油港口布雷加與拉斯拉努夫。到了二月底，叛軍已經控制班加西以東的沿海地區，進逼的黎波里附近的重要城市米蘇拉塔。班加西各處立起了目空一切的廣告牌，上面用粗紅字體寫著「不要外力干預」，旁邊圍繞著以版面模子印刷的戰爭武器。「利比亞人靠自己就能做到。」然而，預期格達費會跟班·阿里與穆巴拉克一樣自行退位，顯然是過於天真。

挑戰格達費政權的聲勢愈來愈大，而這位利比亞獨裁者表現出來的是憤怒而非恐懼。他在的黎波里進行全面壓制。當局發動親格達費的群眾到的黎波里市中心綠色廣場集會，數千名利比亞人高喊支持敬愛的領袖，反對叛軍。格達費依然掌握武器最精良與訓練最精實的部隊。二月二十二日，格達費發表冗長而毫無重點的演說，他貶抑叛軍是「老鼠與蟑螂」，誓言將「踏遍每條街巷，挨家挨戶，每一寸都不放過」，一定要將這些人獵捕殆盡。這是格達費反革命的開始。

在三月的前兩個星期，政府軍在幾場決定性交戰中擊敗叛軍。當格達費的軍隊接近叛軍在班加西的據點時，國際社會擔心可能會發生大屠殺。此時的叛軍已不像二月時那樣妄自尊大，他們公開呼籲國際社會出面干預。三月十二日，阿拉伯聯盟做出不尋常的決定，居然支持叛軍對抗獲得承認的政府，聯盟要求聯合國授權在利比亞叛軍占據的地區設立禁航區。三月十七日，以阿拉伯聯盟的決定為基礎，聯合國安理會通過第一九七三號決議，在利比亞全境設立禁航區，並且授權「一切必要措施」保護利比亞平民。

聯合國決議使利比亞革命國際化。幾乎就在同時，以法國、英國與美國為首，北約開始出兵攻擊利比亞的幾個重要目標。在北約戰機的致命火力下，再加上來自約旦、卡達與阿拉伯聯合大公國的阿拉伯空軍攻擊，格達費的部隊不得不撤離班加西。戰爭的主動權從利比亞轉移到西方手中，而任務也不知不覺地從設立禁航區轉變成推翻格達費。這是阿拉伯之春革命以來首次出現由國際社會出面推翻政權。

二〇一一年春夏，儘管北約進行數千架次的轟炸，格達費的地位依然毫無動搖。八月二十日，一場重大攻勢使反對派獲得進展，這場攻勢擊潰格達費在的黎波里的防線。八月二十三日，利比亞獨裁者與他的兒子們逃出首都，叛軍歡呼勝利。國家過渡委員會獲得國際承認，成立利比亞臨時政府，並且承諾很快會過渡到立憲政府。利比亞人慶祝的黎波里解放，施放的煙火照亮了整個歡慶場面。

然而首都攻陷後戰爭依然持續。忠於格達費的部隊仍在失勢領袖的故鄉蘇爾特以及部隊據守的城鎮巴尼瓦立德與國家過渡委員會交戰。經過漫長的圍城戰，二〇一一年十月二十日，蘇爾特落入國家過渡委員會軍隊之手，格達費與兒子穆塔西姆遭到俘虜並且遭受私刑。格達費死亡的可怕影片被放在網上，他的屍體也在曾遭政府軍圍困數個月的米蘇拉塔公開示眾，藉此向利比亞人證明暴君已死——而最近一次戰鬥的死亡人數估計超過一萬五千人。

格達費的垮台並未走向新的民主秩序，而是形成權力真空。格達費身後留下一個獨特的無體制政府形式給他的人民，過去他就是憑藉這樣一個獨特制度使自己的權力不受制衡。當許多最有學識且最幹練的利比亞人從流亡地返回家鄉協助重建國家時，他們發現利比亞陷入危險的混亂，擁有武器的人比擁有理念的人更容易填補權力真空。

利比亞朝民主過渡的進程起初頗具希望。二〇一二年七月七日，大約有二百八十萬名利比亞人踴躍投票選舉二百席的大國民議會以取代國家過渡委員會。然而從一開始，伊斯蘭主義者與世俗主義者之間的派系傾軋，加上部族與地區的不合，使得利比亞政治充滿褊狹的地方意識，阻礙了國會的運作。的黎波里的民選政治人物無法控制部族民兵統治的各省。二〇一三年八月，敵對民兵爆發武裝衝突，將整座城鎮、港口城市與石油設施硬生生從政府手中搶走。

二〇一四年，利比亞在互不妥協的政治壓力下一分為二。支配大國民議會的伊斯蘭主義派系控制首都的黎波里與利比亞西部。為取代大國民議會而新選出的國民代表大會以及以總理阿卜杜拉．薩尼為首已獲得承認的利比亞政府被逐出流亡到利比亞東部。格達費時代的將領哈利法．哈夫塔爾率領利比亞國民軍支持利比亞東部的國民代表大會，至於強大的民兵則支持利比亞西部由伊斯蘭主義者支配的大國民議會。

利比亞戰爭對國家造成毀滅性的衝擊。二〇一一年到二〇一五年，衝突造成約二萬五千人死亡，超過十萬人流離失所。從造成的人類苦難與政治分裂來看，利比亞革命與二〇一一年以來的葉門經驗大致相同。

格達費死後一個月，二〇一一年十一月二十三日，統治了三十三年的葉門總統阿里．阿卜杜拉．薩利赫成為第四個垮台的阿拉伯專制統治者。

葉門革命幾乎從一開始就注定陷入僵局。葉門沿著過去兩個分離國家北葉門與南葉門（兩國於一九九〇年統一）的疆界分裂，境內也存在相當活躍的蓋達分支組織，稱為阿拉伯半島蓋達組織。不僅如此，在葉門與沙烏地阿拉伯的接壤地帶也存在一支與什葉派胡塞組織有關的武裝叛軍。一九七八年到一九九〇年，阿里．阿卜杜拉．薩利赫總統統治北葉門，並且於一九九〇年成為統一後葉門共和國的總統。基於阿拉伯專制統治者的一貫做法，他也培植自己的兒子艾哈邁德擔任接班人。葉門的「人類發展水準」是阿拉伯世界最低的，葉門人非常擔心父子繼承將使薩利赫家族的苛政一直延續下去。葉門人因此高喊二〇一一年阿拉伯革命的口號，要求薩利赫總統下台。

二〇一一年二月，數萬名抗議群眾聚集於沙那、亞丁與塔伊茲。民主活動分子在沙那大學附近搭建出一座帳篷城市，並且以開羅解放廣場為例稱之為改變廣場。《紐約時報》記者羅伯特．沃思回憶說，旗幟上寫著，「向貪汙說不，向暴政說不，人民要求薩利赫下台」，改變廣場「明確表達了葉門人的感受。它也許受到開羅解放廣場的啟發，但兩者明顯不同：改變廣場更廣大、更骯髒、更狂野。改變廣場往好幾個街區延伸開來，馬路上搭起了無止境的帆布帳篷，中央設了一座演說用的巨大舞台」。[18] 支持總統的勢力開始瓦解，軍事與部族領袖加入反對陣營。三月十八日，效忠總統的部隊朝示威群眾開火，打死五十幾名無武裝的平民。有許多支持者辭去職務加入反對派。葉門軍隊全隊叛逃到抗議民眾的行列。當國際社會要求葉門總統下台時，薩利赫更形孤立。

經過十個月的政治動盪，在海灣合作委員會居中協調與美國和歐洲各國支持下，薩利赫終於簽署協議，以立即放棄權力來換取豁免起訴。十一月二十三日，薩利赫無預警將權力移交給副總統阿卜杜拉布．曼蘇爾．哈迪。這項協議並未滿足抗議者政權更替的要求，也未解決革命期間葉門政治菁英派系分裂的問題。活動分子希望薩利赫為將近兩千個抗議者的死負責，而且認為他沒有資格獲得法律豁免權。薩利赫總統下台時，葉門幾乎沒有人慶祝，因為葉門人仍不相信他真的放棄權力。

二〇一二年二月，葉門舉行大選，許多葉門人質疑選舉的時機，因為只有一個人參選：阿卜杜拉布．曼蘇爾．哈迪。儘管如此，仍有百分之六十五的選民投票委託哈迪總統改革葉門政府與協調國內分裂的派系社群。他的努力獲得些許成果。二〇一四年一月，全國對話會議達成協議，葉門建立新聯邦組織與制定新憲法。在效忠前總統薩利赫的軍方部隊支持下，胡塞族人在葉門北方發動叛亂。許多人公開表示，薩利赫總統現在可能與他原本擔任總統時想擊潰的胡塞好戰分子結盟。

二〇一四年九月，胡塞民兵在未經抵抗下進入葉門首都沙那。胡塞派對這座城市並不陌生。胡塞派屬於扎伊迪派社群，扎伊迪派是什葉派的分支，他們的社群領袖或伊瑪目曾經以沙那為據點統治葉門數個世紀，直到一九六二年共和國革命為止。從歷史上看，扎伊迪派與伊朗的主流什葉派幾乎沒有任何接觸，他們在阿拉伯半島雖然是宗教上的少數派，在葉門卻從未遭遇教派衝突。然而在二十一世紀阿拉伯世界激烈的教派主義下，這些歷史特徵很容易遭到忽視。

雙方經過幾個月的共事，最後還是無法和平共處。二〇一五年二月，胡塞派任命一個統治委員會來取代哈迪總統，哈迪本人則是與幾名重要政府成員逃往故鄉亞丁。哈迪不願移交權力給胡塞派，因為他仍是國際承認的葉門領袖。胡塞派出兵亞丁要消滅這名流亡總統，哈迪於是逃往沙烏地阿拉伯為已經垮台的政府尋求援助。沙烏地阿拉伯對於葉門發生的危機有所警覺，認為什葉派運動的背後有伊朗的黑手操縱，因而造成阿拉伯半島南部的不安。與處理巴林問題一樣，沙烏地阿拉伯決定果斷剷除伊朗在阿拉伯半島的據點。

二〇一五年三月，沙烏地阿拉伯率領十國聯軍攻打葉門的胡塞叛軍。[19]沙烏地海軍對海岸進行嚴格禁運，防止伊朗從海路援助胡塞派。與利比亞和巴林一樣，原本是國內暴動，最後卻演變成國際衝突。二〇一五年九月，葉門政府軍在阿拉伯盟軍空軍支持下成功收復亞丁。哈迪總統回到這座南部港口城市，但他率領的是一個毫無力量的政府，葉門從此陷入南北分裂的狀態：胡塞支配的北方與哈迪統治的南方。這段期間，阿拉伯盟軍進行猛烈轟炸，將這個阿拉伯世界最貧困國家的住宅與基礎設施夷為平地。

二〇一一年後，革命、戰爭與海上禁運使葉門陷入人道危機。到了二〇一五年年底，戰爭造成國內二百五十萬人無家可歸；到了二〇一七年，估計有一萬人死亡，四萬人受傷。僥倖生存的還要面對海上封鎖造成的饑荒，葉門九成糧食來自進口，禁運意味著無糧可吃。比「失敗國家」更糟的是，葉門淪為兩個失敗國家彼此交戰的局面。[20]

利比亞與葉門的發展極為悲慘，但阿拉伯之春最可悲的篇章卻在敘利亞展開。

二〇一一年，敘利亞是少數幾個最後面臨人民暴動的阿拉伯國家。當臉書活動者首次在大馬士革動員群眾遊行時，人數不敵抗議者的安全部隊不敢輕舉妄動。此外，巴沙爾．阿薩德於二〇〇〇年繼承去世的父親哈菲茲．阿薩德的總統職位，享有一定程度的正當性與民眾支持，這點與其他阿拉伯專制統治者不同。在位十一年，阿薩德相對來說是個新面孔，而且仍擁有改革者的名聲——無論實際上他多麼不夠格。二〇一一年春天，阿薩德政權在敘利亞與約旦的邊境農業小鎮德拉逮捕與拷問一群青少年，粉碎了阿薩德的改革者形象。

三月的某一天，一群叛逆的青少年在德拉牆上噴上二〇一一年阿拉伯革命的標語，上面寫著「人民想要打倒政權」。這個小小的反抗舉動，在阿拉伯之春那年根本無足輕重，但阿薩德政權做出的回應卻引爆革命。

阿薩德政權對於阿拉伯世界出現革命早有警覺，即便是輕微的異議也絕不寬貸。祕密警察逮捕十五名年齡在十到十五歲之間的男孩，罪名是異議塗鴉。憂心忡忡的父母先是向政府請願釋放他們的孩子，然後上街公開遊行。安全部隊以實彈鎮壓德拉的抗議者，在造成多人死亡後才同意釋放被拘禁的青少年以回復秩序。被釋放的男孩身上明顯有拷問的傷痕。他們絕大多數被拔掉了指甲。

受虐的德拉孩童被釋放後非但未能平息情勢，反而引發怒火。數千名鎮民發動敘利亞近年來史無前例的大規模抗爭，拆掉所有與阿薩德政權有關的象徵。軍隊加強鎮壓，他們衝進抗議者做為基地的清真寺，殺死五個人。當群眾集結起來埋葬死者時，抗爭的規模更加擴大。光是三月的最後一個星期，就有超過五十五名德拉鎮民死亡。

敘利亞各地民眾密切關注德拉事件。許多像德拉一樣經濟蕭條的小鎮都覺得自己遭政府遺忘，但他們因為害怕當局報復而敢怒不敢言。二〇一一年春天的革命氣氛使敘利亞人變得大膽，他們勇於表達異議並且要求改變。他們開始組織抗爭，為每一天命名，大馬士革一名單親媽媽薩瑪爾·雅茨貝克在二〇一一年三月二十五日開始撰寫敘利亞革命日記，她把這一天命名為「尊嚴星期五」，而且捕捉了暴動之初即出現的激烈暴力：

今天，尊嚴星期五，敘利亞各個城市都出現示威抗爭。超過二十萬抗議民眾哀悼德拉的死難者。德拉郊外整村的村民都前往南方墓地致哀。十五人被殺害。在霍姆斯，三人被殺。拉塔基亞出現死傷……軍隊圍住德拉，只要看到有人走動就開槍。在薩納麥因，軍隊進行屠殺，殺死了二十人。[21]

從後見之明來看，雅茨貝克支持暴動是一件令人訝異的事，因為她與阿薩德總統一樣都來自阿拉維宗教社群。然而，在革命剛開始的幾個月，敘利亞所有社群，無論是穆斯林、基督徒、阿拉維派還是德魯茲派，全都要求改革。直到革命演變成內戰，教派主義才重新抬頭。

敘利亞革命的初始階段，抗議者採取非暴力手段。他們要求廢除一九六三年以來的緊急狀態法，希望能恢復民眾的政治權利與人權。他們使用的是敘利亞民族主義者反對法國託管的旗幟，綠、白、黑三色橫旗，白色橫帶中間有三個紅星（敘利亞官方使用的是一九五八年到一九六一年與埃及合併時的旗幟，紅、白、黑三色橫旗，白色橫帶中間是兩個綠星）。他們從小城鎮起事，大城市的同胞在他們的激勵下也一同高舉旗幟要求改革。

無論示威群眾如何平和，阿薩德政權早已決定要用武力鎮壓。與其他反革命國家一樣（巴林、利比亞與葉門），大多數軍人仍忠於總統，而且會對民眾開槍。愈來愈多的異議士兵為了抗議指揮官下令對手無寸鐵的民眾開槍而脫離軍隊。二〇一一年七月，一群軍方叛逃者組織了「自由敘利亞軍」向阿薩德政權發動武裝叛亂。從非暴力轉變成武裝抗爭，敘利亞革命由此演變成全面性的內戰。

敘利亞衝突的死亡數字反映了從革命轉變成內戰的完整意義。聯合國報告指出，敘利亞內戰第一年的死亡人數是五千人。到了二〇一二年年底，死亡人數暴增到四萬人。到了二〇一四年夏天，聯合國估計死亡人數達到十九萬一千人，而在二〇一六年，也就是經歷了五年內戰之後，死亡人數已超過四十萬人。死亡人數雖然驚人，卻只反映敘利亞人一部分的苦難。二〇一六年，衝突已讓敘利亞半數人口流離失所。敘利亞國內有六百一十萬人無家可歸，另外四百八十萬人則逃往國外避難：約旦、黎巴嫩、土耳其與歐盟。[22]敘利亞人與國際社會努力想解釋阿拉伯之春革命何以導致如此糟糕的局面。

抗議者與國際社會忽略敘利亞國內的限制導致政權難以推翻。無論對手如何辱罵，巴沙爾・阿薩德一直在敘利亞擁有絕大多數民眾的支持。敘利亞的少數族群，阿拉維派、德魯茲派與基督徒，構成總人口二千二百萬的百分之二十五。絕大多數敘利亞人是順尼派穆斯林，估計占了總人口百分之七十五。許多少數族群相信巴沙爾・阿薩德以及他的阿拉維派政府能保護他們不受保守的順尼派穆斯林歧視。阿薩德也獲得比較傾向於民族主義、世俗主義的順尼派穆斯林的大力支持，這些人都是執政的復興黨黨員。此外，軍方與安全部隊所有成員全支持阿薩德政權，而阿薩德的支持基礎也較為廣大，但敘利亞內部分崩離析的狀況遠比許多外國分析家所想的來得嚴重。

阿薩德政權一直較為團結，反對派則分崩離析。敘利亞內戰期間，數十支反對派民兵挑戰阿薩德政權，有主張民主改革的公民社會團體，也有想創建伊斯蘭國家的強硬路線薩拉菲派。這些叛軍團體經常目的相左而且彼此爭奪地盤。另一方面，阿薩德政權要比它對抗的勢力來得更具凝聚力。阿薩德政權愈受威脅，領導核心就愈鞏固。對阿薩德政權及其黨羽來說，勝利攸關生存。這場衝突不只是贏者全拿的問題，而是輸家必死。這份恐懼源自於阿拉維派、復興黨人以及其他與阿薩德政權相關的人士害怕遭種族滅絕，而這也解釋了阿薩德政權何以不惜一切要保住權力，以及寧可讓全國化為焦土也不願投降的心態。

最後，敘利亞衝突迅速國際化，地區與全球強權紛紛干預以維護自身利益。伊朗從一九八〇年以來就與敘利亞有著特殊關係，兩伊戰爭開打之時，敘利亞脫離阿拉伯國家陣營支持伊朗。敘利亞內戰之初，德黑蘭也無條件支持阿薩德政權，黎巴嫩什葉派民兵真主黨則從旁協助。伊朗革命衛隊與真主黨戰士在敘利亞支持久戰兵疲的敘利亞正規軍應付多個戰線的衝突。沙烏地阿拉伯及其海灣盟邦則試圖抵銷伊朗的影響力，它們支持保守的順尼派穆斯林民兵，提供他們武器軍火。土耳其提供基地給想推翻阿薩德政權的自由敘利亞軍與敘利亞政黨，並且派兵進入敘利亞境內，阻止對抗阿薩德政權的敘利亞庫德族民兵取得戰果。美國與歐洲盟邦提供有限協助給特定的反對派政黨與民兵，其行徑與土耳其和海灣國家如出一轍。

二〇一五年九月，俄羅斯派空軍支援阿薩德政權，此舉顯示西方干預敘利亞衝突的局限。俄羅斯在敘利亞有清楚的利益，因此斷然採取行動保護自身的利益。敘利亞將自己在東地中海僅有的一座海軍基地提供給俄國使用，還有一座平台可監聽中東的訊息情報。敘利亞是俄羅斯在阿拉伯世界的最後一個盟邦。如果阿薩德垮台，俄國將失去在敘利亞所有的影響力，而這將大大削弱俄國在中東的地位。

俄國對叛軍據點進行空襲，不僅對敘利亞軍隊提供了戰略援助，也提振了政府軍的士氣。普丁政府公開表示不會坐視阿薩德政權垮台。西方列強譴責俄國干預，但美國與歐洲各國都不願與俄國直接對峙，也不願將自己的部隊投入敘利亞戰場。與俄羅斯相比，西方對敘利亞叛軍的支持相形見絀。阿薩德政權採取的戰略是與俄國和伊朗聯手對付國內叛軍，讓美國及其盟邦處理另一個想爭奪敘利亞控制權的組織——伊斯蘭國。

二〇〇三年後，伊拉克的順尼派穆斯林團體反抗美軍占領，伊斯蘭國便是從這些團體（特別是伊拉克蓋達組織）中產生的。在阿布·穆薩布·扎卡維領導下，伊拉克蓋達組織以極端暴力對付西方人與什葉派，因此惡名遠播。二〇〇六年扎卡維去世，繼任者將組織改名為伊拉克伊斯蘭國。伊斯蘭國利用伊拉克（順尼派與執政什葉派政府之間的對立難以化解）與敘利亞（四面受敵的阿薩德政權努力想守住自己的核心領土）政府控制力的崩潰，為中東國家體系帶來一個世紀以來的最大挑戰。[23]

從二〇一一年開始，伊拉克伊斯蘭國和參與敘利亞內戰的蓋達分支組織結盟，二〇一二年一月，後者改名為努斯拉陣線。二〇一三年，蓋達領導階層反對努斯拉陣線遭伊斯蘭國惡意接管。伊斯蘭國不予理會，仍然將國名改為伊拉克與沙姆伊斯蘭國（Islamic State in Iraq and al-Sham, ISIS）。沙姆（al-Sham）是阿拉伯文，指大馬士革城與早期伊斯蘭時代由大馬士革支配的大敘利亞之地（這塊領土包括今日的黎巴嫩、敘利亞、約旦與以色列／巴勒斯坦）。[24]二〇一四年六月二十九日，在攻取了順尼派核心安巴爾省的重要城市與伊拉克第二大城摩蘇爾後，伊斯蘭國領袖阿布・貝克爾・巴格達迪自稱為哈里發或全球順尼派穆斯林社群的精神領袖。他的軍隊開著推土機穿過伊拉克與約旦疆界，宣稱他們的哈里發國不承認國家疆界。伊斯蘭國建都於敘利亞東部城市拉卡，控制的領土橫跨伊拉克與敘利亞，絕大部分是廣袤但人煙稀少的地區。

伊斯蘭國的進逼使敘利亞內戰進一步國際化。伊斯蘭國很快以使用極端暴力對付敵人與異教徒而聞名於世。伊斯蘭國戰士將外國俘虜斬首與針對亞茲迪少數族群進行的種族滅絕行為透過影片如實傳送到世界各地，令全球民眾大為震驚。伊斯蘭國也成功招募世界各地的激進穆斯林活動分子加入，引起從華府到北京的安全關注。伊斯蘭國開始宣稱在歐洲與美國發生的恐怖攻擊事件是他們所為。亞洲與非洲伊斯蘭國分支也對這個自封的哈里發國效忠。西方致力圍堵伊斯蘭國為反恐戰爭開啟了全新的篇章，而其中心焦點在敘利亞與伊拉克。

敘利亞領土四分五裂，分別由阿薩德政權、反對運動、東北方的庫德族人與伊斯蘭國控制。新的敵人也區隔出幾個交戰陣營，美國與歐洲盟邦專注於擊敗伊斯蘭國，土耳其致力於圍堵敘利亞庫德族人，而俄羅斯與伊朗則協助阿薩德政權擊敗反對派。各方勢力匯集於此，說明敘利亞為什麼會成為反革命衝突最劇烈的地區。

反對阿拉伯之春的反革命運動，決定性的一章發生在埃及。

一月二十五日運動成功推翻統治三十年的穆巴拉克，使埃及與阿拉伯世界燃起希望，準備迎接公民權利與責任政府的新時代。穆巴拉克一下台，埃及隨即進入狂熱的政治發展期。埃及軍方託管了政府，充滿企圖心地設定六個月的修憲時程以選舉新政府。

穆斯林兄弟會是埃及歷史最悠久的反對黨，也是埃及最強有力的政治組織。年輕組織者善於動員群眾示威遊行，卻毫無制度基礎，也沒有政治經驗。他們創立數十個政黨，但規模都微不足道，使得組織較嚴密的伊斯蘭主義政黨在這個過渡時期支配了政壇。由於埃及人懷疑穆斯林兄弟會陰謀將埃及轉變成伊斯蘭國家，因此為了避免較世俗的埃及人的猜忌，穆斯林兄弟會領導階層不尋求國會多數，也不競選總統。在這個基礎上，解放廣場的其他運動組織便接受穆斯林兄弟會做為有助於埃及政治改革的夥伴。

事實上，在二〇一一年十一月的大選中，穆斯林兄弟會獲得最多席次，達到百分之四十，第二大黨則是較為保守的薩拉菲伊斯蘭主義「光明黨」。由於民選議會絕大多數席次都在伊斯蘭主義者手中，世俗傾向的埃及人開始擔心他們非但得不到自由主義憲法，反而會得到一部伊斯蘭主義憲章，埃及民法將被伊斯蘭律法取代。

當穆斯林兄弟會違反先前的承諾，由穆罕默德．穆爾西出馬競選總統時，更加深了民眾對穆斯林兄弟會的懷疑。身為兄弟會資深成員，穆爾西是個在美國受教育的工程師。他與前總理同時也是穆巴拉克的親信艾哈邁德．沙菲克一同競選。對自由派埃及人來說，這是最糟糕的選擇，他們必須在穆斯林兄弟會成員與舊體制成員之間做決定。他們最後認為改變比世俗主義來得重要，二〇一二年六月三十日，穆爾西宣誓成為埃及第五任總統，也是第一任民選總統。

穆爾西只當了一年總統。與日俱增的專制傾向使他喪失民心。二〇一二年十一月，穆爾西發布總統令，賦予自己高於法院的權力，並且自稱為埃及革命的守護者。他主持制憲會議，但科普特基督徒、世俗與自由派埃及人全退出會議以抗議該會的非自由派與伊斯蘭主義傾向。剩下的制憲會議成員幾乎清一色是伊斯蘭主義者，他們於二〇一二年十一月三十日通過憲法草案，然後隨即在十二月十五日到二十二日之間進行公投。自由派人士要求杯葛公投，但選舉最後還是有效，儘管投票率只有百分之三十三。投票的選民中確實有百分之六十四投下贊成票。十二月二十六日，總統穆爾西簽署新憲法，他證實了自由派改革者的恐懼，穆斯林兄弟會綁架了他們的革命。

二〇一三年上半年，反對穆爾西總統的聲浪愈來愈大。新一波自稱為「反抗」（Tamarod）的運動開始進行全國性的請願，要求穆爾西下台。反抗運動擬定目標，希望在六月二十九日，也就是穆爾西就職一週年前夕獲得一千五百萬份連署，據說最後結果超出了他們的目標，超過二千二百萬份連署要求穆爾西辭職。這個數字未獲證實，新聞報導引用某些人的說法，他們宣稱他們簽了二十幾份連署書。無論連署的過程是否造假，請願運動本身讓自由派聚集於解放廣場，他們進行大規模示威遊行要求穆爾西下台。

埃及軍方利用反抗運動干預埃及政局。許多分析家相信，軍方積極煽動請願運動進行。從一九五二年自由軍官團革命，到穆爾西贏得總統大選，這段期間一直是由軍方統治埃及，每一任總統都是軍人出身：納瑟爾與沙達特來自陸軍，穆巴拉克來自空軍。六十年來，軍方勢力早已滲透到埃及的政治與經濟層面。穆爾西政府與穆斯林兄弟會支持者對軍方利益構成真正的威脅，軍方高層於是迅速利用埃及民主實驗混亂的機會，重新掌控與捍衛他們的利益。

埃及軍方向穆爾西下達最後通牒，要求在四十八小時內回應埃及人民的正當要求，否則就要面臨軍方干預。這是個難以接受的要求，穆爾西拒絕了。七月三日晚間，國防部長阿布杜勒·法塔赫·塞西將軍透過電視轉播宣布穆爾西遭到罷黜，職務由憲法法院院長阿德利・曼蘇爾暫代。穆爾西與幾名重要官員遭到逮捕並且監禁於祕密地點。這是典型的政變，但武裝部隊及其支持者卻憤怒地否認這點。在開羅與全國各地，民眾上街慶祝軍方的行動是對民眾正當需求的尊重——這是二次革命。

事實上，七月三日政變是埃及激烈反革命的開始。一夜之間，主政的穆斯林兄弟會從執政黨變成非法組織，領袖要不是遭到逮捕就是逃亡。兄弟會在埃及的據點遍布各地，在他們看來，軍方違憲而且不正當地奪取了民選總統的權力，兄弟會成員為此感到憤憤不平。他們聚集在開羅與亞歷山卓的清真寺，徒勞地採取阿拉伯之春的模式，占據中心位置，直到民眾的期望獲得尊重。

軍方與支持者人數遠超過兄弟會。絕大多數埃及人對於兄弟會未能尊重選前承諾感到幻滅，穆爾西拙劣的專制主義也讓民眾有所警覺。不僅如此，埃及一般民眾也對革命的混亂感到厭倦。民眾希望恢復正常生活，希望重振經濟，希望繼續工作賺錢過活——過去兩年的革命風潮打亂了民眾的生活步調。民眾相信軍方能恢復秩序，他們信任軍人。

接下來是現代埃及政治史最暴力的篇章。經過六個星期的抗爭，二〇一三年八月十四日，軍隊攻擊開羅兩處穆斯林兄弟會據點：拉巴・阿達維亞清真寺與納達廣場。安全部隊使用實彈攻擊平民，一天之內殺死多達一千名被罷黜總統的支持者。[25]軍事當局宣布進入緊急狀態與實施宵禁。法律遭到擱置，當局加強鎮壓穆斯林兄弟會，逮捕數千人。九月，政府宣布穆斯林兄弟會為非法組織，凍結它的資產，十二月，當局宣布兄弟會是恐怖主義組織。法院判處前總統穆爾西、兄弟會最高導師穆罕默德・巴迪亞與數百名下層軍官死刑；超過二萬名伊斯蘭主義者遭逮捕與囚禁。[26]

當埃及軍方瓦解穆斯林兄弟會權力時，總司令塞西將軍的民眾支持度也一路攀升。支持者將他比擬成納瑟爾，激勵了他的政治野心。二〇一四年三月，塞西辭去軍職，使他有資格參選總統。他唯一的競爭者是沙達特與穆巴拉克時代的反對派活動分子哈姆丁．薩巴希。二〇一四年五月，塞西在總統大選中贏得百分之九十六的壓倒性多數。雖然身上穿著文職服裝，但塞西無疑代表著軍事統治重回埃及政壇。

埃及的反革命圓滿完成。對許多人來說，二〇一一年一月二十五日運動彷彿從未發生過。公民權利與責任政府也煙消雲散，因為阿拉伯人民為了追求穩定寧可放棄政治自由的希望。在埃及與巴林的政治騷動中，在利比亞、葉門與敘利亞捲入內戰下，革命變遷的代價顯然超過阿拉伯民眾所能負荷的程度——突尼西亞是例外，它是唯一存續下來的阿拉伯之春成功例證。

突尼西亞是唯一在阿拉伯之春革命後以協商手段經由和平政治過程過渡到新憲政秩序的阿拉伯國家。突尼西亞的統一政府聯合了反對派成員與班．阿里時代的政治人物，順利接掌權力。二〇一一年十月，突尼西亞人前往投票所選出制憲會議成員，重新制訂突尼西亞憲法。在班．阿里時代遭到禁止的伊斯蘭主義政黨復興運動黨在大選中獲得最多選票（百分之四十一），但與埃及的穆斯林兄弟會不同，復興運動黨並未試圖運用勝選獲得的權力來宰制突尼西亞政壇。在突尼西亞，伊斯蘭主義者選擇與中間世俗主義政黨結盟，使國家獲得較高的凝聚力。新憲起草的過程非常冗長，但卻因此建立了共識，而非強制通過。二〇一四年公布的新憲法體現出革命運動在公民權利與法治上的成果。

突尼西亞的新憲政時代終於來臨，二〇一四年十月到十二月，突尼西亞選民再度進入投票所，根據統治國家的新法律投票選出國會與總統——這些法律是由突尼西亞人制訂，由突尼西亞人選舉，而非由外國機構強制施行，這些法律結束了數百年來為了限制專制統治者權力進行的鬥爭。二〇一四年的大選結果讓人有理由感到樂觀。世俗傾向的突尼西亞呼聲黨贏得多數，伊斯蘭主義復興運動黨成為第二大黨，兩黨同意共組聯合政府。突尼西亞呼聲黨黨魁貝吉・凱德・艾塞布希被選為總統。

然而，突尼西亞的成果是脆弱的。突尼西亞遭受恐怖攻擊，做為經濟命脈的觀光產業遭受重創，外國投資人還無法給予突尼西亞應有的信任。除非恐怖威脅獲得防堵，經濟成長再度恢復，否則突尼西亞的後革命成果依然充滿危險。不過，突尼西亞脆弱的民主實驗成果對阿拉伯世界乃至於全世界是有利的。當阿拉伯世界走出二〇一〇年代的暴力與破壞時，阿拉伯人民將不可避免再度提出建立責任政府的正當要求。突尼西亞將成為二十一世紀阿拉伯渴望遵循的燈塔。

注釋

1. 二〇〇一年十月七日，半島電視台播送賓・拉登的電視聲明。他的聲明稿的英譯本張貼在英國廣播公司的網站上：〈賓・拉登的警告：全文〉，英國廣播公司，二〇〇一年十月七日，http://news.bbc.co.uk/1/hi/world/south_asia/1585636.stm.
2. 數字出自以色列人權組織，由英國廣播公司引用：〈巴勒斯坦起義傷亡人數，二〇〇〇至二〇〇五年〉，英國廣播公司，上次更新於二〇〇五年二月八日，http://news.bbc.co.uk/2/hi/world/middle_east/3694350.stm.
3. 所有行政監禁、房屋拆除與分離牆的統計數字出自 "List of Topics," B'tselem.org, http://www.btselem.org/english/list_of_Topics.asp.
4. 值得注意的是，英國情報人員並不認同布希政府的評估。二〇一六年，齊爾考特報告（Chilcot Report）提到，「情報聯席會議仍認為伊拉克與蓋達組織的合作關係是『不可能的』，沒有『可信的證據』證明伊拉克移轉大規模毀滅性武器的技術與專門知識給恐怖主義團體。」*Iraq Inquiry*, executive summary, paragraph 504, p. 70.

5. 美軍在伊拉克的傷亡人數見國防部網站：www.defense.gov/casualty.pdf.
6. "Bridging the Dangerous Gap Between the West and the Muslim World"（國防部副部長保羅・伍佛維茲於二〇〇二年五月三日準備在加州蒙特利世界事務會議上致詞的講稿）。
7. Secretary Colin L. Powell, "The U.S.-Middle East Partnership Initiative: Building Hope for the Years Ahead" (lecture delivered to the Heritage Foundation, Washington, DC, 2002).
8. Gareth Stansfield, *Iraq*, 2nd ed. (Cambridge, MA: Polity Press, 2016), pp. 185-194. 伊拉克三千三百多萬人口沒有官方的統計數字。二〇一一年，中情局估計什葉派占總人口的百分之六十到六十五，順尼派阿拉伯人與庫德族人分占剩餘的一半，二〇一一年下半年皮尤研究中心（Pew Research Center）進行的調查顯示，伊拉克穆斯林有百分之五十一自稱是什葉派。
9. 伊拉克死亡統計（Iraq Body Count）是一個非政府組織，專門統計媒體與官方來源列出的死亡數字，根據該組織的報告，從二〇〇三年到二〇一一年將近十二萬名平民死亡；見 "Documented Civilian Deaths from Violence," www.iraqbodycount.org/database. 聯合國支持的伊拉克家庭衛生調查研究團體估計，光是從二〇〇三年到二〇〇六年，就有十五萬一千例暴力死亡；見 "Vioence-Related Morality in Iraq from 2002 to 2006," *New England Journal of Medicine* 358 (2008): 484-493.
10. Micah Zenko, "Obama's Embrace of Drone Strikes Will Be a Lasting Legacy," *New York Times*, January 12, 2016. 官方提供的平民死亡數字是六十四到一百一十六人，這個數字受到質疑；Jack Serle 引用的無人機攻擊造成平民死亡的數字是三百八十到八百零一人。Jack Serle, "Obama Drone Casualties Number a Fraction of Those Recorded by the Bureau," *Bureau of Investigative Journalism*, July 1, 2016.
11. Ala'a Shehabi and Marc Owen Jones, eds., *Bahrain's Uprising: Resistance and Repression in the Gulf* (London: Zed Books, 2015), pp. 1-2.
12. Shehabi and Jones, *Bahrain's Uprising*, p. 4.

13. Toby Matthiesen, *Sectarian Gulf: Bahrain, Saudi Arabia, and the Arab Spring That Wasn't* (Stanford, CA: Stanford University Press, 2013), pp. 36-48.
14. 引自“Report of the Bahrain Independent Commission of Inquiry,”初版二〇一一年十一月二十三日，最終修訂版二〇一一年十二月十日，見 http://www.bici.org.bh/BICIreportEN.pdf, pp. 47-48.
15. Shehabi and Jones, *Bahrain's Uprising*, p. 84.
16. “Report of the Bahrain Independent Commission of Inquiry.”
17. 引自流亡的利比亞小說家希沙姆．馬塔爾（Hisham Matar）的作品《回歸：父親、兒子與中間地帶》*The Return: Fathers, Sons and the Land in Between* (London: Penguin Viking, 2016), p. 235。一九九〇年，馬塔爾的父親因發表政治異見而被利比亞安全部隊帶走監禁，從此音訊全無。
18. Robert F. Worth, *A Rage for Order: The Middle East in Turmoil, from Tahrir Square to ISIS* (New York: Farrar, Straus and Giroux, 2016), p. 107.
19. 十國是巴林、埃及、約旦、科威特、摩洛哥、卡達、沙烏地阿拉伯、塞內加爾、蘇丹與阿拉伯聯合大公國。
20. Internal Displacement Monitoring Centre, “Global Report on Internal Displacement 2016” (May 2016); Ahamd al-Haj, “Yemeni Civel War: 10,000 Civilians Killed and 40,000 Injured in Conflict, UN Reveals,” *Independent*, January 17, 2017.
21. Samr Yazbek, *A Woman in the Crossfire: Diaries of the Syrian Revolution* (London: Haus, 2012), p. 4.
22. Human Rights Watch, in its *World Report 2017*, 引用敘利亞政策研究中心的說法，到二〇一六年二月為止，總共有四十七萬人死亡，以及無家可歸的人口；見“Syria: Events of 2016,” Human Rights Watch, https://www.hrw.org/world-report/2017/country-chapters/syria.
23. Jean-Pierre Filiu, *From Deep State to Islamic State: The Arab Counter-revolution and Its Jihadi Legacy* (London: Hurst, 2015); Fawaz Gerges, *Isis: A History* (Princeton, NJ: Princeton University Press, 2016).
24. 阿拉伯文是 Da'ish，也就是「伊拉克與沙姆伊斯蘭國」的阿拉伯文首字母縮略字，西方世界由於被沙姆這個字混淆，無法找出吻合的英文首字母縮略字，只好交替使用 ISIS（伊拉克與敘利亞伊斯蘭國）和 ISIL（伊拉克與黎凡特伊斯蘭國）。

25. 埃及衛生部長表示，拉巴廣場有六百三十八人死亡；人權觀察（Human Rights Watch）宣稱至少有八百一十七人被殺，穆斯林兄弟會宣稱有二千六百人被殺。

26. Ashraf El-Sherif, "The Muslim Brotherhood and the Future of Political Islam in Egypt" (paper published by the Carnegie Endowment for International Peace, October 21, 2014).

致謝

撰寫這本阿拉伯世界現代史時，我有幸參與牛津大學聖安東尼學院（St. Antony College）中東中心傑出的思想社群。

已逝的艾爾伯特・胡拉尼（Albert Hourani）是阿拉伯世界最偉大的一名史家，他集合一群有創意的學者，使中東中心成為歐洲研究現代中東的頂尖大學機構。從我進入聖安東尼學院開始，穆斯塔法・巴達維（Mustafa Badawi）、德瑞克・霍普伍德（Derek Hopwood）、羅伯特・馬布洛（Robert Mabro）與羅傑・歐文（Roger Owen）一直是我的導師。他們淵博的中東知識令我獲益匪淺，我跟他們討論本書的論點，不斷拿草稿打攪他們，希望獲得他們的評論。他們也不吝給我鼓勵並且給予建設性的批評。

今日的中東中心成員，在各方面仍跟艾爾伯特・胡拉尼初建時的團隊一樣深具活力。艾哈邁德・夏希（Ahmed al-Shahi）、沃特・阿姆布洛斯特（Walter Armbrust）、拉菲拉・德爾・薩爾托（Raffaella Del Sarto）、霍瑪・卡托茲安（Homa Katouzian）、瑟利亞・克斯雷克（Celia Kerslake）、菲利普・羅賓斯（Philip Robins）與麥可・威利斯（Michael Willis）是慷慨的朋友與同事，每天都對這項計畫帶來助益——早上在中心一邊喝咖啡一邊閒聊，建議一些值得閱讀的作品，評論草稿。我特別感謝艾維・施萊姆（Avi Shlaim）的友誼與幫助，艾維是一名傑出有創意的以色列與阿拉伯爭端史研究者，他閱讀每個章節，而且利用在學院共進午餐的機會給予我最詳盡與最具建設性的回饋。他深具洞察力的評論影響本書的每個部分。

我想感謝中東中心檔案管理員黛比・阿瑟（Debbie Usher）慷慨支持我使用館內豐富的私人文件與歷史照片進行研究。我很感謝中東中心圖書館員瑪斯頓・埃布特哈吉（Mastan Ebtehaj）與中心管理人茱莉亞・庫克（Julia Cook）。

我在牛津大學講授現代阿拉伯史期間，曾在課堂上使用撰寫中的作品材料，我很感謝這群聰敏學生的回饋。我要感謝里姆・阿布・艾爾・法德爾（Reem Abou El Fadl）、尼克・卡爾達吉（Nick Kardahji）與娜迪亞・歐維達特（Nadia Oweidat）協助本書研究。

在撰寫本書的數年期間，每完成部分章節，我就麻煩家人朋友、專家與非專家閱讀我的草稿並進行評論。這本書從動筆到完成，他們的鼓勵與批評對我的幫助遠超過他們的想像。我要感謝彼得・艾里（Peter Airey）、圖伊・克拉克（Tui Clark）、我的伊拉克史導師富拉・哈迪德（Foulath Hadid）、提姆・甘迺迪（Tim Kennedy）、迪娜・庫里（Dina Khoury）、約書亞・藍迪斯（Joshua Landis）、羅納德・奈特勒（Ronald Nettler）、湯姆・歐德（Tom Orde）、最早啟蒙我研究阿拉伯人歷史的湯瑪斯・菲利普（Thomas Philipp）、嘉比・彼特伯格（Gabi Piterberg）、塔里克・拉馬登（Tariq Ramadan）、我的弟弟格蘭特・羅根（Grant Rogan）、凱文・瓦特金斯（Kevin Watkins）與我的好妻子恩格爾・伍茲（Ngaire Woods）。

我特別要感謝最持續不輟與最專心致力的讀者——我的母親瑪格莉特・羅根（Margaret Rogan）。

從開始到結束，每個章節她都不放過，畢生都在學習中東歷史的她，對兒子的關愛絕不至於使她看不見兒子犯下的錯誤。

本書首次出版以來，一些讀者提出了建議與指正，這些都成為這次修訂出版時的參考。我要感謝阿里・阿拉維（Ali Allawi）、馬克・艾倫爵士（Sir Mark Allen）、穆札法・巴拉吉（Mouzaffar H. Al Barazi）、瑟斯・弗朗茨曼（Seth Frantzman）、伊佛・盧卡斯（Ivor Lucas）、米歇爾・魯特法拉（Michel Lutfalla）、弗朗西斯・羅賓森（Francis Robinson）、阿扎姆・薩德（Azzam Saad）與理查・安德蘭德（Richard Undeland）。

我要感謝布洛涅－比揚古（Boulogne-Billancourt）省立阿爾貝・卡恩博物館的瑟爾吉・傅夏（Serge Fouchard）幫我準備阿爾貝・卡恩（Albert Kahn）檔案館中罕有的奧托克羅姆（autochromes）以供出版之用。我還要感謝布里吉曼藝術圖書館（Bridgeman Art Library）的維多利亞・霍加特（Victoria Hogarth）與哈佛美術圖書館（Harvard Fine Arts Library）的傑夫・斯潑（Jeff Spurr）協助本書取得照片。

要不是著作權代理人費里斯蒂・布萊恩（Felicity Bryan）施展長才，本書不可能順利出版。我尤其要感謝費里斯蒂打破不為朋友代理的慣例。喬治・盧卡斯（George Lucas）同意在紐約當我的代理人，並且引薦我接觸紐約出版界，那是個難忘的經歷，我永遠欠他一份人情。費里斯蒂與喬治為這本書找到最好的出版社。

我衷心感謝 Basic Books 編輯勞拉・海默特（Lara Heimert），她的幽默與洞察力比我一個人埋頭苦幹更能創造出更好的作品。布蘭登・普羅亞（Brandon Proia）貢獻他的編輯才能並且協助挑選較適合本書的照片。凱・瑪麗亞（Kay Mariea）與蜜雪兒・麻川（Michelle Asakawa）編輯文字的速度驚人。在企鵝出版社，我在寫作期間獲益於賽門・溫德（Simon Winder）的淵博知識以及他對初稿的深刻意見。

我在寫作時，家人一直是我力量與靈感的來源。感謝恩格爾，感謝我們的兒子理查與女兒伊莎貝拉，我一定是瘋了才進行這項寫作計畫，但因為你們使我能維持神智清醒的生活。謝謝你們。

圖片來源

第一部分

1. Private collection. Photo © Christie's Images/ The Bridgeman Art Library
2. Private collection. Photo © Christie's Images/ The Bridgeman Art Library
3. Photograph by Bonfi ls. Harvard College Library, Fine Arts Library, HSM 664
4. Chateau de Versailles, France/ Giraudon/ The Bridgeman Art Library
5. Private collection/ © The Fine Art Society, London, UK/ The Bridgeman Art Library
6. Harvard College Library, Fine Arts Library, HSM 620
7. Chateau de Versailles, France/ Lauros/ Giraudon/ The Bridgeman Art Library
8. Musée Condé, Chantilly, France/ Giraudon/ The Bridgeman Art Library
9. Musée Albert-Kahn – Département des Hauts-de-Seine, A15488
10. Musée Albert-Kahn – Département des Hauts-de-Seine, A15562
11. Musée Albert-Kahn – Département des Hauts-de-Seine, A51046
12. Private Collection/Archives Charmet/The Bridgeman Art Library. All best efforts have been made to contact the copyright holder of this anonymous Moroccan work.
13. Musée Albert-Kahn – Département des Hauts-de-Seine, A19031

14. Frédéric Gadmer, Musée Albert-Kahn – Département des Hauts-de-Seine, A19747
15. Owen Tweedy Collection, PA 7/216, Middle East Centre Archive, St. Antony's College, Oxford
16. Sir Edmund Allenby Collection, PA 5/8, Middle East Centre Archive, St Antony's College, Oxford
17. Bibliotheque Nationale, Paris, France/ Archives Charmet/ The Bridgeman Art Library

第II部分

1. Norman Mayers Collection album 1/40, Middle East Centre Archive, St. Antony's College, Oxford
2. John Poole Collection 11/5/5, Middle East Centre Archive, St. Antony's College, Oxford
3. John Poole Collection 11/4/16, Middle East Centre Archive, St. Antony's College, Oxford
4. Sir Edward Spears Collection, Album 8/28, Middle East Centre Archive, St. Antony's College, Oxford
5. Sir Edward Spears Collection, Album 9/75, Middle East Centre Archive, St. Antony's College, Oxford
6. Desmond Morton Collection, 13/1/1, Middle East Centre Archive, St. Antony's College, Oxford
7. Desmond Morton Collection, 13/1/2, Middle East Centre Archive, St. Antony's College, Oxford
8. AP Images
9. © Bettmann/Corbis
10. © Bettmann/Corbis
11. © Bettmann/Corbis
12. © Bettmann/Corbis
13. © Hulton-Deutsch Collection/Corbis
14. © Hulton-Deutsch Collection/Corbis
15. © Bettmann/Corbis

16. © Bettmann/Corbis

第三部分

1. © Genevieve Chauvel/Sygma/Corbis
2. © Bride Lane Library/Popperfoto/Getty Images
3. © Christian Simonpietri/Sygma/Corbis
4. © Bettmann/Corbis
5. © Bettmann/Corbis
6. © Alain DeJean/Sygma/Corbis
7. © Kevin Fleming/Corbis
8. © AFP/Getty Images
9. © Dominique Faget/epa/Corbis
10. © Gérard Rancinan/Sygma/Corbis
11. © Michel Philippot/Sygma/Corbis
12. © Françoise de Mulder/Corbis
13. © Françoise de Mulder/Corbis
14. © Peter Turnley/Corbis
15. © Reuters/Corbis
16. © Reuters/Corbis
17. © Peter Turnley/Corbis
18. © Abed Omar Qusini/Reuters/Corbis

索引

人名

三畫

四畫

五畫

六畫

七畫

八畫

九畫

十畫

十一畫

十二畫

十三畫

十四畫

十五畫

十六畫

十七畫

十八畫

六畫

七畫

八畫

九畫

十畫

十一畫

十二畫

十三畫

十四畫

十五畫

族群、機構、組織

五畫

六畫

七畫

八畫

九畫

十畫

十一畫

十二畫

十三畫

十四畫

十五畫

十六畫

十七畫

十八畫

十九畫

二十一畫

其他